本书得到了广东省软科学研究计划项目"全省区域能力建设相关研究"（项目编号：2021A1010010003）、中国科协科技智库青年人才计划"科技创新支撑共同富裕的机制与路径研究"（项目编号：20230504ZZ07240057）的联合资助。

| 博士生导师学术文库 |

A Library of Academics by
Ph.D.Supervisors

区域创新
极化、追赶与共同富裕

柳卸林　杨博旭　著

光明日报出版社

图书在版编目（CIP）数据

区域创新：极化、追赶与共同富裕 / 柳卸林，杨博旭著．－－北京：光明日报出版社，2023.5
ISBN 978－7－5194－7197－2

Ⅰ.①区… Ⅱ.①柳… ②杨… Ⅲ.①区域经济发展—研究—中国 Ⅳ.①F127

中国国家版本馆 CIP 数据核字（2023）第 078142 号

区域创新：极化、追赶与共同富裕
QUYU CHUANGXIN：JIHUA、ZHUIGAN YU GONGTONG FUYU

著　　者：柳卸林　杨博旭	
责任编辑：李壬杰	责任校对：李　倩　李佳莹
封面设计：一站出版网	责任印制：曹　净

出版发行：光明日报出版社
地　　址：北京市西城区永安路 106 号，100050
电　　话：010-63169890（咨询），010-63131930（邮购）
传　　真：010-63131930
网　　址：http://book.gmw.cn
E - mail：gmrbcbs@gmw.cn
法律顾问：北京市兰台律师事务所龚柳方律师

印　　刷：三河市华东印刷有限公司
装　　订：三河市华东印刷有限公司
本书如有破损、缺页、装订错误，请与本社联系调换，电话：010-63131930

开　　本：170mm×240mm	
字　　数：321 千字	印　张：19
版　　次：2023 年 5 月第 1 版	印　次：2023 年 5 月第 1 次印刷
书　　号：ISBN 978－7－5194－7197－2	
定　　价：98.00 元	

版权所有　翻印必究

前　言

当今世界正经历百年未有之大变局，新一轮科技革命与产业变革方兴未艾，科技创新能力成为国家竞争力的重要来源。自我国提出创新驱动发展战略以来，科技创新成果显著，经济实力发展迅速，并成功进入创新型国家行列。经济发展的地理集聚特征，决定了区域创新成为落实创新驱动发展的重要抓手。学者们现已经将创新系统拓展到区域层面，构建了区域创新研究的基本范式，并引发学者和政府管理者的高度共鸣和热切关注。

在学者们的共同努力下，区域创新的理论研究日趋完善。早期，区域创新的理论研究得到了经济学家的重点关注，Marshall 最早从产业的空间集聚来分析区域的经济和创新发展，认为产业在某一特定地区集聚所产生的外部性和规模经济是促进地区发展的重要动力，新经济地理学通过规模报酬递增和不完全竞争假设，进一步为产业集聚提供理论支持。区域创新网络理论开始关注区域内各主体之间的合作关系，分析主体之间的网络变化以及核心企业对区域创新的促进作用。20 世纪 90 年代，Feldman，Lundvall 等提出国家创新系统的概念，强调用系统观的思维，分析一个国家政府、高校和企业等创新主体在制度环境下的互动关系。Cooke 和柳卸林等将国家创新系统拓展到区域层面，提出区域创新系统。随着创新生态系统的兴起，区域创新生态系统逐渐成为区域创新系统研究的新方向，区域创新生态系统在区域创新系统的基础上，强调区域内不同主体之间的互动关系和动态演化，对区域创新研究做了深化，区域创新相关理论得到不断完善和拓展。

在我国，区域创新的重要性不断提升。一是北京、上海和粤港澳三大科技创新中心建设取得了重大进展，成为我国创新系统中的中流砥柱。二是一些特大城市正成为区域创新高地，如杭州、武汉、南京等。三是中西部一些区域正在奋力追赶。但我国创新资源配置不均衡、效率不高、南北差距拉大的矛盾依然存在。

本书由柳卸林教授设计编写提纲并组织撰写，尝试将区域创新作为一个单独学科分支进行探索，对中国情景下区域创新的研究范式、理论基础和实践问题进行概述，力图揭示区域创新的三个阶段性特征：极化、追赶和共同富裕。同时，本书也是课题组近年来对区域创新研究成果的综合。

本书第一篇是中国区域创新空间分布和演化特征。从整体上分析区域创新动态演变的规律和特征，力图揭示我国近几十年来的创新空间分布与演化的格局，以及未来的发展趋势，也为分析区域创新的阶段性特征奠定基础。

第一章，中国区域创新能力变化的新特征、新趋势。基于《中国区域创新能力评价报告》评价结果，我们发现，我国逐渐形成以广东、北京、江苏和上海为引领的区域创新发展格局，区域之间的整体创新能力差距趋于收敛。现阶段，我国依然面临区域性创新不协同、创新能力发展不同步和创新能力不平衡由"东西"转向"南北"等问题。本章作者是柳卸林、杨博旭、肖楠。

第二章，中国区域创新效率的动态演变。运用DEA-Malmquist生产率指数模型对中国区域创新生产率的动态变化过程进行了研究，中国区域创新全要素生产率整体呈正增长态势，但其增幅呈现波动下降趋势；随着时间的推移，构建最佳实践前沿的地区并非恒定，既可能来自于我国东部经济发达地区，也可能是中西部地区，创新有助于创新跟随者和落后地区实现追赶。本章作者是柳卸林、朱浪梅。

第三章，政府激励与区域创新效率。试图揭示不同类型研发补贴对不同创新阶段的作用，具体而言，政府研发补贴有利于区域技术创新效率的提升，不利于商业创新效率的改善；而研发费用加计扣除对区域技术创新效率具有负向影响。本章作者是柳卸林、朱浪梅、杨博旭。

本书第二篇为创新极化与创新追赶。本篇力图揭示我国区域创新发展的阶段特征，首先是极化的特征，即将创新资源集聚于少数大城市，使大城市成为创新中心的战略。新中国成立初期，国家为了恢复经济建设，支持东北、华北、华东、西南等地区，实现工业的快速发展。改革开放以来，我国实行优先支持沿海地区发展的增长极战略，通过将生产要素优先集中到东部沿海地区，培育出了北京、上海、广州、深圳等极具增长活力的经济增长极。我国区域创新的第二个重要特征是追赶。为缩小区域差距，我国自"九五"计划开始引导区域协调发展，先后出台了西部大开发、振兴东北、中部崛起等战略，促进中西部地区的快速追赶。

第四章，产业集聚与区域创新绩效。在中国情境下，系统考察经济发展的集聚特征对区域创新的影响，产业多元化集聚和专业化集聚均会对区域创新绩效产生显著的正向影响。R&D投入通过促进区域研发活动和吸收能力，强化产业多元化集聚对创新绩效的促进效果；由于竞争效应和代替效应的存在，FDI削弱了产业多元化集聚对创新绩效的促进效果。本章作者是柳卸林、杨博旭。

第五章，区域创新的虹吸效应。对区域创新和虹吸效应的相关理论进行阐述，并对中国区域经济发展的现状和未来趋势进行分析。现阶段，我国存在较为明显的虹吸效应，整体表现为先降低后提高的趋势；地区之间的虹吸效应存在一定差异，其中，京津冀虹吸效应持续提升，长三角虹吸效应呈现转型。本章作者是柳卸林、王宁、杨博旭。

第六章，中心城市的虹吸效应与区域协调。基于增长极理论和新经济地理理论，构建考虑空间效应的面板数据模型，对省域内经济增长极对周边城市的虹吸效应进行实证分析。研究结果表明，中心城市在经济增长过程中对同一省域内的周边城市存在虹吸效应，产业同构强化了中心城市的虹吸效应，而经济距离对中心城市的虹吸效应没有调节作用。本章作者是柳卸林、王宁、吉晓慧、杨博旭。

第七章，高铁开通与区域创新。构建了创新虹吸效应测度模型，对高铁沿线城市的创新虹吸效应进行实证分析。研究结果表明，周边城市开通高铁后与中心城市的创新差距进一步加大，高铁开通强化了中心城市的创新虹吸效应，周边城市的特定要素禀赋能够弱化高铁开通后中心城市的创新虹吸效应。本章作者是柳卸林、王宁、杨博旭。

本书第三篇为区域创新的未来展望和共同富裕。本篇将系统阐述区域创新研究的发展脉络和未来方向，并结合实际案例，对区域创新发展的第三个阶段进行分析。区域创新的第三个特征是推进共同富裕。进入新发展阶段，我国进一步实施区域重大战略、区域协调发展战略、主体功能区战略，健全区域协调发展体制机制，构建高质量发展的区域经济布局和国土空间支撑体系，并通过支持浙江高质量发展建设共同富裕示范区，探索共同富裕建设的实现路径。

第八章，工业化、城市化、创新极化与中国区域的未来。基于创新生态系统和创新地理学理论，构建"工业化—城市化—创新极化"理论模型，深入分析自新中国成立以来城市化的主要特征、驱动方式、典型模式。通过分析现阶段中国城市创新面临的挑战，并在全面构建"双循环"发展新格局的背景下，提出中国未来城市创新的战略选择。本章作者是柳卸林、杨博旭。

第九章，区域创新生态系统。梳理了从产业集群到区域创新生态系统的理论演变过程，提出区域创新生态系统将成为区域创新研究的新范式，构建了区域创新生态系统立体模型，包括创新主体、内部构建和外部嵌入三个维度。本章作者是柳卸林、杨博旭、吉晓慧。

第十章，数字化与区域创新。分析了数字化时代的特征、机遇和挑战，数字技术改变了创新管理问题的基本假设，数字化基础设施带来的技术可供性，创新生态成为重要的创新组织形式，这导致区域创新面临一些新的挑战。依托数字化技术，调整区域创新战略，实现区域创新追赶和均衡发展，这将成为中国未来一段时间的重要任务。本章作者是柳卸林、董彩婷、张文逸和杨培培。

第十一章，国际科创中心建设：深圳的创新实践。以深圳为例，分析了在国际科创中心建设过程中，提升区域创新能力所面临的机遇和挑战。现阶段，深圳区域创新能力全国领先，与国际现有科创中心相比，深圳的经济实力增长速度较快，与国际发达城市之间的差距不断缩小，但是在城市包容、文化资产和城市治理方面仍有待提升，缺少国际化大都市的文化氛围。本章作者是柳卸林、杨博旭。

第十二章，区域创新与共同富裕：浙江的做法与经验。以浙江省为例，分析了区域创新发展和共同富裕的典型做法。浙江省创新能力稳居国内第一梯队，且创新实力、创新效率等方面具有较好的表现，但依然呈现创新要素分布不均衡现象。自建设共同富裕示范区以来，浙江省通过顶层设计、全域创新和数字赋能等方式，不断支撑共同富裕纵深推进。本章作者是柳卸林、杨博旭、王宁。

鉴于区域创新涉及学科较广，且处于不断发展之中，加之作者水平有限，书中难免出现遗漏和不足之处，敬请各位同行和读者批评指正。

柳卸林、杨博旭
2022 年 6 月 10 日

目 录
CONTENTS

第一篇　中国区域创新的空间分布和演化特征 …………………………… 1

第一章　中国区域创新能力变化的新特征、新趋势 ………………………… 3
- 第一节　中国区域创新能力评价体系 ………………………………… 4
- 第二节　我国区域创新能力分布呈现出新特点 ……………………… 5
- 第三节　区域创新能力的基本格局和演变特点 ……………………… 12
- 第四节　区域创新体系建设的问题和挑战 …………………………… 15
- 第五节　提升区域创新能力的战略选择 ……………………………… 20
- 第六节　本章小结 ……………………………………………………… 24

第二章　中国区域创新效率的动态演变 …………………………………… 25
- 第一节　中国区域创新效率研究现状 ………………………………… 26
- 第二节　区域创新效率测度模型 ……………………………………… 27
- 第三节　区域创新全要素生产率的时变趋势 ………………………… 31
- 第四节　本章小结 ……………………………………………………… 46

第三章　政府激励与区域创新效率 ………………………………………… 47
- 第一节　理论基础与研究假设 ………………………………………… 48
- 第二节　区域创新效率测算的模型设定 ……………………………… 52
- 第三节　区域创新效率模型结果分析 ………………………………… 54
- 第五节　主要结论与启示 ……………………………………………… 58
- 第六节　本章小结 ……………………………………………………… 63

1

第二篇　创新极化与创新追赶　　65

第四章　产业集聚与区域创新绩效　　68
第一节　产业集聚理论分析　　68
第二节　产业集聚与区域创新的关系　　69
第三节　产业集聚对区域创新影响的实证分析　　75
第四节　产业集聚促进区域创新的政策含义　　101
第五节　本章小结　　102

第五章　区域创新的虹吸效应　　104
第一节　虹吸效应的理论基础　　105
第二节　区域创新发展虹吸效应描述　　113
第三节　虹吸效应的作用要素　　122
第四节　区域创新虹吸效应的未来趋势　　127
第五节　本章小结　　129

第六章　中心城市的虹吸效应与区域协调　　130
第一节　增长极与非均衡发展　　130
第二节　虹吸效应与区域协调发展　　132
第三节　虹吸效应的实证分析　　136
第四节　主要结论　　148
第五节　本章小结　　150

第七章　高铁开通与区域创新　　151
第一节　高铁开通与创新虹吸　　151
第二节　高铁开通对城市创新的实证分析　　155
第三节　主要结论　　167
第四节　本章小结　　168

第三篇　区域创新的未来展望和共同富裕　　169

第八章　工业化、城市化、创新极化与中国区域的未来　　171
第一节　城市化进程及其驱动力　　172
第二节　城市化的历史变迁　　175
第三节　创新极化带来的挑战　　184
第四节　城市化发展的未来展望　　187
第五节　本章小结　　190

第九章　区域创新生态系统　191
   第一节　从产业集聚到创新生态的理论演化　192
   第二节　区域创新生态系统理论模型　199
   第三节　区域创新生态系统立体框架　204

第十章　数字化与区域创新　209
   第一节　数字化时代的特征、机遇与挑战　209
   第二节　数字化时代的区域创新　214
   第三节　数字化时代区域创新的战略选择　217
   第四节　本章小结　219

第十一章　国际科创中心建设：深圳的创新实践　220
   第一节　深圳创新能力的基本情况　220
   第二节　深圳创新能力关键指标分析　226
   第三节　深圳创新系统构建的国际比较　234
   第四节　国际科创中心建设的战略选择　248
   第五节　本章小结　249

第十二章　区域创新与共同富裕：浙江的做法与经验　250
   第一节　浙江创新能力的全国定位　250
   第二节　浙江省创新格局与要素分布　263
   第三节　浙江共同富裕的典型做法和案例　270
   第四节　浙江创新发展的经验总结　273
   第五节　本章小结　276

参考文献　277

第一篇 中国区域创新的空间分布和演化特征

自从 Freeman 提出国家创新体系以来，国家的创新演化模式开始受到关注[1]，如何依托国家创新体系构建，提升国家创新能力和竞争力，成为各国政府关注的重点。2001 年，中国在《中华人民共和国国民经济和社会发展第十个五年计划纲要》中，首次提出建设国家创新体系。2016 年《国家创新驱动发展战略纲要》指出，到 2020 年基本建成中国特色国家创新体系。在我国基本完成创新体系建设之际，进一步对创新体系效能提出了要求。习近平总书记在中国科学院第十九次院士大会、中国工程院第十四次院士大会开幕会上发表重要讲话，强调要全面深化科技体制改革，提升创新体系效能，着力激发创新活力。在最新修订的《科学技术进步法》也明确提出，促进各类创新主体紧密合作、创新要素有序流动、创新生态持续优化，提升体系化能力和重点突破能力，增强创新体系整体效能。

创新体系效能是创新体系效率和能力的综合表现，在中国特色国家创新体系建设的 20 多年里，中国整体经济和创新能力得到快速发展，同时，中国区域创新效能也呈现出明显的时空演化过程和地区差异特点。中国区域创新体系的结构形成有着与发达国家不同的独特性，中国不仅幅员辽阔，各区域拥有自身独特的资源禀赋和历史因素，同时区域之间在市场化改革和开放创新转型、区域创新体系结构、多元化与专业化集聚程度等方面存在明显的差异性[2]。作为国

---

[1] FREEMAN C. Technology Policy and Economic Performance: Lessons from Japan [M]. London: Pinter Publishers, 1987.
[2] 柳卸林，胡志坚. 中国区域创新能力的分布与成因 [J]. 科学学研究，2002 (5)：550-556.

家创新体系的重要组成部分，区域创新体系是国家创新体系建设的重要基础，也是化解发展矛盾、提升国家创新体系效能、实现经济高质量发展的重要支撑。国家创新体系和区域创新体系具有演化的特点，分析中国国家创新体系构建过程中区域创新效能的时空演变规律、地理特征以及研判未来发展趋势，对于深入落实创新驱动发展战略、实现中国经济高质量发展具有重要的理论和现实意义。

从理论意义上讲，区域创新体系研究和效能评价，将创新研究拓展到空间维度，使创新体系有了地理的内涵，丰富了国家创新体系的研究内容。如何平衡区域创新极化与资源分配公平之间的关系是一个值得研究的命题；其为各级政府对创新的政策支持，以及规制模式等相关研究提供了多样性的支撑①。从现实意义上讲，中国地域广大、区域多样性高，可以为创新提供更多更大的空间。区域创新能力评价不仅为国家协调区域创新驱动发展提供参考，而且为当地政府落实创新驱动发展战略，以及通过产业升级和经济转型带动经济长期稳定增长提供战略支撑。

本书第一篇主要是对中国区域创新能力的空间分布和演化特征的分析，第一章为中国区域创新能力空间分布与动态演化，第二章为中国区域创新效率的演变动态，第三章为政府激励与区域创新。

---

① LIU X L, SCHWAAG SERGER S, TAGSCHERER U, et al. Beyond catch-up—Can a new innovation policy help China overcome the middle income trap [J]. Science and Public Policy, 2017, 44 (5): 656-669.

第一章

中国区域创新能力变化的新特征、新趋势

20世纪90年代以来，区域创新体系逐渐受到学者的关注[1]。区域创新体系是国家创新体系的重要组成部分，是驱动高质量发展、实现创新驱动发展、破解当前经济发展中突出矛盾和问题的基础支撑[2]。我国历史悠久，地域多样性特征明显，这使得我国区域创新体系丰富多样；同时，我国在改革开放过程中，经历了市场化改革和开放创新转型的过程[3]，而区域之间转型进程的不同步，导致了区域创新体系结构的差异性[4]。因此，我国区域创新体系的结构形成有着与发达国家不同的独特性[5]。所以，对一个地区创新能力的评价，对于我们认知该地区的创新发展模式举足轻重。

作为国家创新调查制度的重要报告之一，《中国区域创新能力评价报告》围绕中国区域创新体系建设这一核心主题，连续20年对全国31个省（自治区、直辖市）的创新能力进行评价分析。本书以《中国区域创新能力评价报告》的历年评价结果数据，分析和总结出我国区域创新能力分布呈现的新特点，对中国自提出建设国家创新体系的20年来区域创新能力的时空演变进行分析，凝练中国区域创新能力的格局变化，分析区域创新体系建设过程中面临的机遇和挑战，提出中国提升区域创新能力的战略举措。

---

[1] COOKE P, URANGA M G, ETXEBARRIA G. Regional innovation systems: Institutional and organisational dimensions [J]. Research Policy, 1997, 26 (4/5): 475-491.
[2] LIU X L, WHITE S. Comparing innovation systems: A framework and application to China's transitional context [J]. Research Policy, 2001, 30 (7): 1091-1114.
[3] 方新，柳卸林. 我国科技体制改革的回顾及展望 [J]. 求是，2004 (5): 43-45.
[4] 柳卸林，胡志坚. 中国区域创新能力的分布与成因 [J]. 科学学研究，2002，20 (5): 550-556.
[5] 柳卸林，丁雪辰，高雨辰. 从创新生态系统看中国如何建成世界科技强国 [J]. 科学学与科学技术管理，2018，39 (3): 3-15.

第一节 中国区域创新能力评价体系

一、评价体系

在《中国区域创新能力评价报告》中，中国区域创新能力评价体系确定了5个基本的一级指标，包括知识创造、知识获取、企业创新、创新环境和创新绩效。知识创造用来衡量一个地区创造新知识的能力，权重为15%；知识获取用来衡量一个地区利用外部知识以及产学研合作的能力，权重为15%；企业创新用来衡量一个地区内企业应用新知识、开发新技术、利用新工艺及制造新产品的能力，权重为25%；创新环境用来衡量一个地区为技术的产生、流动和应用提供相应环境的能力，权重为25%；创新绩效用来衡量创新对一个地区经济社会发展效益的带动能力，权重为20%。考虑社会和经济发展变化对区域创新能力的影响，中国区域创新能力评价体系在维持基本框架不变的前提下，对整体评价体系进行动态调整。在2020年中国区域创新能力评价体系中，包含5个一级指标、20个二级指标、40个三级指标和138个四级指标。

二、数据和方法

《中国区域创新能力评价报告》中的数据均来源于公开出版的统计年鉴和政府报告，主要包括《中国统计年鉴》《中国科技统计年鉴》《中国高新技术产业统计年鉴》《中国火炬统计年鉴》《中国工业经济统计年鉴》《中国科技论文统计与分析报告》以及科学技术部、国家知识产权局、国家市场监督管理总局和科技型中小企业技术创新基金管理中心等，当年报告使用的是滞后两年的基础数据，对个别地区的缺失数据，在评价过程中进行了平滑处理。另外，由于资料有限，暂无港澳台的数据。

区域创新能力报告的评价方法是加权综合评价法，基础指标无量纲化后，分层逐级综合，最后得出每个省（自治区、直辖市）创新能力的综合效用值。地区创新能力的排名，反映了地区间创新能力的相对强弱，而不是对该地区创新能力的直接衡量。

本书采用《中国区域创新能力评价报告》（2001—2021年）对31省（自治区、直辖市）的评价结果，对2001年提出建设国家创新体系以来中国区域创新能力的基本格局和演变特点进行分析。

第二节 我国区域创新能力分布呈现出新特点

一、创新格局略基本稳定，广东持续领先

《中国区域创新能力评价报告2020》结果显示，广东省创新格局排名第1位，北京、江苏紧随其后（分列第2位和第3位）；与2019年相比，前3位并没有发生变化。图1-1展示了我国31个省份区域创新能力效用值以及排名情况。从综合创新能力的效用值来看，广东的效用值持续提升，这表明广东的领先优势进一步扩大。从前10名来看，2020年评价结果中陕西排名进入前10位，而天津排名跌出前10位。

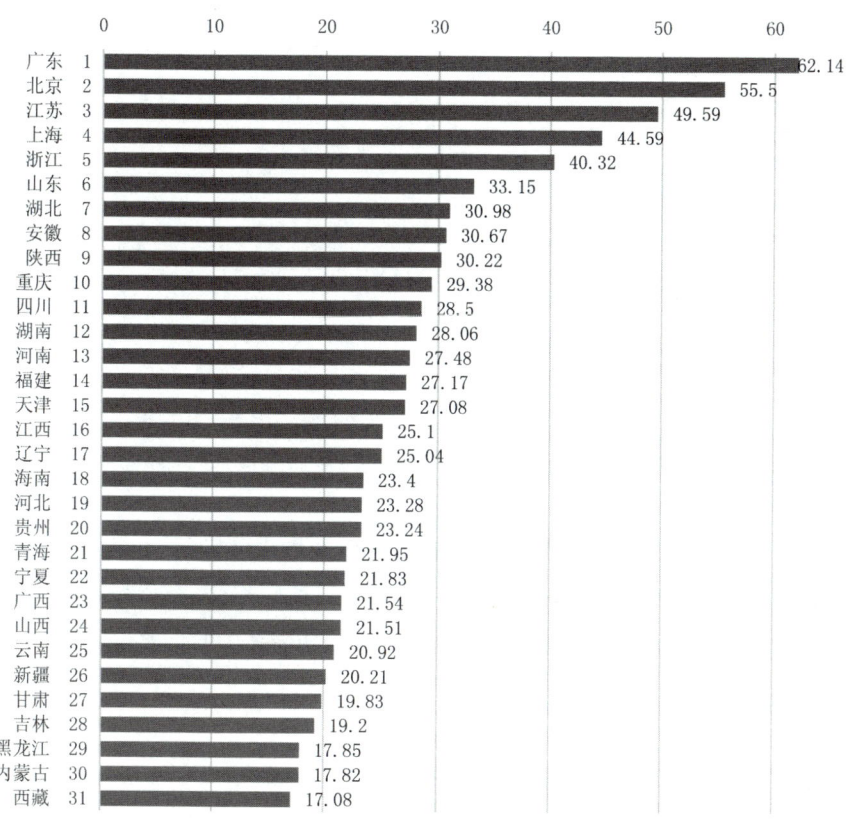

图1-1 我国31省份区域创新能力综合排名（2020年评价结果）

从2020年评价结果排名变化情况来看，区域创新能力排名出现一定波动

5

(如图1-2所示)。① 包括新疆、青海、陕西和安徽等在内的12个省份排名实现提升。其中，新疆、青海和陕西均上升了3位，山西、辽宁、河南和安徽4个省份的创新能力排名均上升了2位。天津、贵州、重庆、云南、广西、甘肃等8个省份创新排名则出现下降。其中，天津继续延续了2019年的下降趋势，创新能力下降到全国第15位，在4个直辖市中排名靠后；贵州、重庆和云南分别下降4位、3位和3位，西部地区创新能力转型和发展依然面临压力。

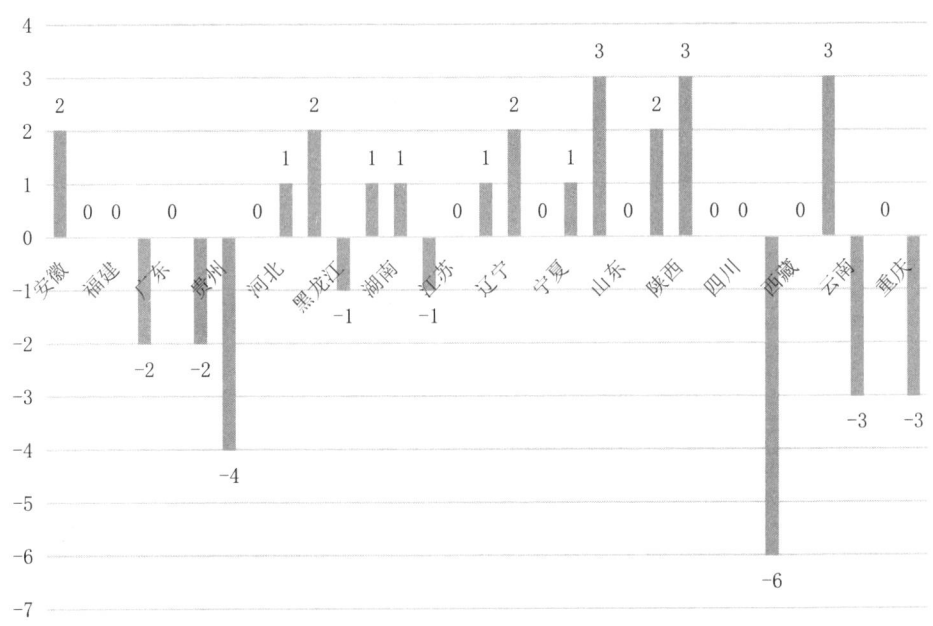

图1-2　2020年我国31省份区域创新能力排名变化情况

根据《中国区域创新能力评价报告2020》我国31省份区域创新能力排名绘制

二、领先地区创新优势明显，追赶地区提升步伐各异

从科技发展战略看，不论领先地区还是追赶地区都依靠自身特色，促进区域创新能力的提升，不断彰显区域创新在国家创新体系中的重要作用。

（一）领先地区

1. 广东。广东省2020年区域创新能力依然排名第1位，且从综合创新能力效用值来看，其得分进一步提高，领先优势持续扩大，创新能力提升步伐快于

---

① 区域创新能力综合效用值采用加权综合评价法计算，单个指标无量纲化处理采用效用值法，具体方法和评价体系参见《中国区域创新能力评价报告2020》。

其他省份。得益于自身地理位置，改革开放以来广东逐步形成了高度开放的外贸经济，外商投资活跃，整体营商环境较好，具备宽松的创新创业环境。基础数据显示，2018年广东省政府研究与试验发展（R&D）投入较该省上一年度同期增长超过19.67%，国际论文数增长了13.27%，R&D全时人员当量和每万人平均R&D全时人员当量分别增长了34.93%和32.81%，科技企业孵化器数量增加了208家，风险投资额增长了53.55%。这一系列数据表明，广东正在通过创新的资金和人力投入，创新载体构建，不断完善创新创业生态系统。

2. 北京。北京人力资源和科技资源等创新要素的汇聚，造就了其在知识创造能力方面的巨大优势。北京创新创业资源丰富，高新技术产业发展水平高，国际化程度高。除此之外，近年来北京在企业创新投入方面也不断发力。基础数据显示，2018年，北京"规模以上工业企业有效发明专利数"增长了24.22%，"每万家规模以上工业企业平均有效发明专利"增长了25.54%，对企业创新起到积极的促进作用。

3. 上海。得益于优越的地理位置和较高的对外开放度，上海在吸引外资方面具有优势，知识获取能力较强，这些构成了创新的重要基础。而且，上海具备良好的营商环境和制度机制，肩负着建设具有全球影响力科技创新中心的重担；不仅新增了自贸试验区，还迎来了在上海证券交易所设立科创板并试点注册制，以及推动长三角更高质量一体化发展的战略机遇。未来，如何抓住战略机遇期，发挥政策优势，释放创新活力，将是上海要面对的重要挑战。

（二）追赶地区

各省份结合本地区的特色资源和在全国创新中的地位，推出适合本区域发展的区域创新政策和战略。2020年排名上升的12个省份的创新政策各具特色，现以安徽、陕西、辽宁为例进行说明。

1. 安徽。为提高区域创新能力，安徽省政府采取深度参与基础研究和应用基础研究的新模式。其从资金、人才、土地等方面入手，采用地方财政资金支持基础研究配套园区建设、建立国家科学中心首席科学家制度、允许重点项目建设资金可按照一定比例用于人才引进培育、优先保障合肥综合性国家科学中心重大项目建设用地等举措，探索构建地方政府全面参与基础研究和应用基础研究的新模式。

2. 陕西。创新能力排位提升较大的陕西坚持科技创新和体制机制创新"双轮驱动"，通过构建以科技资源开放共享为核心的大型科学仪器设施开放共享机制,解决了科技创新资源存在设备管理、数据标准、运行服务不统一的问题。西安搭建面向试验测试的第三方工业电子商务服务平台,把大型仪器设备、以发明专利为基础的尖端试验测试方法、以大数据管理分析为核心的专家测试诊断服务从线下"搬到"互联网,为缺乏试验测试资源及自身资源无法满足需要的中小微企业和民参军企业提供试验业务制定及预约、试验模块化设计及电子审签、业务进展在线跟踪、试验数据远程分析、试验结果评定等"一站式"在线试验测试服务和全面分析解决方案。

3. 辽宁。东北地区唯有辽宁排名上升,其创新政策效果初显。辽宁以国有企业全面创新改革带动地区创新能力的提升。针对传统组织模式下国有企业存在创新动力不足、有形与无形资源利用效率不高、人才匮乏与员工冗余并存、员工与企业利益不绑定等问题,采取支持员工内部创业的国有企业经营模式改革,取得了很大的成效。

三、多中心的区域创新体系基本形成

总体来看,我国已经基本形成了多个创新集聚区——以北京为中心的京津冀创新集聚区、以上海为中心的长三角创新集聚区、以广州为中心的珠三角创新集聚区,以及以成都、重庆、武汉、西安为中心的区域性创新集聚区。北京拥有大量的科研机构和高校,具备较强的知识创造能力;上海外资经济发达,知识获取水平高,长三角城市群发展基础好,具备强大的制造能力和完善的产业体系;珠三角电子信息产业基础雄厚,产业链齐全,产业技术创新能力强;成渝经济带国防科技工业、装备制造业发达,有最密集的人口和活跃的用户群体。上述地区构建了各具特色的区域创新体系。

四、区域创新驱动发展的基础日渐增强

1. R&D 投入。一个地区的 R&D 投入水平与创新能力密切相关。2018 年,我国政府 R&D 活动经费投入总量为 3978.63 亿元,较上年增加 14.09%;全国有 27 个省级政府 R&D 投入较上年有所增加,重庆、江苏和陕西投入增长超过 30%。2018 年全国企业 R&D 经费投入达到 12954.8 亿元人民币,较上年增长 7.84%。有 18 个省份企业 R&D 投入增速超过 10%;其中,西藏增速达 186.67%,海南增速为 51.6%。广东、江苏、山东、浙江和上海的企业 R&D 经费投入达 7252.49 亿元,其企业 R&D 经费投入总和占全国的比重超过 60.37%。R&D 投入结构的不同,体现出创新驱动来源的差异性。图 1-3 展示了我国 31 个

省市 R&D 活动经费投入水平及来源结构分布,其中,北京、海南、陕西和西藏的政府 R&D 投入超过企业,其余 27 个省份企业 R&D 投入明显高于政府。北京、陕西是科学驱动型或兴趣驱动型创新;江苏、广东则更多的是技术驱动型或市场驱动型创新。

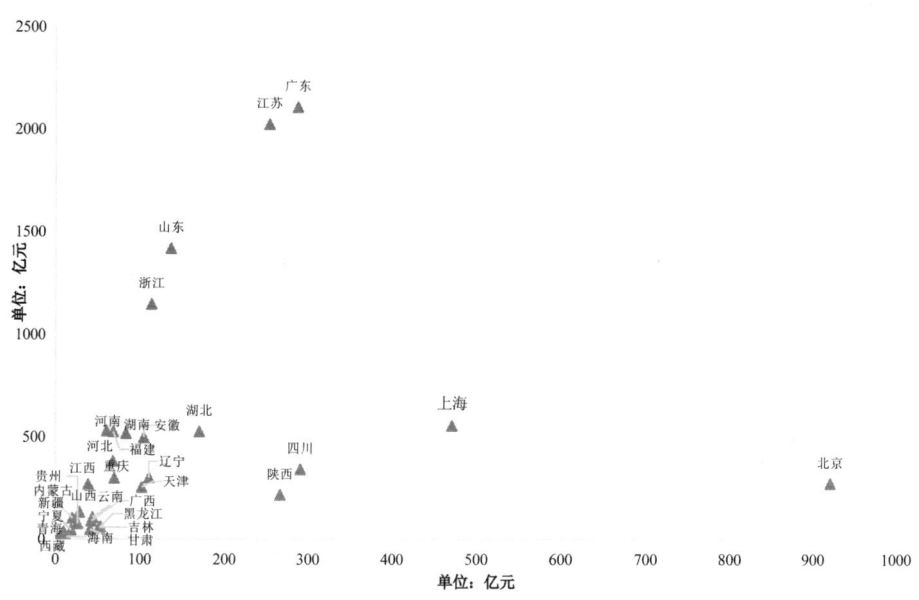

图 1-3　2018 年我国 31 个省份 R&D 经费投入水平及来源结构分布

2. 专利申请与授权。一般来讲,创新能力领先的地区在专利申请数量方面也具有领先优势。2018 年广东发明专利申请量为 216469 件,超越江苏成为全国第一,较上年增长 18.52%,占全国发明专利申请量的 15.68%。广东、江苏、浙江、山东和北京专利申请数量总和占全国总量的 55.62%。2018 年发明专利授权数增加的省份有 23 个,西藏、海南和青海增长超过 20%(如表 1-1 所示);2018 年全国规模以上工业企业新产品销售收入总和为 197094.06 亿元人民币,较上年增长 2.88%,其中有 6 个省份增速超过 20%。

总体来看,各省份创新能力稳步提升,一些关键性基础指标增长明显,但也有一些省份的创新投入及产出有所下滑,创新驱动发展任重道远。

表 1-1 2017—2018 年我国 31 个省份专利申请变化情况

省份	三种专利 专利数（件）2017年	2018年	增长率%	占全国比重（%）2017年	2018年	变动	发明专利 专利数（件）2017年	2018年	增长率%	占全国比重（%）2017年	2018年	变动
北京	185928	211212	13.6	5.29	5.12	−0.17	99167	117664	18.65	8.04	8.52	0.48
天津	86996	99038	13.84	2.48	2.4	−0.08	25652	26661	3.93	2.08	1.93	−0.15
河北	61288	83785	36.71	1.74	2.03	0.29	13982	18954	35.56	1.13	1.37	0.24
山西	20697	27106	30.97	0.59	0.66	0.07	7379	9395	27.32	0.6	0.68	0.08
内蒙古	11701	16426	40.38	0.33	0.4	0.07	2845	3757	32.06	0.23	0.27	0.04
辽宁	49871	65686	31.71	1.42	1.59	0.17	20500	25476	24.27	1.66	1.85	0.19
吉林	20450	27034	32.2	0.58	0.66	0.08	7780	10530	35.35	0.63	0.76	0.13
黑龙江	30958	34582	11.71	0.88	0.84	−0.04	10607	12017	13.29	0.86	0.87	0.01
上海	131740	150233	14.04	3.75	3.65	−0.1	54630	62755	14.87	4.43	4.55	0.12
江苏	514402	600306	16.7	14.64	14.57	−0.07	187005	198801	6.31	15.16	14.4	−0.76
浙江	377115	455590	20.81	10.73	11.05	0.32	98975	143081	44.56	8.02	10.36	2.34
安徽	175872	207428	17.94	5.01	5.03	0.02	93527	108782	16.31	7.58	7.88	0.3
福建	128079	166610	30.08	3.65	4.04	0.39	26456	37252	40.81	2.14	2.7	0.56
江西	70591	86001	21.83	2.01	2.09	0.08	11507	14519	26.18	0.93	1.05	0.12
山东	204859	231585	13.05	5.83	5.62	−0.21	67772	72764	7.37	5.49	5.27	−0.22
河南	119240	154381	29.47	3.39	3.75	0.36	35625	46868	31.56	2.89	3.39	0.5

续表

省份	三种专利					发明专利				
	专利数（件）		增长率%	占全国比重（%）			专利数（件）		增长率%	占全国比重（%）		
	2017年	2018年		2017年	2018年	变动	2017年	2018年		2017年	2018年	变动
湖北	110234	124535	12.97	3.14	3.02	-0.12	51569	50664	-1.75	4.18	3.67	-0.51
湖南	77934	94503	21.26	2.22	2.29	0.07	31365	35414	12.91	2.54	2.56	0.02
广东	627834	793819	26.44	17.87	19.26	1.39	182639	216469	18.52	14.81	15.68	0.87
广西	56988	44224	-22.4	1.62	1.07	-0.55	37976	20302	-46.54	3.08	1.47	-1.61
海南	4564	6451	41.35	0.13	0.16	0.03	1627	2127	30.73	0.13	0.15	0.02
重庆	64648	72121	11.56	1.84	1.75	-0.09	19297	22686	17.56	1.56	1.64	0.08
四川	167484	152987	-8.66	4.77	3.71	-1.06	64642	53805	-16.76	5.24	3.9	-1.34
贵州	34610	44508	28.6	0.99	1.08	0.09	13885	14992	7.97	1.13	1.09	-0.04
云南	28695	36515	27.25	0.82	0.89	0.07	7801	9606	23.14	0.63	0.7	0.07
西藏	1097	1469	33.91	0.03	0.04	0.01	273	453	65.93	0.02	0.03	0.01
陕西	98935	76512	-22.66	2.82	1.86	-0.96	46607	30888	-33.73	3.78	2.24	-1.54
甘肃	24448	27882	14.05	0.7	0.68	-0.02	5785	6035	4.32	0.47	0.44	-0.03
青海	3181	4439	39.55	0.09	0.11	0.02	949	1287	35.62	0.08	0.09	0.01
宁夏	8575	9860	14.99	0.24	0.24	0	2561	2999	17.1	0.21	0.22	0.01
新疆	14260	14647	2.71	0.41	0.36	-0.05	3207	3665	14.28	0.26	0.27	0.01

数据来源：整理《中国科技统计年鉴》相关数据计算所得

第三节　区域创新能力的基本格局和演变特点

一、中国区域创新能力格局演变分析

(一) 创新领先格局逐渐稳定

为分析中国区域创新能力领先格局的变化，本研究分别对排名前十的省份变化和部分领先地区相对创新能力变化进行了分析。表1-2展示了中国2001—2021年间区域创新能力排名前十的省份。2001—2021年间，北京、上海、江苏和广东四个省市轮流占据第1位，2008年前，北京和上海创新能力优势更明显，2009年以后，广东和江苏创新能力不断提升，近年来，北京创新能力排名重新回到第2位。整体来看，排名领先省份的前7位基本保持稳定，其中，北京、上海、广东和江苏四个省份一直稳定占据全国前四位，是中国的创新集聚中心，初步建成区域创新生态系统；山东、浙江和天津紧随其后，位列5~7位，但是天津从2019年排名开始下降，在2020年更是跌出前10位。排名8~10位的省份则具有明显的波动，2012年以前，辽宁和福建基本稳定在其中，而2013年以后两省排名开始下滑，重庆和安徽则较为稳定地占据8~10位之间。此外，吉林、陕西、四川、湖南和湖北等省份也曾在不同年份出现在前十位。

(二) 区域间创新能力差距趋于收敛

区域收敛来自古典经济学框架，认为不同区域之间的经济发展水平趋于一致[1]，后期经济学家相继提出 σ 收敛、绝对 β 收敛、条件 β 收敛和俱乐部收敛等概念。内生增长理论指出，技术进步和创新是经济增长的内生动力，经济收敛的背后是区域创新能力的收敛。一般来说，σ 收敛通过计算地区变异系数，可以较为直观地反映国家和地区经济指标的分散程度，同时，σ 收敛是 β 收敛的充分不必要条件。为此，本书通过计算变异系数来观测地区区域创新能力的 σ 收敛情况。

---

[1] RAMSEY F P. A mathematical theory of saving [J]. The Economic Journal, 1928, 38 (152): 543-559.

表1-2 2001—2021年中国区域创新能力排名前十情况

排名	2001	2002	2003	2004	2005	2006	2007	2008	2009	2010	2011	2012	2013	2014	2015	2016	2017	2018	2019	2020	2021
1	上海	北京	北京	上海	上海	上海	广东	上海	江苏	江苏	江苏	江苏	江苏	江苏	江苏	江苏	广东	广东	广东	广东	广东
2	北京	上海	上海	北京	北京	北京	上海	广东	广东	广东	广东	广东	广东	广东	广东	广东	江苏	北京	北京	北京	北京
3	广东	广东	广东	广东	广东	广东	北京	北京	北京	北京	北京	北京	北京	北京	北京	北京	北京	江苏	江苏	江苏	江苏
4	江苏	江苏	江苏	江苏	江苏	江苏	江苏	江苏	上海	上海	上海	上海	上海	上海	上海	上海	上海	上海	上海	上海	上海
5	山东	山东	天津	浙江	浙江	天津	浙江	浙江	浙江	浙江	浙江	浙江	浙江	浙江	浙江	浙江	浙江	浙江	浙江	浙江	浙江
6	辽宁	浙江	浙江	山东	山东	浙江	山东	山东	山东	山东	山东	山东	山东	山东	山东	山东	山东	山东	山东	山东	山东
7	浙江	天津	山东	天津	天津	山东	天津	天津	天津	天津	天津	天津	天津	天津	天津	天津	天津	天津	重庆	湖北	湖北
8	天津	辽宁	辽宁	辽宁	辽宁	辽宁	辽宁	辽宁	四川	湖北	辽宁	辽宁	重庆	重庆	重庆	重庆	重庆	重庆	湖北	安徽	安徽
9	福建	福建	福建	福建	福建	重庆	四川	湖北	辽宁	四川	四川	安徽	安徽	安徽	安徽	安徽	湖北	湖北	天津	陕西	四川
10	吉林	陕西	湖北	重庆	重庆	陕西	湖北	四川	湖北	重庆	重庆	湖南	福建	湖北	福建	陕西	安徽	安徽	安徽	重庆	陕西

图1-4展示了2001—2021年间，中国31个省份区域创新能力变异系数的变化情况，2001—2012年间，各省区域创新能力变异系数呈现下降趋势，表明区域间创新能力差异波动下降，但是在2013年又有所回升，此后变异系数稳定在0.36~0.39之间，区域间创新能力表现出明显的收敛。

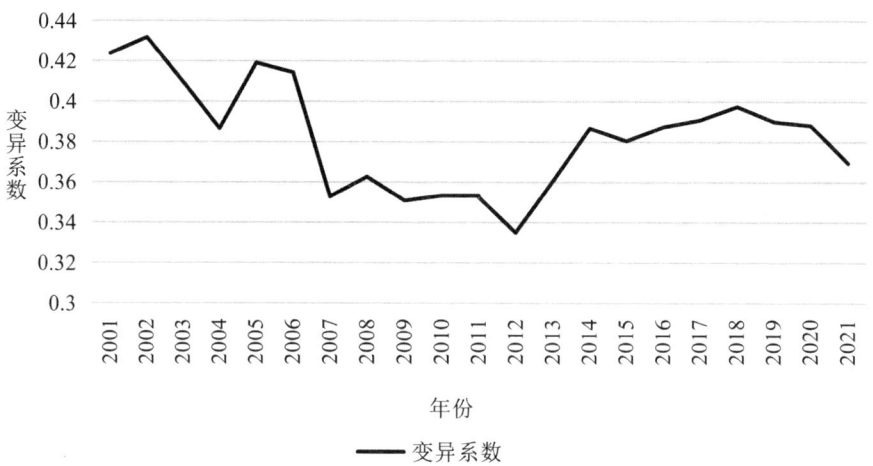

图1-4 区域创新能力变异系数变化

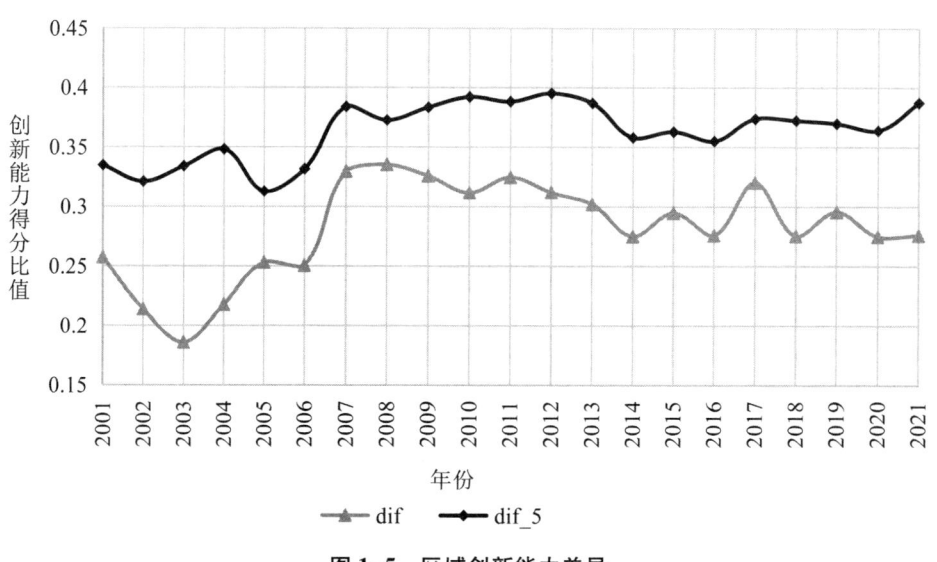

图1-5 区域创新能力差异

此外，本研究进一步分析了领先地区和落后地区创新能力得分来了解区域创新能力的收敛情况。图1-5呈现了2001—2021年间，排名第一和排名末尾综合创新能力得分之比（dif），以及排名前五和排名后五综合创新能力得分均值之比（dif_5）。结果显示，区域间创新能力呈现缩小趋势，且相对差距趋于收敛，特别是前五名领先地区和后五名落后地区的创新能力得分之比，从2009年开始趋于稳定，在2014年出现下降以后重新在低位维持稳定。

第四节 区域创新体系建设的问题和挑战

一、以京津冀地区为代表的区域性协同问题依然突出

本研究从两个维度来看创新能力的协同情况：一是区域内部不同省份整体发展是否相对均衡，即变异系数是否相对较小；二是区域内部创新能力是否不存在极端差异，即最强和最弱省份创新效用值比值是否较小。

图1-6展示了京津冀、长三角和东三省以及全国变异系数随时间变化情况，从图中可以看出，京津冀地区的变异系数在0.28~0.50徘徊，且绝大多数年份其变异系数大于全国整体水平（0.33~0.43），特别是在2012年以后，京津冀地区变异系数不断增加，地区创新协同问题突出。长三角地区变异系数在0.19~0.37，一直低于全国整体水平，从2013年开始，长三角地区的变异系数区域下降，创新协同问题得到缓解。东三省地区变异系数在0.06~0.24，是三个地区中最低的，表明东三省创新协同做得相对更好，但是，从2018年开始，东三省变异系数不断提高，并在2020年接近长三角地区的变异系数，但是到2021年，东三省创新协同再次提升。

导致创新协同问题的原因包括三个方面：一是省份间行政区划问题，二是区域文化邻近性较低，三是地区产业发展不协调。在区域创新发展协同方面，东三省由于具有地理接近性和文化的一致性，创新发展协同度较高，差异比较小。京津冀虽然地理较为临近，但是产业方面具有较大差异，创新协同发展度较低，特别是在2012年以后，京津冀协同发展水平不断降低。长三角具有地理邻近性，产业发展存在差异，但存在一定的互补，近年来创新协同发展度不断提升。

区域创新：极化、追赶与共同富裕 >>>

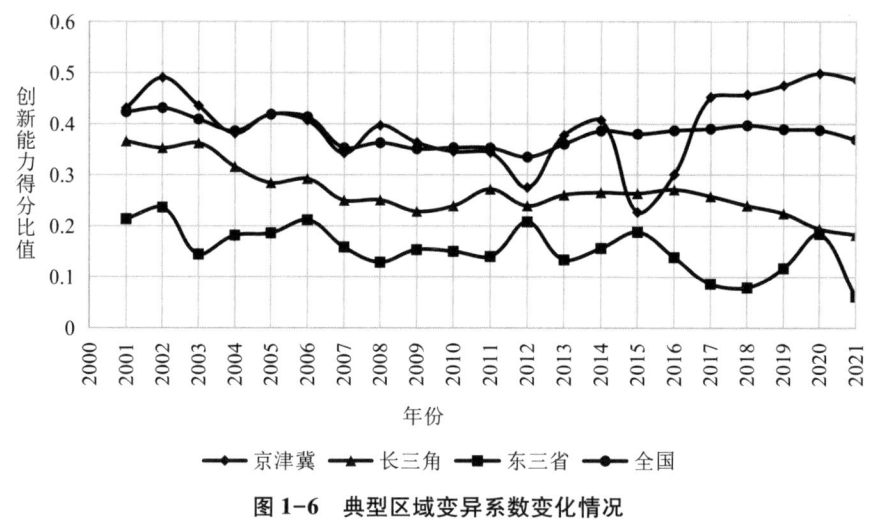

图 1-6 典型区域变异系数变化情况

二、区域创新能力发展不同步

2001—2021 年，不同省份的区域创新能力的发展和提升水平也存在巨大差异，部分省份创新能力排名迅速崛起，同时也有部分省份创新能力排名下降。本研究通过对各省份区域创新能力排名的变动情况，来说明区域创新能力的发展不同步现象。首先，计算进入评价体系的 31 个省份 2001—2021 年区域创新能力变化的标准差；其次，计算 31 个省份排名极差，共同来衡量排名的离散程度（如图 1-7 所示）。其中，吉林、海南、山西、黑龙江、辽宁、贵州、内蒙古和安徽 8 个省份的区域创新能力排名位居前 8 位，且这 8 个省份的极差均大于 10。

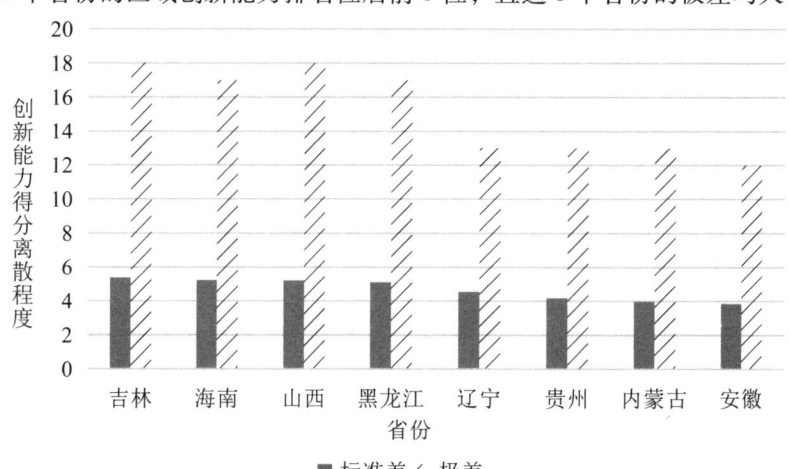

图 1-7 部分省份排名变化统计情况

具体而言，吉林、山西、黑龙江、辽宁和内蒙古 5 个省份在过去 20 年的排名出现明显下滑。以吉林和辽宁为例，在 2011 年以前，排名位居全国前 21，并在 2001 年进入前 10 位；然而在 2012 年以后，排名基本维持在 27 位左右；辽宁在 2012 年以前，排名基本维持在前 10 位，而在 2013 年以后，排名在 17 位上下徘徊。海南、贵州和安徽 3 个省份则在过去 20 年创新能力排名明显上升。以贵州和安徽为例，贵州在 2011 年以前，创新能力排名基本维持在 25 位以上，近年来则维持在 17 位前后；安徽在 2011 年以前，创新能力排名在 15 位左右，而从 2012 年开始，创新能力排名维持在前 10 位。

对创新能力波动较大的省份进行分析不难发现，首先，排名变化较大的省份具有一定的地理分布特征，排名下滑较大的 5 省份均处于北方地区，而排名上升较快的 3 个省份则均处于南方地区，这在一定程度上也解释了创新能力的南北差异拉大。其次，产业结构存在明显差异，排名下滑省份都是典型的资源依赖型城市，其中，东三省是改革开放初期重要的老工业基地，而山西和内蒙古是产煤大省，具有丰富的矿产资源。随着中国经济的发展，资源密集型地区的优势逐渐褪去；而排名上升的省份则以新兴产业和服务业为主，贵州近年来的大数据中心和中国天眼，助力其实现产业转型，安徽依托中国科学技术大学，实现科研成果产业化，海南依托地理优势，发展旅游服务业。最后，市场化水平存在差异，在下降地区中，东三省具有典型性，东三省作为新中国成立以来第一个工业基地，长期的计划经济导致政府和国有企业在经济发展和创新中占据主导地位；相对而言，安徽、海南等省份的民营经济则更加活跃。

三、区域创新能力不平衡由"东西"转向"南北"

图 1-8 呈现了 2001—2021 年区域创新能力的东西部省份创新能力差异，以及南北方省份创新能力差异。结果显示，东西部地区创新能力不平衡缩小，而南北创新能力差距不断拉大。

区域之间在地理环境、资源禀赋和政策支持等方面的差异，导致了中国区域之间的经济和创新等方面存在差异。改革开放初期，东部沿海地区依托优越的地理位置和国家政策支持，经济和创新能力得到了极大提升，形成了"东快西慢"的发展格局，但近年来，随着中国经济水平提升和创新驱动发展战略的实施，区域创新能力由东西差距转变为南北差距，并成为区域发展不协调的焦点。

为分析中国区域创新能力的东西和南北差异，本研究从两个维度对创新能力差异变化进行分析①。一是东西、南北地区创新能力的绝对差距,即创新得分均值之比,计算方法如下:首先计算南方16个省份和北方15个省份的创新能力得分均值;其次用南方得分均值除以北方得分均值得到南北差异,利用同样方法计算得到东西差异(图1-8);二是东西、南北省份对整体的贡献率,即相对差距。计算方法如下:首先,分别对16个省份和全国31个省份的创新能力得分求和,其次,用南方省份创新能力得分之和除以全国创新能力综合,得到南方创新能力贡献率。用同样的方法得到东部省份创新能力贡献率(图1-9)。如图1-9所示,东西差异呈现下降趋势,从2001年的1.77下降到2021年的1.46;而南北差异则呈现不断上升的趋势,从2001年的1.11上升到2021年的1.29。如图1-9所示,东部地区区域创新能力对整体的贡献率趋于下降,从2001年的0.53下降到2021年的0.48;而南方地区16个省份区域创新能力对整体的贡献率不断提高,从2001年的0.51提高到2021年的0.55。整体来看,中国区域创新能力的不平衡正由"东快西慢"的东西差异转向"南快北慢"的南北差异。

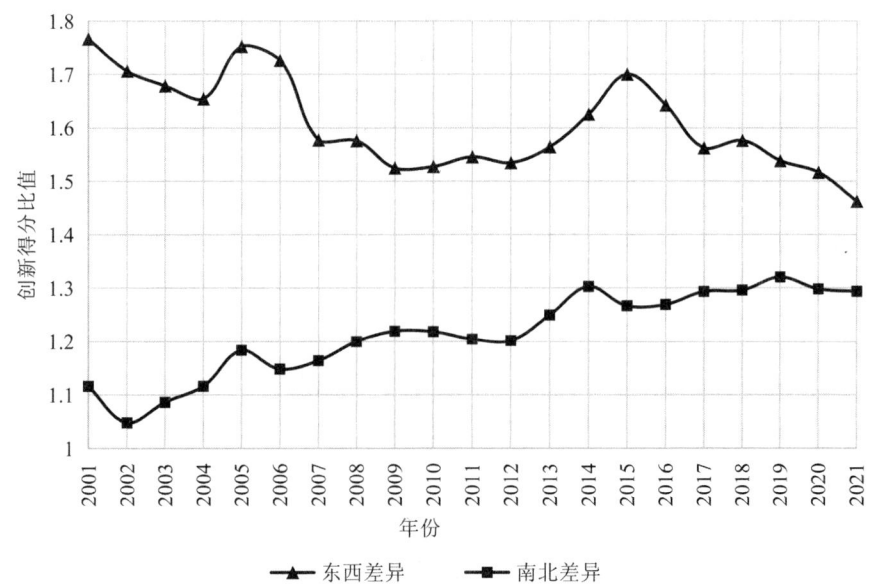

图1-8 东西和南北区域创新能力的绝对差距变化趋势

---

① 东部省份有12个,包括北京、天津、河北、辽宁、上海、江苏、浙江、福建、山东、广东、广西、海南;西部省份有19个,包括山西、内蒙古、吉林、黑龙江、安徽、江西、河南、湖北、湖南、重庆、四川、贵州、云南、西藏、陕西、甘肃、宁夏、青海、新疆。南方省份有16个,包括江苏、安徽、湖北、重庆、四川、西藏、云南、贵州、湖南、江西、广西、广东、福建、浙江、上海和海南;北方省份有15个,包括山东、河南、山西、陕西、甘肃、青海、新疆、河北、天津、北京、内蒙古、辽宁、吉林、黑龙江和宁夏。

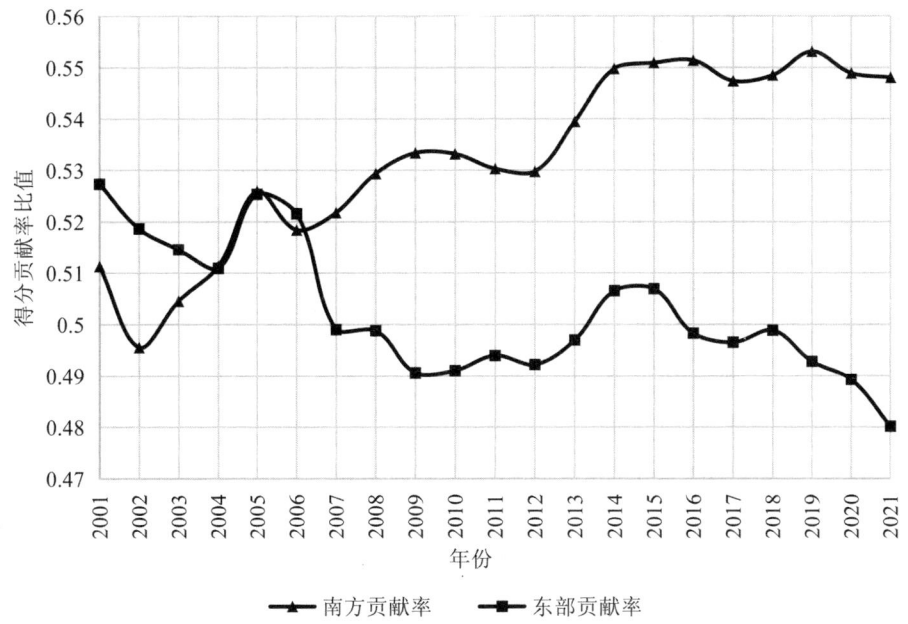

图1-9 东西和南北区域创新能力的相对差距变化趋势

产生这一结果的原因有以下几方面：首先，创新能力由政策驱动转向市场驱动。初期中国大力支持东部优先发展，进而东部带动西部发展，对东部地区具有一定政策倾向。而随着中国经济不断发展，市场化改革取得显著成效，降低政府对经济的干预，对于区域创新具有积极影响。以深圳为代表的部分南方城市，依托其活跃的创业活动、良好的创新创业氛围，充分发挥市场对创新要素的配置作用，不断提高创新能力。而北方地区国有企业在经济中作用更大，政府干预水平明显高于南方，因此其创新能力提升逊色于南方省份。其次，北方新旧动能转换效率相对较低。在经济新常态背景下，通过产业升级，实现新旧动能转换是提高创新能力的重要途径。相对而言，北方高新技术产业增长速度较低，且地区间差异不断增加，而南方形成了以长三角和珠三角为引领、长江经济带和成渝都市圈为核心的高新技术产业的快速发展格局。最后，南方具有更高的开放水平。较高的对外开放水平是构建区域创新系统的必要条件，也是促进国内外技术交流和要素流动的有效途径。在对外开放水平上，南方具有明显的优势，国家统计局数据显示，2020年中国货物进出口额排名前五的省市依次为广东、江苏、浙江、上海和山东，其中4个都是南方省市。同时，南方省份通过"一带一路"建设，形成内陆沿海双向开放格局，截至2020年，国务院批复设立的自贸区共22个,其中有14个在南方。

第五节 提升区域创新能力的战略选择

一、完善区域创新生态系统,引领区域创新发展

区域创新生态系统是在一定时空范围内,不同创新主体在一定创新环境内,通过开展合作与互动进行物质、能量和信息交换,并最终实现动态均衡[①]。随着数字化技术的发展和中国城镇化进程的不断推进,城市之间的创新合作越发频繁和深入,基于地理邻近的区域创新生态系统将成为未来引领区域创新的重要引擎。近年来,国家先后将京津冀协同发展、长江三角洲区域一体化、粤港澳大湾区规划等上升为国家战略,并在《中华人民共和国国民经济和社会发展第十四个五年规划和2035年远景目标纲要》中将都市圈构建设定为城市发展目标,谋划未来区域创新生态系统构建。《2020年中国专利调查报告》显示,有近80%的企业开展合作创新活动。

为此,基于地理临近的创新生态系统构建将成为区域创新能力提升的重要引擎,秉承区域创新生态系统思维,促进区域协调发展主要关注以下几个方面:一是依靠顶层设计,打造区域创新生态系统。充分发挥政府能动性,通过体制机制创新,引导和鼓励创新主体之间的合作与互动。二是基于创新生态位优化产业结构。生态位是生物在生态系统中生存所需阈值的描述,不同生物在不同生态位的生存,实现生态系统的动态平衡。借鉴生态位理论,优化城市之间的产业结构,实现不同城市的产业错位发展和创新生态系统的可持续发展。三是丰富生态系统种群类型,增强创新生态系统韧性。异质性生态种群数量是维持生态系统发展和激发创新的重要因素,引进多样化生态系统种群类型,适度调节生态系统内竞争强度,激发主体创新意识,强化产业抗风险能力。四是强化生态系统开放性,鼓励创新要素跨省流动。创新生态系统应该是一个开放的系统,建立跨区域资质互认、标准互通和资源共享机制,打破区域之间行政壁垒,鼓励邻近城市之间的企业合作和产业融合,通过与外界创新主体之间的物质和信息交换,提高自身创新能力。

---

① 黄鲁成. 区域技术创新系统研究:生态学的思考[J]. 科学学研究,2003(2):215-219.

二、把握数字经济机遇，提升区域创新能力

数字化是指以大数据、云计算和人工智能等新兴数字化技术引发现有产业形态、产业结构和组织方式等产生重大变革，并进一步引致创新过程和结果的内在变化。数字化时代的到来加速了创新迭代速度，数字化技术对传统产业赋能的同时，也催生了数字化技术相关的新兴产业，不断驱动不同产业的数字化转型。数字化为区域创新能力提升带来了诸多机遇和挑战，未来区域创新务必把握数字化机会，促使区域创新能力不断提升。一方面，数字化的自生长和产业交叉融合特点，加剧了产业和创新要素的集聚，使区域之间的创新能力差距进一步固化。《2020胡润全球独角兽排行榜》显示，在中国的227家上榜企业中，超过80%的企业与数字化行业有关，在地理分布上，北京、上海、广东和浙江四个省市有近200家。因此，在数字化时代，越来越多的数字化相关产业会在发达省份集聚，导致区域之间的创新能力拉大。另一方面，数字化加速了新兴产业成长和集聚的过程，为部分落后省份提供了追赶的机会。贵州省依托其地理和气候优势，从2014年开始发展大数据产业，并于2015年建成国内首个大数据交易所。在随后的6年里，贵州境内已经形成了数据中心、电子信息制造、软件和信息技术服务三个千亿级产业集群，并颁布实施了多部大数据相关法规[①]。在过去的6年里，贵州省区域创新能力排名也不断提升，由2014年的26位，上升到2019年的16位，提高了10位。

为此，在未来的发展中，不同地区要依托自身优势，抓住数字经济机遇，提升区域创新能力。对于创新领先省份而言，利用现有产业优势，发展智能制造、数字化服务等相关产业，促进传统产业与数字化产业深入融合，发挥数字化的带动作用，培养具有高培育能力和高演化能力的数字化企业，不断形成规模优势。对于创新能力相对落后的省份而言，一方面，加快推动传统产业的数字化转型升级，在数字化转型过程中，可以采用分级数字化方式进行：中小企业直接将数字化业务进行外包，中大型企业通过定制服务的方式嵌入大型数字化系统，部分大型和超大型企业鼓励自行研发适合自身特点的数字化系统。另一方面，积极培育和引进数字化相关产业，贵州大数据中心的成功为落后地区依托数字产业实现追赶提供了诸多启示。数字化技术催生了部分新兴产业，而

---

① 贵阳市人民政府. 贵州贵阳大数据发展实现"三级跳"计划打造三个千亿级产业集群［A/OL］. 中国新闻网，2021-02-25.

这些产业一般具有轻资产、培育周期较短等特点，创新能力相对落后地区依托其低廉的劳动成本、电价成本和土地成本，引进和培育数字化产业，进而实现创新能力的不断追赶。

三、优化区域营商环境，激发企业创新活力

营商环境是企业从重建到注销整个生命周期所面临的外部环境，对区域内市场主体活动产生重要的影响，良好的营商环境对于激发创新主体的创新活力、降低市场制度成本、促进市场公平竞争、优化创新要素合理配置具有重要作用。近年来，中国通过简政放权、规范企业行为、放宽市场准入等方式，不断优化营商环境。在世界银行《2019年营商环境报告》中，中国从2013年的96位上升到2019年的46位，成为进步最快的国家之一。2019年10月，国务院正式公布了《优化营商环境条例》，进一步为优化提升区域营商环境提供了制度保障。现阶段，中国正处于经济转型的重要时期，在多重冲击下，地区经济发展和企业创新受到一定影响。

营商环境作为企业经营过程中所面对的外部环境，区域各级政府通过优化营商环境，激发企业创新活力。首先，进一步深化"放管服"改革，培育壮大市场主体。推动政府职能向服务型转变，理清政府与市场之间的关系，坚持市场在资源配置中的主导作用，发挥对市场的监督和服务作用。改革行政审批制度，压缩市场负面清单，降低市场准入门槛，培育和壮大市场主体，强化市场主体的创新活跃度。其次，建立健全相关法律制度，提高企业违法成本。在中国转型时期，由于法律制度的不健全，企业违法成本相对较低，企业更倾向于对技术的模仿和抄袭，进而导致了研发的市场失灵。国家层面进一步建立健全法律法规，保护企业合法权益，各级政府在严格贯彻落实法律制度，加大行政执法力度。与此同时，根据地区实际情况，出台具有地区特色的规章制度，规范企业等主体的市场行为。最后，加强政府信息公开，压缩权力寻租空间。政府在进行资源配置过程中，由于信息不对称和有限理性的存在，为政府的权力提供了寻租空间，进而降低整个社会的福利。通过网站等形式，对国家和地方政府的相关政策和制度的出台背景、适用对象、注意事项等进行公开，接受社会各界的监督；通过网站互动、电话专线等方式，对社会存在的问题进行及时接收和反馈，最大程度地压缩权力寻租空间，杜绝政府权力滥用。

四、打造创新增长极,提高区域创新能力

增长极理论强调经济发展过程中的不平衡,创新资源和要素会逐渐向中心城市集聚,并形成明显高于周边城市的发展速度,逐渐通过溢出效应带动周边城市发展。区域协调发展并不意味着区域之间的绝对均衡发展,特别是经济发展的中前期,引导创新要素向中心城市①集聚,发挥集聚和规模效应,形成创新增长极,并通过创新增长极的引领和辐射作用,带动整体区域创新能力的提升。中心城市是一个地区经济最为发达、创新要素最为集聚、区域创新能力最强的城市,对整个区域发展具有重要的带动和辐射作用。中国从2015年开始先后将北京、天津、上海等9个城市列为重点建设的中心城市,同时,各省也都积极培育省内创新增长极,驱动创新能力提升。

基于增长极理论,依托区域创新增长极的辐射带动作用,是优化和提升区域创新能力的重要路径。首先,引导中心城市与周边城市的创新合作。合作创新是带动周边城市创新能力提升的最根本途径,各级政府充分发挥引导作用,为城市之间的合作提供政策基础,鼓励创新主体之间的跨城市合作。建立健全创新合作和共享平台,建立重大科研设备的跨城市共享机制,为周边城市的科研工作提供方便。其次,优化区域产业结构,形成以中心城市为核心的产业链。基于各省的产业特色,做大做强特色产业,围绕区域核心产业,通过顶层设计来优化现有产业结构,引进和培育互补产业,增强产业链韧性。最后,积极培育副中心城市,形成多核驱动格局。由于中国存在较为严格的城市等级制度,现有省内中心城市具有更高的行政级别,进而吸引了更多创新要素的流入,并可能导致一城独大的不协调发展。通过培育省内副中心城市,引导创新要素的合理配置,引导形成多核驱动的创新格局,对于区域创新能力的进一步提升具有重要意义。

---

① 本研究所指的中心城市具有更广泛的意义,除国家明确提出的9个中心城市外,还包括各省的省会、计划单列市和新一线城市等。

第六节 本章小结

区域创新能力是构建中国特色国家创新体系的基础，分析区域创新能力的时空演变规律，对于提升区域和国家的创新能力具有重要作用。基于《中国区域创新能力评价报告》分析结果，对我国区域创新能力的基本格局、时空演变、问题和挑战以及未来战略选择进行分析。结果表明，我国逐渐形成以广东、北京、江苏和上海为引领的区域创新发展格局，区域之间的整体创新能力差距趋于收敛。现阶段，我国依然面临区域性创新不协同、创新能力发展不同步和创新能力不平衡由"东西"转向"南北"等问题。未来，各省应通过完善区域创新生态系统、把握数字经济机遇、优化营商环境和打造创新增长极等方式，提升区域创新能力。

第二章

中国区域创新效率的动态演变

随着我国经济由高速增长阶段转向高质量发展阶段，我国社会的主要矛盾也发生了变化，为解决我国现阶段的主要矛盾，就必须不断促进各地区的充分和协调发展。国家和各级政府先后发布多项文件，以创新驱动促进区域的协调和充分发展。在《"十四五"规划和2035年远景目标纲要》中，用一篇的内容强调区域空间布局和协调发展，并指出"深入实施区域重大战略、区域协调发展战略、主体功能区战略，健全区域协调发展体制机制，构建高质量发展的区域经济布局和国土空间支撑体系"。2021年6月，中共中央、国务院发布《中共中央、国务院关于支持浙江高质量发展建设共同富裕示范区的意见》，以浙江为试点，推动共同富裕尽快落地。2021年9月，国家发改委明确提出，推进三大国际科创中心建设和4个综合性国家科学中心建设，进一步完善国家"3+4"空间布局，带动全国经济发展。

党的十九届六中全会通过的《中共中央关于党的百年奋斗重大成就和历史经验的决议》（以下简称《决议》）强调，必须实现创新成为第一动力、协调成为内生特点、绿色成为普遍形态、开放成为必由之路、共享成为根本目的的高质量发展，推动经济发展质量变革、效率变革、动力变革。因此，在推动高质量发展进程中，不仅要提升各地区整体创新能力，更要重视创新效率的提高。实现创新效率提升，是提升我国创新能力和经济实力的重要抓手。现阶段，我国区域创新不仅表现出在创新能力方面的巨大差异，同时在创新效率方面也存在不充分和不协调现象。本章聚焦中国区域创新效率的空间差异，有助于揭示区域经济增长不均衡内在的机理。

第一节　中国区域创新效率研究现状

关于区域创新效率，现有研究主要从科技资源要素的投入增加和投入资源转化效率的提升等方面展开广泛讨论[1]。然而，在新时代背景下，随着中国经济的高速发展，中国区域经济发展模式已由传统的要素投资驱动转变为创新驱动[2]。单纯考虑要素投入的增加和技术效率的提升难以充分解释各地区经济增长的差异性。因此，为了探索新时代中国区域经济的协调可持续发展，需要同时考虑技术创新效率变化以及技术进步的作用。

采用Malmquist指数模型测算创新全要素生产率指数（下文简称生产率）既可以反映创新效率的变化（反映一个地区追赶技术前沿地区的能力），又可以体现技术的进步（通过技术前沿面的移动来反映创新）。应用这一模型，郑京海等人发现在1979—2001年间，技术进步的速度明显优于技术效率改善的速度，所以中国区域经济的增长主要源于技术的进步[3]。但师萍等人持不同观点，他们基于1999—2008年省际数据研究指出相比于技术进步，技术效率的改善更有助于中国区域创新全要素生产率的增长[4]。此外，白俊红人等测评了中国30个省际地区的研发创新的全要素生产率及其分解的变化均值情况，发现各地区全要素生产率的提高主要得益于技术进步而非技术效率的改善[5]。虽然这些研究为解释区域创新发展差异性提供了思路，但是通过创新全要素生产率指数来解读中国区域创新发展的不均衡问题仍未达成共识。同时，已有研究数据集较为陈旧，无法客观反映现阶段我国区域创新发展的动态变化，且这些研究主要基于考察期内全要素生产率的平均变化水平对区域创新发展进行评价分析，未考虑不同时期截面内生产率动态变化及其分解变化的深层经济含义，以及不同截面之间

---

[1] 柳卸林，朱浪梅，杨博旭. 政府研发激励有利于提升区域创新效率？[J]. 科研管理，2021，42（7）：50-59.
[2] 柳卸林，高雨辰，丁雪辰. 寻找创新驱动发展的新理论思维：基于新熊彼特增长理论的思考[J]. 管理世界，2017（12）：8-19.
[3] 郑京海，胡鞍钢. 中国改革时期省际生产率增长变化的实证分析（1979—2001年）[J]. 经济学（季刊），2005，4（1）：263-296.
[4] 师萍，韩先锋，周凡磬，宋文飞. 中国研发创新全要素生产率增长特征及空间差异分析[J]. 科学学与科学技术管理，2011（1）：35-39+72.
[5] 白俊红，江可申，李婧. 中国地区研发创新的技术效率与技术进步[J]. 科研管理，2010，31（6）：7-18.

的相关对比分析。换言之，目前还缺乏有力证据来说明区域创新的技术前沿转移和追赶过程①。对此，Zabala-Iturriagagoitia 等人认为需从动态的视角去揭示地区或国家的创新发展，并提供了欧洲国家在创新活动中的技术前沿转移与追赶过程的证据②，而这种方法也可以用于探究中国区域创新发展的动态变化。

基于此，本章将 Malmquist 生产率指数（MPI）应用于 2007—2017 年的中国除西藏地区之外的其他 30 个省区的样本数据，通过分析 MPI 指数及其分解指数的深层经济含义，考察地区追赶速度是否强于技术前沿的变化速度，以更加客观地反映中国区域创新发展动态，揭示各地区创新发展差异的本质。研究发现，中国区域创新生产率整体呈正增长态势，但其增幅呈波动下降趋势，且随着时间的推移，生产率增长的主要驱动因素由技术进步转变为技术效率的提升。同时，不同时期处于最佳实践前沿的地区并非恒定，可能来自创新领导者（如北京、江苏），也可能来自创新跟随者（如浙江、天津和重庆）和创新落后地区（如广西）。此外，创新不一定带来技术的进步，但会有助于创新跟随者和落后地区追赶更领先的地区。

第二节　区域创新效率测度模型

一、DEA-Malmquist 指数模型

在 1953 年，Malmquist 首次提出 Malmquist 指数，随后 Caves 等人将其用于全要素生产率变化的测度③。在此基础上，Färe 等人进行了推广，提出了 DEA-Malmquist 指数，它将生产率变化分解为技术效率变化和技术变革，进一步又将

---

① RAKAS M, HAIN D S. The state of innovation system research: What happens beneath the surface? [J]. Research Policy, 2019, 48 (9): 103787.
② ZABALA-ITURRIAGAGOITIA J M, APARICIO J, ORTIZ L, et al. The productivity of national innovation systems in Europe: Catching up or falling behind? [J]. Technovation, 2021 (102): 102215.
③ CAVES D W, CHRISTENSEN L R, DIEWERT W E. The economic theory of index numbers and the measurement of input, output, and productivity [J]. Econometrica: Journal of the Econometric Society, 1982, 1393-1414.

技术效率变化分解为纯技术效率变化与规模效率变化①。Malmquist生产率指数（Malmquist Productivity Index，简称MPI）是一个基于比率的指数，它使用Shephard距离函数表示技术，进而测算决策单元在不同时期间效率的动态变化。常见两种形式为投入导向（给定产出条件下的最低程度的投入）和产出导向（给定投入条件下最大程度的产出）②。本研究以中国30个省区为决策单元，采用产出导向的MPI方法，来探究中国区域创新发展的动态变化。

为捕捉中国区域创新生产率演变动态，本研究首先衡量各地区每个时期 $t(t=1,\cdots,T)$，将创新投入要素 $x^t \in \mathbb{R}_+^N$，在生产技术水平 S^t 作用下，转化为创新产出 $y^t \in \mathbb{R}_+^M$ 的效率。这里，可定义生产技术函数表达式为：

$$S^t = \{(x^t, y^t) : x^t \rightarrow y^t\} \qquad 式2-(1)$$

基于此，可定义产出距离函数为：

$$D_o^t(x^t, y^t) = \inf\{\theta : (x^t, y^t/\theta) \in S^t\} \qquad 式2-(2)$$

其次，根据Färe等人的研究，在 t 期技术条件下，决策单元 o 从 t 期到 $t+1$ 期的MPI指数可表示为③：

$$M_o^t = \frac{D_o^t(x^{t+1}, y^{t+1})}{D_o^t(x^t, y^t)} \qquad 式2-(3)$$

同理，在 $t+1$ 期的生产技术水平下，决策单元 o 从 t 期到 $t+1$ 期MPI表达式可表示为：

$$M_o^{t+1} = \frac{D_o^{t+1}(x^{t+1}, y^{t+1})}{D_o^{t+1}(x^t, y^t)} \qquad 式2-(4)$$

因此，决策单元 o 从 t 期到 $t+1$ 期生产率的变化可由式2-(3)和式2-(4)的几何平均值得到：

$$M_o(x^{t+1}, y^{t+1}, x^t, y^t) = \left[\left(\frac{D_o^t(x^{t+1}, y^{t+1})}{D_o^t(x^t, y^t)}\right)\left(\frac{D_o^{t+1}(x^{t+1}, y^{t+1})}{D_o^{t+1}(x^t, y^t)}\right)\right]^{1/2}$$

$$式2-(5)$$

---

① FÄRE R, GROSSKOPF S, NORRIS, M, et al. Productivity growth, technical progress, and efficiency change in industrialized countries [J]. The American Economic Review, 1994 (84): 66-83.

② SHEPHARD, R. W. Cost and production functions [M]. Princeton: Princeton University Press, 1953: 13-55.

③ FÄRE R, GROSSKOPF S, NORRIS, M, et al. Productivity growth, technical progress, and efficiency change in industrialized countries [J]. The American Economic Review, 1994 (84): 66-83.

其中，$M_0 > 1$ 表示决策单元 o 的生产率提高，$M_0 = 1$ 表示生产率不变，$M_0 < 1$ 则表示生产率下降。进一步，式2-（5）还可以进一步分解为规模报酬不变假定下技术效率变化和技术变革之积①，如下式所示：

$$M_o(x^{t+1}, y^{t+1}, x^t, y^t) = \frac{D_o^{t+1}(x^{t+1}, y^{t+1})}{D_o^t(x^t, y^t)} \times \left[\left(\frac{D_o^t(x^{t+1}, y^{t+1})}{D_o^{t+1}(x^{t+1}, y^{t+1})}\right)\left(\frac{D_o^t(x^t, y^t)}{D_o^{t+1}(x^t, y^t)}\right)\right]^{1/2}$$

式2-（6）

式2-（6）中，等式右边第一项为技术效率的变化EC，当技术效率的变化EC大于1时，表示技术效率得到改善，反之则表示技术效率呈现恶化状态；等式右边第二项表示技术变革TC，当技术变革TC大于1时，说明技术有所进步，表现为生产可能性边界发生向外移动，反之则技术退步（生产可能性边界向内移动）。

另外，当考虑规模报酬变化时，技术效率的变化部分可继续分解为规模报酬可变假设下的纯技术效率变化与规模效率变化的乘积②，如下式所示：

$$\frac{D_o^{t+1}(x^{t+1}, y^{t+1} \mid C)}{D_o^t(x^t, y^t \mid C)} = \frac{D_o^{t+1}(x^{t+1}, y^{t+1} \mid V)}{D_o^t(x^t, y^t \mid V)} \times \left[\frac{D_o^{t+1}(x^{t+1}, y^{t+1} \mid C)}{D_o^t(x^t, y^t \mid C)} \times \frac{D_o^t(x^t, y^t \mid V)}{D_o^{t+1}(x^{t+1}, y^{t+1} \mid V)}\right]$$

式2-（7）

在上式中，等式右边的第一项表示规模报酬可变条件下的纯技术效率变化PC，当纯技术效率变化值大于1时，则说明规模报酬变动下效率有所改善，否则没有改善；等式右边的第二项代表规模效率变化SC，当规模效率变化大于1时，说明相对于 t 期，$t+1$ 期更接近固定规模报酬，反之则远离固定规模报酬。

不难看出，为求解式2-（5）中的Malmquist指数，还需提前确定4个距离函数。其中，可由以下4个线性规划来求解所需距离函数③：

$$[D_o^t(x^t, y^t)]^{-1} = \max_{\theta, \lambda} \theta$$

式2-（8）

$$s.t. \; -\theta_{y_{i,t}} + Y_t \lambda \geq 0; \; x_{i,t} - X_t \lambda \geq 0; \; \lambda \geq 0$$

$$[D_o^{t+1}(x^{t+1}, y^{t+1})]^{-1} = \max_{\theta, \lambda} \theta$$

式2-（9）

$$s.t. \; -\theta_{y_{i,t+1}} + Y_{t+1} \lambda \geq 0; \; x_{i,t+1} - X_{t+1} \lambda \geq 0; \; \lambda \geq 0$$

---

① 白俊红，红可申，李婧. 中国地区研发创新的技术效率与技术进步[J]. 科研管理，2010，31（6）：7-18.
② 白俊红，红可申，李婧. 中国地区研发创新的技术效率与技术进步[J]. 科研管理，2010，31（6）：7-18.
③ 白俊红，红可申，李婧. 中国地区研发创新的技术效率与技术进步[J]. 科研管理，2010，31（6）：7-18.

$$[D_o^t(x^{t+1}, y^{t+1})]^{-1} = \max_{\theta, \lambda} \theta$$

$$s.t. \ -\theta_{y_{i,t+1}} + Y_t\lambda \geq 0; \ x_{i,t+1} - X_t\lambda \geq 0; \ \lambda \geq 0 \quad \text{式2-(10)}$$

$$[D_o^{t+1}(x^t, y^t)]^{-1} = \max_{\theta, \lambda} \theta$$

$$s.t. \ -\theta_{y_{i,t}} + Y_{t+1}\lambda \geq 0; \ x_{i,t} - X_{t+1}\lambda \geq 0; \ \lambda \geq 0 \quad \text{式2-(11)}$$

二、变量说明

为了解中国区域创新生产率演变的根本动态，本章将 DEA-Malmquist 指数模型应用于 2019 年版《中国区域创新能力评价报告》[①] 所涵盖的 30 个地区（不包括西藏地区）的面板数据。该报告指出，中国区域创新能力地区间差异日益扩大，并未呈现追赶趋同的现象，这与《欧洲创新记分牌》（EIS）所得结论相似。为便于验证该结论是否成立，本研究参考 Edquist 等人做法[②]，并结合中国情境，提出一个包含 2 个创新投入和 2 个创新产出的模型。表 2-1 提供了本章模型中所涉及变量的解释说明与描述性统计。

表 2-1 变量解释说明与描述性统计

变量类型	变量名称	符号	均值	标准差
资本投入	研发资本存量（万元）（永续存盘法核算）	K	14.76	1.406
劳动力投入	研究与试验发展全时人员当量（人年）	L	10.96	1.177
创新产出	发明专利申请受理数（件）	Patent	8.773	1.522
创新产出	新产品销售收入（万元）	Product	11.67	1.667

由表 2-1 可知，本章所涉及创新投入主要包括资本投入（K）和劳动力投入（L）。前者运用各地区研发经费内部支出来衡量，并采用永续盘存法，以 2007 年为基期，将研发经费内部支出流量指标换算为研发资本存量。后者采用地区研究与发展人员全时当量反映劳动力投入水平。

创新产出本章选取地区发明专利申请量和新产品销售收入来刻画。事实上，创新是一个复杂的过程，它通常被视为是从创意到发明（技术），然后再商业化

[①] 中国科技发展战略研究小组，中国科学院大学中国创新创业管理研究中心. 中国区域创新能力评价报告 [R]. 北京：科学技术文献出版社，2019.

[②] Edquist C, Zabala-Iturriagagoitia J M, Barbero J, et al. On the meaning of innovation performance: Is the synthetic indicator of the Innovation Union Scoreboard flawed? [J]. Research Evaluation, 2018, 27 (3): 196-211.

（新产品）的过程，因此本研究以发明专利申请量来刻画创新的技术产出，以新产品销售收入来刻画创新的商业化产出，旨在更为全面地体现创新的成果。需要说明的是，考虑市场价格的变动，本章采用工业品出厂价格指数将新产品销售收入折算为以 2007 年为基期的实际值。

三、数据来源与说明

本章数据主要来源于 2007—2017 年《中国科技统计年鉴》和《中国统计年鉴》。其中，全国各省（直辖市、自治区）的研发经费内部支出、研究与发展人员全时当量、发明专利申请受理数和新产品销售收入均来自《中国科技统计年鉴》，而在研发经费内部支出和新产品销售收入这两个流量指标转换为存量指标的过程中，用来平减的指数，如消费者价格指数、固定资产投资价格指数和工业生产者出厂价格指数均在《中国统计年鉴》中收集整理所得。此外，为保证本研究数据的可靠性以及准确性，作者通过手动查找国家统计局数据和各省区自身的统计年鉴补充了部分缺失数据，并采用随机抽样调查的方法对样本数据与对应数据库数据进行了校正和核查。

需要说明的是，由于西藏地区本身数据缺失严重，港澳台地区的数据统计口径与大陆具有异质性，所以本研究地区未涉及以上 4 个地区。因此，本研究是基于 2007—2017 年间中国 30 个省（直辖市、自治区）的面板数据。

第三节　区域创新全要素生产率的时变趋势

一、全要素生产率动态变化

运用 DEA-Malmquist 生产率指数模型，本研究以地区资本和劳动力为创新投入，以发明专利申请数和新产品销售收入为创新产出，测算出了 2007—2008 年、2011—2012 年和 2016—2017 年中国各区域的全要素生产率变化指数（MPI），及其分解指数技术效率变化（EC）、技术变革（TC）、纯技术效率变化（PC）和规模效率变化（SC）（结果如表 2-2 所示）。其中，TC 反映了最佳实践技术前沿的变化，EC 反映了地区追赶这一技术前沿的能力，PC 反映了变动规模报酬下的纯技术变化情况，SC 则反映了基础技术表现出的增加、减少或固定规模回报的程度。下面将分别对各指数结果进行分析：

由表 2-2 可知，在 2007—2008 年考察期内，生产率增长最快的地区有江西（1.5463）、福建 1.4863）、广西（1.4676）、广东（1.4636）、吉林（1.4283）、内蒙古（1.4099）、浙江（1.3307）、重庆（1.3036）、贵州（1.2850）、天津（1.2667）、新疆（1.2581）等。同时，10 个地区的相对生产率下降，即 MPI<1，包括安徽、甘肃、河南、黑龙江、湖南、江苏、青海、山西、陕西和云南。而在 2011—2012 年期间，全国相对生产率下降地区数量激增，除内蒙古外，其他地区相对生产率均或多或少有所下降。相反，在 2016—2017 年期间，生产率下降趋势得到了改善，且存在生产率下降的地区降至 9 个，分别为广东、贵州、湖北、湖南、江苏、内蒙古、山东、陕西和天津。同时，部分地区如青海、山西和甘肃等的生产率增长相对较快。整体而言，区域 MPI 均值呈波动下降的趋势，这也侧面说明了由创新投资所带来的生产率增长正在随时间的推移而下降。

为进一步验证区域创新生产率增长的整体变化情况，本研究对考察期内中国区域创新生产率及其技术效率变化和技术变革分解的均值演变进行了可视化，结果如图 2-1（各项变化值>1，表示该指标当期呈现正的增长态势，否则负增长）所示。由图 2-1 可知，考察期内的区域整体创新生产率基本呈正的增长态势，且其增长幅度有所下降，同时在 2011—2013 年与 2014—2015 年期间出现了负增长。前者负增长由技术效率变化中的纯技术效率的恶化与技术退步共同作用所致，后者主要是源于技术的退步。但对于创新生产率呈现的正增长，各时期原因不尽相同。在 2007—2008 年内主要由于技术效率变化分解中纯技术效率的提高；在 2008—2011 年内主要源于技术的进步和规模效率的提升；在 2013—2014 年和 2015—2016 年期间主要因为技术效率的提高，具体分别表现为纯技术效率和规模效率的改善；而在 2016—2017 年期间则是技术进步与技术效率提高的共同作用结果。可见，中国区域创新发展的驱动力正在由技术的进步逐渐向技术效率的提升方向转变。

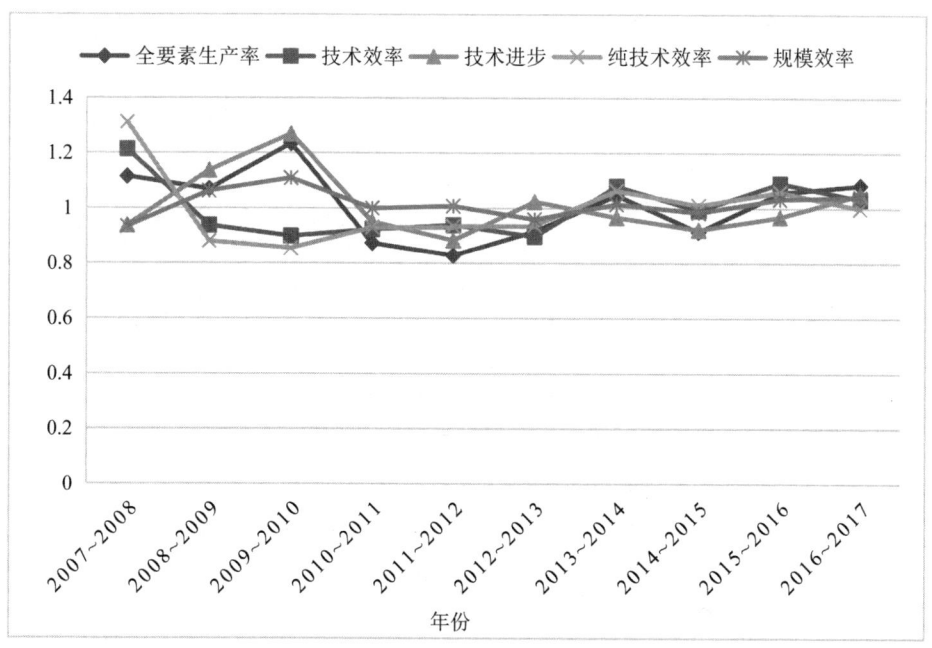

图 2-1 中国区域创新全要素生产率变化及其分解的时变趋势

表 2-2 MPI 及其分解变化

地区	2007—2008					2011—2012					2016—2017				
	MPI	EC	TC	PC	SC	MPI	EC	TC	PC	SC	MPI	EC	TC	PC	SC
安徽	0.9308	0.8154	1.1415	0.9927	0.8215	0.7073	0.7871	0.8987	0.7862	1.0011	1.0596	0.9868	1.0738	1.0000	0.9868
北京	1.0503	1.0000	1.0503	1.0000	1.0000	0.9957	1.0000	0.9957	1.0000	1.0000	1.0879	0.9645	1.1279	1.0000	0.9645
福建	1.4863	2.2462	0.6617	2.5579	0.8781	0.8062	1.0051	0.8021	0.9486	1.0596	1.0789	1.0487	1.0288	1.0679	0.9820
甘肃	0.9740	1.1539	0.8441	1.2511	0.9222	0.7164	0.7902	0.9066	0.7750	1.0196	1.3090	1.2230	1.0703	1.1925	1.0256
广东	1.4636	1.3582	1.0776	1.0097	1.3451	0.9709	1.0926	0.8886	1.0040	1.0882	0.9807	0.9731	1.0078	1.0336	0.9415
广西	1.4676	1.9217	0.7637	2.1175	0.9075	0.7517	0.9082	0.8277	0.8998	1.0094	1.0951	1.0000	1.0951	1.0000	1.0000
贵州	1.2850	1.1788	1.0901	1.1861	0.9938	0.8787	0.9797	0.8969	0.9535	1.0276	0.9170	0.7750	1.1832	0.7466	1.0381
海南	1.2007	1.0000	1.2007	1.0000	1.0000	0.8702	1.0535	0.8260	1.0000	1.0535	1.2416	1.1516	1.0781	1.0000	1.1516
河北	1.2053	1.1530	1.0454	1.2877	0.8954	0.7199	0.8138	0.8847	0.8291	0.9815	1.1862	1.1681	1.0155	1.1869	0.9841
河南	0.8556	0.8148	1.0501	0.9178	0.8877	0.8295	0.9096	0.9119	0.9283	0.9799	1.0161	0.9660	1.0518	0.9639	1.0021
黑龙江	0.9916	1.1072	0.8956	1.1115	0.9961	0.7240	0.7825	0.9252	0.7701	1.0162	1.2029	1.1365	1.0584	1.1298	1.0059
湖北	1.0621	1.1485	0.9248	1.1540	0.9952	0.8820	1.0120	0.8715	1.0459	0.9676	0.9006	0.8882	1.0140	0.8908	0.9970
湖南	0.9600	1.0066	0.9537	1.0113	0.9954	0.7999	0.9732	0.8219	0.9172	1.0611	0.9756	0.9600	1.0163	1.0000	0.9600
吉林	1.4283	1.9229	0.7428	2.1772	0.8832	0.7319	1.0000	0.7319	1.0000	1.0000	1.0862	1.0345	1.0500	1.0175	1.0166
江苏	0.0972	0.5677	0.1712	0.7705	0.7369	0.8941	1.0000	0.8941	1.0000	1.0041	0.9368	0.9305	1.0068	1.0000	0.9305
江西	1.5463	1.9004	0.8137	2.1207	0.8961	0.8150	0.8918	0.9138	0.8882	1.0211	1.1390	1.1091	1.0270	1.1016	1.0068
辽宁	1.1132	1.0452	1.0651	1.0514	0.9941	0.7954	0.9083	0.8757	0.8895	1.0199	1.1122	1.1431	0.9729	1.1491	0.9948
内蒙古	1.4099	1.5524	0.9082	1.7331	0.8957	1.1578	1.3247	0.8740	1.2989	1.0199	0.9337	0.9543	0.9784	0.8797	1.0847

续表

地区	2007—2008 MPI	EC	TC	PC	SC	2011—2012 MPI	EC	TC	PC	SC	2016—2017 MPI	EC	TC	PC	SC
宁夏	1.1136	1.3413	0.8303	1.4195	0.9449	0.5996	0.6653	0.9013	0.5705	1.1662	1.1418	1.0784	1.0588	0.9588	1.1248
青海	0.7511	0.7828	0.9595	0.8087	0.9680	0.7225	0.7839	0.9216	1.0000	0.7839	1.6728	1.4064	1.1894	1.0000	1.4064
山东	1.0218	0.8955	1.1410	1.3258	0.6754	0.8084	0.9064	0.8919	1.0334	0.8771	0.9939	1.0263	0.9684	1.0338	0.9927
山西	0.8265	0.7299	1.1323	0.8813	0.8283	0.8221	0.9268	0.8870	0.9095	1.0190	1.4272	1.4524	0.9826	1.4351	1.0121
陕西	0.8164	0.8872	0.9202	0.9074	0.9778	0.8643	0.9309	0.9285	0.9251	1.0062	0.6299	0.5365	1.1741	0.4273	1.2556
上海	1.0958	0.9901	1.1068	1.0000	0.9901	0.8837	0.9958	0.8874	1.0000	0.9958	1.0184	1.0173	1.0010	1.0375	0.9806
四川	1.1784	1.2858	0.9165	1.4290	0.8998	0.8304	0.9168	0.9058	0.9155	1.0015	1.0657	0.9591	1.1112	0.8223	1.1662
天津	1.2667	1.2624	1.0034	1.4100	0.8953	0.9048	1.0145	0.8919	1.0979	0.9241	0.9588	0.9750	0.9834	1.0000	0.9750
新疆	1.2581	1.1641	1.0807	1.1695	0.9954	0.7986	0.8904	0.8968	0.7989	1.1146	1.0973	1.0619	1.0333	0.8660	1.2262
云南	0.9505	0.9766	0.9732	0.9809	0.9957	0.9110	0.9918	0.9186	0.9820	1.0099	1.1441	1.0529	1.0866	1.0445	1.0081
浙江	1.3307	1.4528	0.9160	1.6062	0.9045	0.7526	0.9138	0.8236	0.8833	1.0345	1.0466	1.0000	1.0466	1.0000	1.0000
重庆	1.3036	1.7398	0.7493	1.9688	0.8837	0.9008	1.0000	0.9008	1.0000	1.0000	1.0542	1.0156	1.0379	1.0000	1.0156
均值	1.1147	1.2134	0.9376	1.3119	0.9334	0.8282	0.9390	0.8834	0.9350	1.0081	1.0837	1.0332	1.0510	0.9995	1.0412
标准差	0.2871	0.3955	0.1957	0.4562	0.1094	0.1047	0.1181	0.0473	0.1245	0.0659	0.1776	0.1631	0.0593	0.1625	0.1033
中位数	1.1134	1.1508	0.9566	1.1618	0.9149	0.8185	0.9288	0.8930	0.9385	1.0078	1.0723	1.0165	1.0422	1.0000	1.0040
最大值	1.5463	2.2462	1.2007	2.5579	1.3451	1.1578	1.3247	0.9957	1.2989	1.1662	1.6728	1.4524	1.1894	1.4351	1.4064
最小值	0.0972	0.5677	0.1712	0.7705	0.6754	0.5996	0.6653	0.7319	0.5705	0.7839	0.6299	0.5365	0.9684	0.4273	0.9305

根据DEA-Malmquist模型设定可知，MPI是各地区的生产率在不同时期的动态变化情况，而每一个时期生产率变化是由各地区与该时期所确定的最佳实践技术前沿的谢泼德距离（Shephard distance）得出的。因此，本章进一步确定了各地区每年的效率值和谢泼德距离，以期能够发现定义技术前沿的基准（给定投入下的最大化产出地区），结果如表2-3所示。

表2-3以百分比的形式给出了2007、2008、2011、2012、2016和2017年的全国区域前沿（CRS）。其中，北京和海南确定了2007年的技术前沿的地区（由于北京和海南的效率值均为100%，技术有效）；相反，安徽、甘肃、河北、河南、黑龙江、湖北、江西、辽宁、内蒙古、宁夏、青海、山东、山西、陕西、四川、新疆和云南17个地区是2007年与技术前沿距离最大的地区（效率较低，不足50%）。同理，在2008年，北京和海南仍处于技术前沿，且新增了江苏地区；而上述17个地区仍然是距离技术前沿最远的地区，且新增了福建、广西、贵州、吉林、浙江和重庆6个地区。

在2011—2012年考察期间，北京、江苏、吉林和重庆均是确定2011年和2012年的技术前沿地区。甘肃、河北、河南、黑龙江、江西、内蒙古、宁夏、青海、山西、新疆和云南11个地区与2011年技术前沿距离最大，而河北、河南、黑龙江、江西、内蒙古、宁夏、青海、山西、新疆和云南10个地区在2012年仍然距离技术前沿最远。此外，在最新考察期2016—2017年，浙江、重庆和广西处于2016年的技术前沿，同时，在2017年除浙江和广西处于技术前沿外，还新增了天津和湖南两个地区。相反，福建、黑龙江、内蒙古、青海、山西和云南均远离2016年和2017年的技术前沿。

综上可知，处于技术前沿面的地区并非恒定的，主要集中于经济发展水平较高的东部地区，如北京、江苏、浙江、天津等，但也有个别中西部地区（湖南、重庆）。相反，距离技术前沿面较远的地区主要集中于西部欠发达地区，如内蒙古、宁夏、青海、新疆和云南等。值得注意的是，虽然有些地区一直未处于技术前沿面上，但其与技术前沿的距离却在逐渐缩小，如安徽，其技术效率由2007年的24%提高到2012年的76.39%，再到2017年的94.94%。可见，具有不同结构和制度环境的地区具有有效的做事方式[①]，可以作为其他具有类似条件或环境的地区的基准。

---

① Nelson R. The challenge of building an effective innovation system for catch-up [J]. Oxford Development Studies, 2004. 32 (3): 365-374.

本研究进一步分析了每个地区的可能基准，从而促进中国各地区间在创新方面的相互学习。在追赶进程中（见表2-2），2007—2008年期间，有9个地区的技术效率变化EC<1。这意味着安徽、河南、江苏、青海、山东、山西、陕西、上海和云南9个地区在2007—2008年期间与最佳实践前沿边界的距离不断增加。值得关注的是，广东、天津、浙江、福建、甘肃、广西、贵州、河北、黑龙江、湖北、湖南、吉林、江西、辽宁、内蒙古、宁夏、四川、新疆和重庆19个地区正在向最佳实践前沿迈进。同样地，这一模式在2016—2017年期间也基本得到了反映，12个地区（安徽、北京、广东、贵州、河南、湖北、湖南、江苏、内蒙古、陕西、四川和天津）增加了它们与最佳实践前沿的距离，16个地区（福建、甘肃、海南、河北、黑龙江、吉林、江西、辽宁、宁夏、青海、山东、山西、上海、新疆、云南和重庆）显示出追赶过程。这说明，二分之一及以上的地区在这两个时期技术上都是有效的。但值得注意的是，在2011—2012年期间，虽然也遵从上述模式，即存在部分地区远离最佳技术前沿，也有部分地区呈现出追赶过程，但是远离技术前沿的地区数量出现了激增，由2007—2008年期间的9个地区增加到20个。这可能由于地区纯技术效率增长为负所致，因为技术效率变化可以分解为纯技术效率变化与规模效率变化的乘积。以甘肃为例，其2011—2012年期间的纯技术效率增长为-0.2250，且规模效率增长为0.0196。此外，不同时间截面结果对比发现，上海、山东、山西、云南和青海5个地区在2007—2008年期间远离最佳实践前沿（EC<1），到2016—2017年期间实现了追赶（EC>1）。随后，河北、江西、黑龙江、辽宁、甘肃、宁夏和新疆7个地区从2011—2012年期间开始逐渐缩短与最佳实践前沿的距离，也于2016—2017年期间实现了追赶。同时，浙江和广西地区也从2007—2008年期间远离最佳实践前沿，发展为2016—2017年期间构建最佳实践前沿的地区。由此可见，创新有助于创新跟随者和落后地区实现追赶。

为了评估技术变革（TC）情况，有必要在EC=1的地区中确定TC>1的地区样本，因为它们是在t和t+1期中均处于技术前沿的地区，是唯一可以使得技术前沿发生转移的地区。由表2-3可知，在2007—2008年期间，有两个地区（北京和海南）转移了技术前沿，这说明包含这两地区的参考超平面向外移动，即存在技术的进步，且两个地区均存在MPI>1。而在2011—2012年期间EC=1的地区中，4个地区（北京、江苏、吉林和重庆）均TC<1，这意味着包括这些地区在内的参考超平面向下移动，因此出现了技术退步，且这4个地区均MPI<1。相应地，在2016—2017年期间，浙江和广西同样使得区域技术前沿发

生了转移（EC=1且TC>1），且这两个地区均MPI>1。上述结果表明，创新不一定会导致技术进步的发生，这与通常所认为的假设一致①，本章也验证了这一假设。

---

① ZABALA-ITURRIAGAGOITIA J M, APARICIO J, ORTIZ L, et al. The productivity of national innovation systems in Europe: Catching up or falling behind? [J]. Technovation, 2021, 102: 102215.

表 2–3 2007、2008、2011、2012、2016 和 2017 年的全国区域前沿确定（CRS）

地区	2007—2008 技术效率/%	Shephard distance function	MPI	2011—2012 技术效率/%	Shephard distance function	MPI	2011—2012 技术效率/%	Shephard distance function	MPI	2016—2017 技术效率/%	Shephard distance function	MPI	技术效率/%	Shephard distance function
安徽	24.00	4.1665	0.9308	29.43	3.3976	60.12	1.6633	76.39	1.3091	0.7073	93.68	1.0674	94.94	1.0533	1.0596
北京	100.00	1.0000	1.0503	100.00	1.0000	100.00	1.0000	100.00	1.0000	0.9957	88.54	1.1295	91.79	1.0894	1.0879
福建	60.44	1.6545	1.4863	26.91	3.7164	57.88	1.7276	57.59	1.7365	0.8062	48.53	2.0606	46.28	2.1609	1.0789
甘肃	32.75	3.0537	0.9740	28.38	3.5235	44.91	2.2266	56.83	1.7595	0.7164	60.45	1.6543	49.43	2.0232	1.3090
广东	90.90	1.1001	1.4636	66.93	1.4941	66.81	1.4967	61.15	1.6353	0.9709	73.54	1.3598	75.57	1.3233	0.9807
广西	53.73	1.8612	1.4676	27.96	3.5767	67.31	1.4856	74.11	1.3493	0.7517	100.00	1.0000	100.00	1.0000	1.0951
贵州	50.11	1.9957	1.2850	42.51	2.3524	62.58	1.5979	63.88	1.5655	0.8787	46.73	2.1400	60.29	1.6585	0.9170
海南	100.00	1.0000	1.2007	100.00	1.0000	86.73	1.1530	82.32	1.2147	0.8702	63.47	1.5755	55.11	1.8144	1.2416
河北	33.36	2.9972	1.2053	28.94	3.4558	34.65	2.8862	42.58	2.3487	0.7199	56.62	1.7661	48.47	2.0630	1.1862
河南	31.94	3.1312	0.8556	39.20	2.5512	35.12	2.8472	38.61	2.5899	0.8295	61.29	1.6317	63.44	1.5762	1.0161
黑龙江	41.27	2.4233	0.9916	37.27	2.6830	34.10	2.9326	43.58	2.2949	0.7240	25.83	3.8718	22.73	4.4003	1.2029
湖北	44.62	2.2411	1.0621	38.85	2.5738	57.38	1.7426	56.70	1.7636	0.8820	69.72	1.4343	78.50	1.2739	0.9006
湖南	64.32	1.5548	0.9600	63.89	1.5651	70.15	1.4255	72.08	1.3873	0.7999	96.00	1.0417	100.00	1.0000	0.9756
吉林	66.37	1.5068	1.4283	34.51	2.8974	100.00	1.0000	100.00	1.0000	0.7319	83.05	1.2041	80.28	1.2456	1.0862
江苏	56.77	1.7614	0.0972	100.00	1.0000	100.00	1.0000	100.00	1.0000	0.8941	79.41	1.2593	85.34	1.1718	0.9368

39

续表

地区	2007—2008 技术效率/%	Shephard distance function	技术效率/%	Shephard distance function	MPI	2011—2012 技术效率/%	Shephard distance function	技术效率/%	Shephard distance function	MPI	2016—2017 技术效率/%	Shephard distance function	MPI
江西	39.61	2.5246	20.84	4.7978	1.5463	34.59	2.8912	38.78	2.5785	0.8150	61.74	1.6197	55.67	1.7963	1.1390
辽宁	48.76	2.0508	46.66	2.1434	1.1132	75.10	1.3316	82.68	1.2095	0.7954	63.71	1.5696	55.73	1.7942	1.1122
内蒙古	34.20	2.9241	22.03	4.5392	1.4099	32.84	3.0448	24.79	4.0335	1.1578	25.38	3.9397	26.60	3.7595	0.9337
宁夏	22.65	4.4144	16.89	5.9210	1.1136	27.88	3.5870	41.90	2.3865	0.5996	58.49	1.7097	54.24	1.8437	1.1418
青海	24.16	4.1392	30.86	3.2403	0.7511	17.24	5.7995	22.00	4.5464	0.7225	25.98	3.8498	18.47	5.4145	1.6728
山东	40.47	2.4712	45.19	2.2129	1.0218	64.63	1.5472	71.31	1.4024	0.8084	80.20	1.2469	78.14	1.2797	0.9939
山西	18.06	5.5380	24.74	4.0425	0.8265	39.34	2.5421	42.45	2.3559	0.8221	39.59	2.5257	27.26	3.6684	1.4272
陕西	32.44	3.0826	36.56	2.7349	0.8164	78.73	1.2701	84.58	1.1823	0.8643	33.42	2.9920	62.30	1.6053	0.6299
上海	97.67	1.0239	98.65	1.0137	1.0958	96.75	1.0335	97.16	1.0292	0.8837	76.78	1.3025	75.47	1.3250	1.0184
四川	36.68	2.7265	28.52	3.5058	1.1784	62.39	1.6027	68.06	1.4693	0.8304	65.47	1.5274	68.27	1.4649	1.0657
天津	88.46	1.1305	70.07	1.4272	1.2667	79.89	1.2517	78.75	1.2698	0.9048	97.50	1.0257	100.00	1.0000	0.9588
新疆	34.97	2.8599	30.04	3.3294	1.2581	36.77	2.7194	41.30	2.4214	0.7986	59.20	1.6893	55.75	1.7939	1.0973
云南	43.61	2.2933	44.65	2.2397	0.9505	49.44	2.0226	49.85	2.0060	0.9110	45.54	2.1958	43.25	2.3121	1.1441
浙江	65.05	1.5373	44.77	2.2334	1.3307	71.82	1.3925	78.59	1.2724	0.7526	100.00	1.0000	100.00	1.0000	1.0466
重庆	57.25	1.7466	32.91	3.0388	1.3036	100.00	1.0000	100.00	1.0000	0.9008	100.00	1.0000	98.46	1.0156	1.0542

由式2-（7）可知，技术效率变化指数可以分解为规模报酬变化的假定下纯技术效率变化（PC）与规模效率变化（SC）的乘积。对于纯技术效率变化（PC），在2007—2008年期间，有14个地区的纯技术效率得到了改善（PC>1），3个地区纯技术效率保持不变，有7个地区（安徽、陕西、江苏、云南、河南、山西和青海）的纯技术效率出现退步。相应地，仅有5个地区（广东、天津、湖北、山东和内蒙古）在2011—2012年期间的纯技术效率有所改善，北京、上海、江苏和重庆等7个地区效率均保持不变，而其他18个地区均存在效率退步现象。在最新的考察期2016—2017年期间，12个地区的纯技术效率得到改善，10个地区保持不变，其他8个地区出现了纯技术效率落后。特别是陕西的纯技术效率变化为0.4273，不足0.5，其迫切需要改善其技术创新效率。

为便于观察规模效率变化（SC），本章基于2007—2017年期间各地区规模效率变化数据的聚类结果，将地区规模效率变化模式归纳总结为4类：规模收益递增、规模收益呈波浪形变化、规模收益比例固定和向上渐近型。其中，可以看出大多数地区的发展呈向上渐近型，这表明其创新的规模回报随时间逐渐改善；第二大集群是规模收益比例相对固定的类型，它是指在SC＝1左右动态变化的地区，表明其创新呈现恒定的规模回报。值得强调的是，没有一个地区在其创新活动中表现出规模回报递增，这一结果也与Strumsky等人[1]和Crafts[2]的研究结果一致。具体分类结果如图2-2所示。

---

[1] STRUMSKY D, LOBO J, TAINTER J A. Complexity and the productivity of innovation [J]. Systems research and behavioral science, 2010, 27（5）：496-509.

[2] CRAFTS N. The productivity slowdown：Is it the 'new normal'？[J]. Oxford Review of Economic Policy, 2018, 34（3）：443-460.

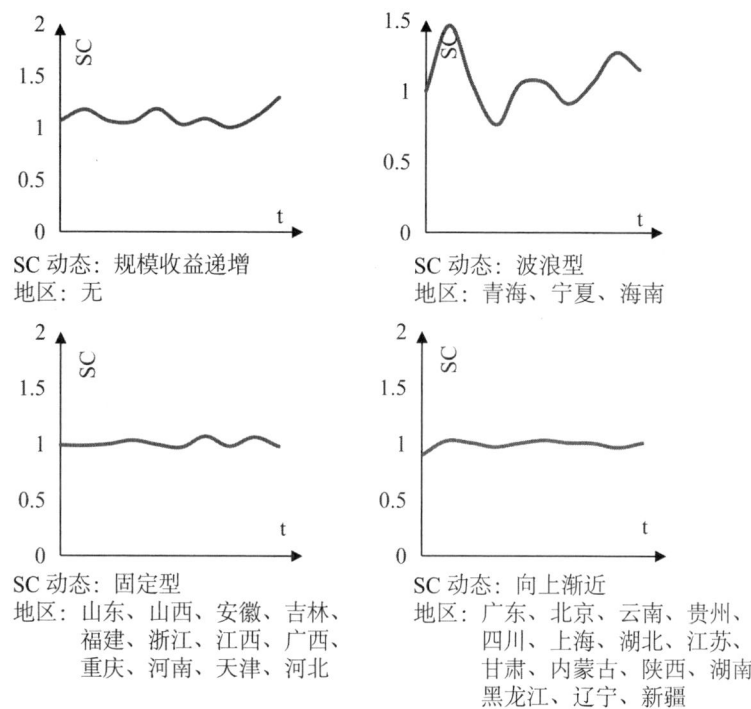

图 2-2　中国区域规模效率变化（SC）研究（2007—2017）

二、区域创新全要素生产率变化的时变趋势

首先，本研究考察了中国区域创新生产率的动态变化过程，证明了区域全要素生产率呈正增长态势，但其增幅呈波动下降的趋势，这表明由创新投资所带来的生产率增长正在随时间的推移而下降。换言之，大部分地区的创新活动似乎均缺乏投资回报。随着时间的推移，本研究发现中国区域创新发展的驱动力正在由以往研究中的技术进步逐渐向技术效率提升的方向转变，该结论呼应并补充了白俊红等人的研究结论[1]。

其次，本研究以 2007、2008、2011、2012、2016 和 2017 年各地区数据为例，探索并确定了处于全国区域技术前沿的地区。结果表明，随着时间的推移，形成最佳实践前沿的地区并非恒定不变，既可能来自于经济发展水平较高的东部地区，如北京、江苏、浙江、天津等，也可能来自中西部地区（如湖南、重

---

[1]　白俊红，李婧. 政府 R&D 资助与企业技术创新——基于效率视角的实证分析［J］. 金融研究，2011（6）：181-193.

庆）。这意味着不同类型地区都有其值得借鉴的地方，同时也证明了并非所有地区都能复制创新领先地区的做法，这与各地区所拥有以及投入到创新活动中的资源有关。此外，为了促进地区间的相互学习，各地区应该以与其处于相似发展阶段且结构上具有可比性的创新体系为学习基准。

表2-4总结了本章的研究结果，并列出了2007—2008、2011—2012和2016—2017年期间形成最佳实践前沿的地区、赶超前沿的地区以及距离前沿的距离增加的地区。本研究还发现中国大多数地区的规模效率变化呈向上渐近型和规模收益比例相对固定的类型，但没有一个地区在其创新活动中表现出持续的规模回报递增。因此，不同类型地区的发展应遵循差异化的创新政策，构造技术前沿的地区更适合采取供给侧创新政策[1]，即不应以增加创新投资为导向，而应关注现有创新资源的优化配置问题，以追求更高的公共政策附加性；相反，需求侧创新政策更有助于处于追赶阶段的地区实现追赶，因为它们将有助于现有创新的扩散和吸收[2]。

---

[1] Edler J, Georghiou L. Public procurement and innovation: Resurrecting the demand side [J]. Research Policy, 2007, 36（7）: 949-963.

[2] Uyarra E, Zabala-Iturriagagoitia J M, Flanagan K, et al. Public procurement, innovation and industrial policy: Rationales, roles, capabilities and implementation [J]. Research Policy, 2020, 49（1）: 103844.

表 2-4 转移最佳实践前沿、实现追赶以及与前沿距离增加的地区

2007—2008			2011—2012			2016—2017		
前沿转移 (EC=1且TC>1)	实现追赶 (EC>1)	距离增加 (EC<1)	前沿转移 (EC=1且TC>1)	实现追赶 (EC>1)	距离增加 (EC<1)	前沿转移 (EC=1且TC>1)	实现追赶 (EC>1)	距离增加 (EC<1)
北京	福建	安徽	广西	福建	安徽	广西	福建	安徽
海南	甘肃	河南	浙江	广东	甘肃	浙江	甘肃	北京
	广东	江苏		海南	广西		海南	广东
	广西	青海		湖北	贵州		河北	贵州
	贵州	山东		内蒙古	河北		黑龙江	河南
	河北	山西		天津	河南		吉林	湖北
	黑龙江	陕西			黑龙江		江西	湖南
	湖北	上海			湖南		辽宁	江苏
	湖南	云南			江西		宁夏	内蒙古
	吉林				辽宁		青海	陕西
	江西				宁夏		山东	四川
	辽宁				青海		山西	天津
	内蒙古				山东		上海	
	宁夏				山西		新疆	
	四川				陕西		云南	

续表

2007—2008			2011—2012			2016—2017		
前沿转移 (EC=1且TC>1)	实现追赶 (EC>1)	距离增加 (EC<1)	前沿转移 (EC=1且TC>1)	实现追赶 (EC>1)	距离增加 (EC<1)	前沿转移 (EC=1且TC>1)	实现追赶 (EC>1)	距离增加 (EC<1)
	天津				上海		重庆	
	新疆				四川			
	浙江				新疆			
	重庆				云南			
					浙江			

第四节 本章小结

本研究采用中国30个省际的面板数据为样本，以地区资本和劳动力作为创新投入，以发明专利申请数和新产品销售收入为创新产出，运用DEA-Malmquist生产率指数模型对中国区域创新生产率的动态变化过程进行了研究，以揭示中国区域创新地域差异的根本原因。研究表明，中国区域创新全要素生产率整体呈正增长态势，但其增幅呈现波动下降趋势，究其原因发现，中国区域创新发展的驱动力正在由已有研究中的技术进步逐渐向技术效率的提升转变；随着时间的推移，构建最佳实践前沿的地区并非恒定，既可能来自于我国东部经济发达地区也可能来自中西部地区；创新不一定导致技术进步的发生，但创新有助于创新跟随者和落后地区实现追赶。

本章的研究结论对中国政府具有一定的政策启示。首先，为提高地区创新生产率的增长，政府需要制定有效促进创新效率提升的新机制，而非单纯提倡加大创新投入。其次，在创新政策的实施过程中，针对不同类型的地区应采取差异化政策，而非创新政策一体化。为此，政策相关制定者需要及时监测各地区创新发展动态，便于给予相应的政策支持。

第三章

政府激励与区域创新效率

在加快形成国内大循环为主体、国内国际双循环相互促进的新发展格局下,我国迫切需要提升自身科技创新能力和创新效率,实现经济高质量发展。但因创新的外部性,企业无法获得研发的全部收益,进而降低其开展研发活动的动机,导致研发市场的失灵。为此,政府采取不同类型研发补贴措施来缓解研发的市场失灵,激励企业创新,激发区域创新活力,进而提升区域创新效率[1]。

然而,关于政府研发激励与创新的关系,学术界仍存在争议。部分学者认为研发补贴可以降低研发成本,促进研发投入和产出[2],同时,研发补贴的信号效应有助于地区企业吸引外部资金,缓解其融资约束[3]。但也有学者发现研发补贴会对创新活动产生消极影响。研发补贴可能会扭曲企业参与研发的模式和动机,并将资源错配到不依赖市场力量的项目中,如 Dai 等人认为政府补贴可能会部分甚至完全挤出企业自身研发支出[4],并降低社会效应。

上述两种不同的结论,可能由于将创新过程简单化,仅从创新投入或产出的角度来评估政府研发激励措施实施效果,而较少从效率的角度予以解释。首先,企业获得补贴后,会将部分或全部补贴用于研发,研发投入的增加势必会提升创新产出,但这并不代表其创新效率的提升。其次,实践表明,中国的研

---

[1] 高雨辰,柳卸林,马永浩,张华.政府研发补贴对企业研发产出的影响机制研究——基于江苏省的实证分析[J].科学学与科学技术管理,2018,39(10):51-67.

[2] RADAS S, ANIĆ I D, TAFRO A, et al. The effects of public support schemes on small and medium enterprises [J]. Technovation, 2015 (38): 15-30.

[3] TOOLE A A, TURVEY C. How does initial public financing influence private incentives for follow-on investment in early-stage technologies? [J]. The Journal of Technology Transfer, 2009, 34 (1): 43-58.

[4] DAI X, CHENG L. The effect of public subsidies on corporate R&D investment: An application of the generalized propensity score [J]. Technological Forecasting and Social Change, 2015 (90): 410-419.

发投入和产出呈"井喷式"增长,就企业层面而言,大多数企业仍处于全球价值链低端,从事低技术低附加值的组装和外包工作。但区域创新效率是相对的概念,是考察创新要素投入与产出之间的最佳配置。当企业获得研发激励时,既可优化自身资源配置,又可间接促进地区研发资源分配,进而提升区域创新效率,那么政府研发激励无疑是有效的[1]。最后,不同的创新过程对应不同的创新产出,产出的差异通常会导致其所对应测算的效率值亦存在差异。在区域创新效率测算研究中,通常默认区域技术创新效率为区域创新效率,而忽略了商业化产出所对应的效率问题。实际上,企业在开发新产品时,为确保核心竞争力,通常不对关键技术申请知识产权保护,以免因技术外泄或被竞争对手提前获悉造成经济损失。因此,有必要从区域创新效率的视角,探索政府研发激励措施的实施效果。

第一节 理论基础与研究假设

一、政府研发补贴与区域创新效率

政府研发补贴是政府所选择的针对特定目标的直接支出。作为一种事前补贴,它通过增加创新可利用资源,缓解资源约束,降低研发成本,优化企业资源配置,提升企业研发产出,最终实现区域创新效率的提升。虽然政府研发补贴能为企业提供丰富的技术和商业资源,但利用制度理论,政府和企业遵循不同的制度逻辑。当获得政府研发补贴时,企业倾向于从事短期内商业回报更高的项目,而非政府所期望的长期高风险的技术研发项目[2]。因此,政府研发补贴可能对区域技术创新效率和商业创新效率的影响存在差异。

一是政府机构"权威、科学、合法"的甄选准则可能有助于区域技术创新效率的提升。在政府研发补贴中,政府是最具权威性的公共管理部门,它组织专家和专业评估机构,以"择优支持"为原则,对申请补贴企业项目进行评审、评估、甄选。在此过程中,专家和机构的严格审查保证了资助项目的科学性和

---

[1] 白俊红,李婧. 政府R&D资助与企业技术创新——基于效率视角的实证分析[J]. 金融研究,2011(6): 181-193.

[2] PAHNKE E C, KATILA R, EISENHARDT K M. Who takes you to the dance? How partners' institutional logics influence innovation in young firms [J]. Administrative Science Quarterly, 2015, 60 (4): 596-633.

可行性，同时为研发活动的开展提供了合法性，这在很大程度上促进了技术研发。但项目审批流程复杂且周期较长，存在时滞性，很可能使其与快速的商业发展脱节，降低商业创新的可能性。

二是政府机构"技术偏好、科学自主"的甄选态度可能不利于区域商业创新效率的改善。区别于企业对经济利益的追求，政府更关注受助项目所产生的社会效益和公共效应[1]。在这种逻辑主导下，政府负责人将注意力集中于项目的筛选而非后期的监管，以保障研发项目对技术进步的贡献。同时，政府负责人通常认为成功的创新需要科学自主，严密的监督不利于创新，甚至会破坏企业的创新体系，而过度强调科学自主则可能更有助于技术创新，限制商业创新[2]。

基于此，本章提出以下假设：

假设H1a：政府研发补贴对区域技术创新效率具有正向影响。

假设H1b：政府研发补贴对区域商业创新效率具有负向影响。

二、研发费用加计扣除与区域创新效率

研发费用加计扣除是指在企业开展研发活动的实际支出金额上，再加成一定比例，作为计算应纳税所得额时扣除数额的一种税收优惠政策。与政府研发补贴不同，研发费用加计扣除减轻了政府甄选资助对象中的选择性偏好，更具中性和市场化，是一种普惠性政策[3]。已有研究认为，研发费用加计扣除可以降低研发的边际成本，促进研发投资，增加研发产出，进而提升创新效率。但同样利用制度理论，因政府和企业所遵循的逻辑不同，研发费用加计扣除对区域技术创新效率与商业创新效率的影响可能存在差异。

一是研发费用加计扣除的事后补贴性可能不利于区域技术创新效率的提升。由定义可知，这是一种事后补贴，即企业先投入。在保障维持和发展业务的前提下，地区企业为获取研发费用加计扣除，更倾向于从事短周期、低风险和低技术含量的渐进式创新，而非长周期、高风险且高技术含量的突破式创新[4]，从

---

[1] DAVID, P A, HALL, B H, TOOLE, A. A. Is public R&D a complement or substitute for private R&D? A review of the econometric evidence [J]. Research Policy, 2000, 29 (4-5), 497-529.

[2] PAHNKE E C, KATILA R, EISENHARDT K M. Who takes you to the dance? How partners' institutional logics influence innovation in young firms [J]. Administrative Science Quarterly, 2015, 60 (4): 596-633.

[3] CHEN L, YANG W. R&D tax credits and firm innovation: Evidence from China [J]. Technological Forecasting and Social Change, 2019 (146): 233-241.

[4] CZARNITZKI D, HANEL P, ROSA J M. Evaluating the impact of R&D tax credits on innovation: A microeconometric study on Canadian firms [J]. Research Policy, 2011, 40 (2): 217-229.

而不利于地区技术效率的改善。

二是企业具有研发项目的自主选择权可能有利于区域商业创新效率的提升。因为企业对经济利益和投资回报的追求，使得研发费用加计扣除对高社会回报的探索性技术研发项目激励效果较差，而增加了企业开发市场导向的新产品的可能性。特别是高研发导向产业的企业凭借其自身的技术优势，更可能将税收优惠所带来的额外研发投资转化为新产品，而非技术产出[1]。Bérubé等人分析了研发税收优惠对加拿大企业的有效性，发现企业推出了更多的新产品[2]。

基于此，本章提出以下假设：

H2a：研发费用加计扣除对区域技术创新效率具有负向影响。

H2b：研发费用加计扣除对区域商业创新效率具有正向影响。

三、地区发展驱动方式的调节

改革开放以来，中国经济发展驱动方式已由传统的投资驱动逐渐向创新驱动转变。在此过程中，政府的作用也由积极引导资源流向转变为使用研发激励措施来适当干预市场促进创新。在区域层面，资源禀赋、地理、文化和制度环境等差异，导致各地区经济发展驱动方式不同。相比于投资驱动地区，创新驱动地区的创新主体较多，创新要素流动更自由，市场化水平较高，制度环境更为完善。因此，政府研发激励对不同发展驱动方式的地区影响存在差异。

（一）地区发展驱动方式对政府研发补贴与区域创新效率关系的调节

政府研发补贴对区域技术创新的正向影响，受到地区发展驱动方式的调节。相比于投资驱动地区，在创新驱动地区，政府补贴审批流程更为简化，更注重创新平台、共享空间和技术服务机构建设，整合了科技、金融和知识产权保护，创造了更好的创新环境[3]。为了追求利润最大化，企业创新积极性更高，更愿意投资新技术的研发，进而增强政府研发补贴对区域技术创新效率的正向作用。

政府研发补贴对区域商业创新的负向影响，受到地区发展驱动方式的调节。相比于投资驱动地区，在创新驱动地区，创新主体更加集聚，创新参与者之间

---

[1] FREITAS I B, CASTELLACCI F, FONTANA R, et al. Sectors and the additionality effects of R&D tax credits: A cross-country microeconometric analysis [J]. Research Policy, 2017, 46 (1): 57-72.

[2] FREITAS I B, CASTELLACCI F, FONTANA R, et al. Sectors and the additionality effects of R&D tax credits: A cross-country microeconometric analysis [J]. Research Policy, 2017, 46 (1): 57-72.

[3] LIU X, GAO T, WANG X. Regional innovation index of China: 2017 [M]. Springer Books, 2018.

的接近性促进了其面对面互动频率，更容易获得所需的知识和信息，使得创新主体更容易认识到将技术商业化的机会①。相反，在投资驱动地区，创新主体大多为依赖公共资源的国有企业，这使得区域系统难以把握商机②。

基于此，本章提出以下假设：

H3a：相对于投资驱动地区，创新驱动地区增强了政府研发补贴对区域技术创新效率的正向影响。

H3b：相对于投资驱动地区，创新驱动地区削弱了政府研发补贴对区域商业创新效率的负向影响。

（二）地区发展驱动方式对研发费用加计扣除与区域创新效率关系的调节

研发费用加计扣除对区域技术创新的负向影响，受到地区发展驱动方式的调节。相比于投资驱动地区，在创新驱动地区，企业自主创新能力更强，市场在资源配置中占主导地位，政府干预较低。企业有充沛的资源来支持其技术研发，并形成专有技术轨道。企业可通过新技术研发获取一定的税收优惠。同时，研发费用加计扣除又补充了企业可利用资源，促进了企业持续性技术研发③，形成更多的创新产出，进而改善区域技术创新效率。

研发费用加计扣除对区域商业创新的正向影响，受到地区发展驱动方式的调节。相比于创新驱动地区，在投资驱动地区，企业创新能力较弱，很难支撑其新技术或新产品研发的前期投入。同时，研发活动集中度低且创新文化薄弱、地方政府财政能力有限以及制度环境不完善，使得研发费用加计扣除的实施效果受到限制④，进而不利于区域创新商业效率的提升。

基于此，本章提出以下假设：

H4a：相对于投资驱动地区，创新驱动地区削弱了研发费用加计扣除对区域技术创新效率的负向影响。

---

① OH E T, CHEN K M, WANG L M, et al. Value creation in regional innovation systems: The case of Taiwan's machine tool enterprises [J]. Technological Forecasting and Social Change, 2015 (100): 118-129.

② Min S, Kim J, Sawng Y W. The effect of innovation network size and public R&D investment on regional innovation efficiency [J]. Technological Forecasting and Social Change, 2020, 155: 119998.

③ 白旭云，王砚羽，苏欣. 研发补贴还是税收激励——政府干预对企业创新绩效和创新质量的影响 [J]. 科研管理, 2019 (6): 9-18.

④ CZARNITZKI D, DELANOTE J. Incorporating innovation subsidies in the CDM framework: empirical evidence from Belgium [J]. Economics of Innovation and New Technology, 2017, 26 (1-2): 78-92.

H4b：相对于投资驱动地区，创新驱动地区增强了研发费用加计扣除对区域商业创新效率的正向影响。

第二节 区域创新效率测算的模型设定

测算创新效率通常采用随机前沿分析（SFA）和数据包络法（DEA），由于DEA将小于生产前沿的部分全部纳入技术无效率项，未考虑统计噪音，测算结果不稳定。相反，SFA中实际产出由生产函数、统计噪音和技术无效率项三部分组成，充分考虑了内外部影响因素，测算结果更稳定。因此，本章选取随机前沿模型来测算区域创新效率，并考察政府研发激励对其的影响。

一、随机前沿模型

基于Battese等人[1]的SFA模型，设定超越对数生产函数形式的SFA模型如式3-（1）所示：

$$\ln Y_{it} = \beta_0 + \beta_1 \ln K_{it} + \beta_2 \ln L_{it} + \beta_3 \ln(K_{it})^2 + \beta_4 \ln(L_{it})^2 + \beta_5 \ln K_{it} \ln L_{it} + \varepsilon_{it}$$

式3-（1）

其中，Y_{it}为创新产出，K_{it}为资本存量，L_{it}为劳动力投入，ε_{it}为复合误差项，具体形式为：

$$\varepsilon_{it} = \nu_{it} - \mu_{it}$$

式3-（2）

其中，ν_{it}表示随机误差项，服从正态分布$N(0, \sigma_\nu^2)$；μ_{it}为技术无效率项，服从非负截断正态分布$N^+(Z_i\delta_i, \sigma_\mu^2)$，$Z_i\delta_i$含义可见技术非效率函数。这里$\mu_{it}$与$\nu_{it}$相互独立。

为研究政府研发激励措施对创新效率的影响，设定技术非效率函数如下：

$$\mu_{it} = \delta_0 + \delta_1 X_{it} + \delta_i Control_{it} + \omega_{it}$$

式3-（3）

其中，δ_0为常数项，X_{it}表示政府研发激励措施，δ_1为其系数，$\delta_i(i=2,\cdots,6)$为控制变量系数，系数为负表示效率因子对创新效率具有正向作用，反之为负向作用。ω_{it}为技术非效率函数的随机误差项。

需注意：随机前沿模型应用前提是技术非效率项存在，通过参数$\gamma = \sigma_\mu^2/(\sigma_\mu^2 + \sigma_\nu^2)$的显著性来检验其存在性，$\gamma$显著说明模型设定合理。

---

[1] Battese G E, Coelli T J. A model for technical inefficiency effects in a stochastic frontier production function for panel data [J]. Empirical economics, 1995, 20 (2): 325-332.

二、变量说明

（一）创新产出

创新产出包括技术产出和商业化产出两种，本章分别采用发明专利申请量和新产品销售收入来测度，并进行区域技术创新效率和商业创新效率的测算。

（二）创新投入

创新投入包括资本投入（K）和劳动力投入（L），本章通过永续盘存法，将研发经费内部支出换算为以2007年为基期的研发资本存量并用于测度资本投入，运用研发人员全时当量反映劳动力投入水平。

（三）效率因子

本章研究政府研发补贴（GSp）和研发费用加计扣除（TAXd）分别对区域不同创新效率的影响。前者采用地区科技研发投入中政府投入占比来衡量，后者通过考察是否享受税收减免来设置哑变量，但这一做法并不适合区域层面的研究。考虑研发费用加计扣除在国家层面具有统一规定，但各地方实施存在差异。因此，当一个地区的研发费用加计扣除占研发费用的比重不低于全国平均水平时，本章认为其加计扣除措施实施较好，记为1，否则为0。

（四）调节变量

为了比较不同发展驱动方式下政府研发激励对区域创新效率的影响，本章基于地区研发投入强度对地区进行分类，当研发投入强度不低于全国平均水平时，为创新驱动地区，否则为投资驱动地区。

（五）控制变量

考虑还有其他可能影响因素，本章控制如下变量：1. 高技术企业占规模以上工业企业的比重（HTP）；2. 地区研发强度（rd_exp），用地区R&D投入占地区GDP的比例测度；3. 经济水平（agdp），用人均GDP测度；4. 教育水平（agep），用6岁及以上大专学历人数占比测度；5. 市场化水平（market），用市场化指数测度①。

三、数据来源与说明

数据主要来源于2007—2017年《中国科技统计年鉴》和《中国统计年鉴》，个别指标如研发费用加计扣除来源于《工业企业科技活动统计年鉴》②。此外，本章利用国家统计局数据和各省统计年鉴补充了部分缺失数据，并对数据进行核验，以保证数据的准确性和可靠性。

由于西藏地区大量缺失数据，港澳台在统计口径上与大陆省份存在差异，故本研究未将其考虑在内。

第三节 区域创新效率模型结果分析

采用Frontier4.1对两种区域创新效率的SFA模型进行参数估计，并分析了政府研发补贴和研发费用加计扣除对区域不同创新效率的影响情况。为降低内生性，本章通过解释变量滞后一期来控制③。

一、不考虑效率影响因素

为判定模型和生产函数选取的合理性，在不考虑效率影响因素情况下，对解释变量零滞后和滞后一期均进行了参数估计，结果如表3-1所示：在所有模型中，γ均显著，这表明随机前沿模型中技术无效率项存在，需要考虑效率影响因素。因此，选择SFA模型是合理的。

表3-1中资本投入和劳动力投入的平方项、二者交叉项的系数均显著，这表明在考察期内，投入要素与技术进步有关，技术进步是非中性的。同时，各模型广义似然比在1%水平下显著，说明选择超越对数生产函数是适宜的。

---

① 王小鲁，樊纲，胡李鹏．中国分省份市场化指数报告（2018）[M]．北京：社会科学文献出版社，2019．
② 2009年以前的数据采用享受各级政府对技术开发的减免税代替；2017年数据未更新，利用年复合增长率平滑。
③ ZHANG J J, GUAN J. The time-varying impacts of government incentives on innovation [J]. Technological Forecasting and Social Change, 2018 (135): 132-144.

表 3-1 不考虑效率影响因素估计结果

	0-lag		1-lag	
	技术创新	商业创新	技术创新	商业创新
常数	8.02*** (2.60)	16.63*** (2.80)	6.82*** (2.34)	15.46*** (2.89)
lnK	3.16*** (0.47)	0.50 (0.42)	3.14*** (0.47)	0.78** (0.41)
lnL	-3.85*** (0.79)	-1.58** (0.80)	-3.55*** (0.73)	-1.57** (0.80)
(lnK)^2	0.14*** (0.057)	0.05* (0.036)	0.18*** (0.062)	0.082** (0.040)
(lnL)^2	0.42*** (0.076)	0.15*** (0.064)	0.43*** (0.075)	0.19*** (0.063)
lnKlnL	-0.47*** (0.12)	-0.096 (0.083)	-0.54*** (0.13)	-0.18** (0.086)
sigma-squared	0.60** (0.28)	0.48*** (0.17)	0.74** (0.35)	0.56** (0.26)
gamma	0.77*** (0.11)	0.80*** (0.071)	0.84*** (0.079)	0.84*** (0.074)
mu	0.62** (0.32)	0.84*** (0.26)	0.67** (0.36)	0.81** (0.37)
eta	-0.03** (0.018)	-0.02*** (0.010)	-0.06*** (0.017)	-0.03*** (0.011)
log likelihood function	-186.94	-131.10	-149.81	-112.40
LR test of the one-sided error	173.04	218.51	183.45	229.07

注：$^*p<0.1$，$^{**}p<0.05$，$^{***}p<0.01$

二、考虑效率影响因素

基于模型式 3-（1）和式 3-（3），检验政府研发补贴和研发费用加计扣除对区域不同创新效率的影响，结果如表 3-2 所示。

表 3-2　考虑效率影响因素估计结果

	技术创新		商业创新	
	M1	M2	M3	M4
前沿生产函数					
常数	18.36***	9.47***	14.27***	13.90***
	(-2.86)	(-1.57)	(-3.48)	(-3.47)
lnK	2.48***	2.92***	-1.17***	-0.90***
	(-0.54)	(-0.67)	(-0.58)	(-0.56)
lnL	-3.94***	-2.99***	1.00***	0.81***
	(-0.50)	(-0.56)	(-0.82)	(-0.83)
(lnK)^2	-0.058	-0.11***	-0.032	-0.02***
	(-0.055)	(-0.045)	(-0.039)	(-0.039)
(lnL)^2	0.20***	0.15	-0.11***	-0.091
	(-0.058)	(-0.063)	(-0.07)	(-0.064)
lnKlnL	-0.071	-0.007***	0.19	0.16***
	(-0.11)	(-0.10)	(-0.096)	(-0.087)
技术非效率函数					
constant2	-0.19	4.28***	6.47	4.03***
	(-1.19)	(-0.94)	(-1.20)	(-0.99)
GSp	-0.33***		0.24***	
	(-0.045)		(-0.051)	
TAXd		0.21**		-0.092
		(-0.10)		(-0.096)
HTP	-0.11*	-0.49***	0.049*	0.20***
	(-0.077)	(-0.067)	(-0.080)	(-0.072)

续表

	技术创新		商业创新	
	M1	M2	M3	M4
RD_exp	-0.70***	-0.43***	-0.38***	-0.32***
	(-0.17)	(-0.083)	(-0.11)	(-0.10)
a_gdp	0.40***	0.12	0.14***	0.17
	(-0.093)	(-0.092)	(-0.11)	(-0.11)
agep	0.038**	0.055	0.039**	0.037
	(-0.022)	(-0.021)	(-0.020)	(-0.020)
market	-0.95***	-0.42*	-1.69***	-2.04*
	(-0.21)	(-0.24)	(-0.23)	(-0.22)
sigma-squared	0.19***	0.22***	0.25***	0.26***
	(-0.020)	(-0.029)	(-0.028)	(-0.029)
gamma	0.99***	0.99***	0.95***	0.95***
	(-0.068)	(0.00)	(-0.020)	(-0.022)
log likelihood function	-166.79	-210.58	-144.03	-151.42
LR test of the one-sided error	149.51	125.75	165.81	151.03

注：*$p<0.1$，**$p<0.05$，***$p<0.01$

在 M1 中，政府研发补贴对区域技术创新效率具有显著正向影响，假设 H1a 得证，与白俊红等人结论一致，即政府研发补贴有助于提升技术创新效率[①]。在 M3 中，研发补贴对商业创新效率具有显著负向影响，假设 H1b 得证，这说明政府对远期技术的偏好以及补贴资金去向监管的松弛，导致政府补贴对区域商业创新效率产生负向影响。

在 M2 中，研发费用加计扣除对区域技术创新效率具有显著负向影响，假设 H2a 得证。而在 M4 中，研发费用加计扣除对商业创新效率无显著影响，H2b 未得证。这可能由于本研究仅考虑滞后一期，而新产品从研发到进入市场取得收

---

① 白俊红，李婧. 政府 R&D 资助与企业技术创新：基于效率视角的实证分析［J］. 金融研究，2011（6）：181-193.

益可能需要的时间更长。

三、不同发展驱动方式的检验

为探究两种研发激励措施对不同发展驱动方式下地区不同创新效率的影响，我们进行了分组回归，结果如表3-3所示。

对比M5与M9，政府研发补贴对技术创新效率均有显著正向影响，且二者系数不存在显著差异，假设H3a未得证。同样，在M7和M11中政府研发补贴对商业创新效率均有显著负向影响，且Chow检验显著。且相对于投资驱动地区，创新驱动地区的政府研发补贴对区域商业创新效率的负向影响更强，假设H3b未得证。这是因为企业可能存在以低质量创新获取补贴的现象。

对比M6和M10，在创新驱动地区，研发费用加计扣除对技术创新效率具有显著负向影响，而在投资驱动地区影响不显著。即相对于投资驱动地区，研发费用加计扣除对创新驱动地区的技术创新效率负向影响更强，假设H4a未得证。这说明税收优惠并非一直有效，如高社会效益的技术研发项目的投资较少受到税收优惠的激励，企业更倾向于从事高回报的项目。

对比M8和M12，在创新驱动地区，研发费用加计扣除对商业创新效率有显著正向影响，而在投资驱动地区影响不显著。即相对于投资驱动地区，创新驱动地区增强了研发费用加计扣除对区域商业创新效率的正向影响，假设H4b得证。

四、稳健性检验

为检验结果的稳健性，我们将样本分为东、中、西三组，并进行参数估计，结果如表3-4所示，结果与主模型基本保持一致，说明本章结果具有一定稳健性。

第四节 主要结论与启示

一、主要结论

本章基于2007~2017年全国30个省份的面板数据，应用随机前沿模型，考察了政府研发补贴和研发费用加计扣除分别对区域技术创新效率和商业创新效率的影响。主要结论如下：

表 3-3 不同驱动方式下考虑效率影响因素估计结果

		创新驱动				投资驱动			
		技术创新		商业创新		技术创新		商业创新	
		M5	M6	M7	M8	M9	M10	M11	M12
前沿生产函数									
constant1		9.23***	2.57**	29.17***	19.45***	4.61***	2.92***	14.87***	20.44***
		(1.03)	(1.42)	(8.06)	(7.16)	(1.20)	(0.98)	(2.86)	(3.03)
lnK		1.34**	0.025	-1.22**	-2.37**	4.52***	3.17***	0.40	1.43
		(0.78)	(0.87)	(0.87)	(1.01)	(0.69)	(0.74)	(1.00)	(1.22)
lnL		-1.36**	1.11	-1.37	1.32	-4.17***	-2.77***	-1.19	-3.24**
		(0.78)	(1.07)	(1.69)	(1.59)	(0.69)	(0.68)	(1.36)	(1.55)
(lnK)^2		-0.055	-0.12***	0.083*	-0.063	0.14	-0.014	-0.058	0.024
		(0.051)	(0.055)	(0.064)	(0.055)	(0.12)	(0.45)	(0.12)	(0.11)
(lnL)^2		0.056	-0.15*	0.082	-0.20**	0.46***	0.23	0.053	0.26*
		(0.078)	(0.10)	(0.14)	(0.12)	(0.12)	(0.37)	(0.16)	(0.19)
lnKlnL		0.017	0.26*	-0.026	0.35**	-0.57***	-0.20	0.092	-0.15
		(0.12)	(0.14)	(0.17)	(0.15)	(0.24)	(0.81)	(0.25)	(0.28)
技术非效率函数									
constant2		4.66***	7.87***	12.45***	7.56***	-6.05***	-0.28	1.54*	-13.24
		(1.10)	(1.03)	(1.50)	(1.54)	(1.16)	(0.99)	(1.05)	(11.23)
GSp		-0.18***		0.56***		-0.46***		0.38*	
		(0.057)		(0.087)		(0.093)		(0.26)	

59

续表

	创新驱动					投资驱动			
	技术创新		商业创新		技术创新		商业创新	
	M5	M6	M7	M8	M9	M10	M11	M12
TAXd		0.29*** (0.098)		-0.15* (0.12)		0.16 (0.31)		0.99 (1.09)
HTP	-0.025 (0.13)	-0.15* (0.093)	-0.028 (0.12)	0.18* (0.12)	-0.015 (0.091)	-0.32* (0.25)	0.34* (0.22)	0.30* (0.23)
RD_exp	-0.55*** (0.13)	-0.64*** (0.12)	-0.73*** (0.20)	-0.40** (0.18)	0.13* (0.087)	-0.086 (0.16)	-0.62*** (0.15)	-1.23*** (0.32)
a_gdp	-0.13 (0.13)	-0.20* (0.14)	-0.071 (0.15)	-0.062 (0.18)	0.43*** (0.12)	0.22* (0.14)	0.88*** (0.29)	2.04** (1.12)
agep	0.002 (0.020)	0.019 (0.019)	0.033* (0.022)	0.036 (0.029)	0.009 (0.025)	0.008 (0.17)	-0.007 (0.059)	-0.007 (0.094)
market	-0.21 (0.33)	-0.12 (0.35)	-0.73** (0.33)	-2.29*** (0.38)	-1.19*** (0.26)	-0.53 (0.96)	-3.83*** (0.61)	-3.20*** (0.65)
sigma-squared	0.12*** (0.023)	0.11*** (0.016)	0.12*** (0.019)	0.20*** (0.037)	0.25*** (0.034)	0.31*** (0.046)	0.50*** (0.072)	0.50*** (0.11)
gamma	0.99*** (0.00)	0.99*** (0.00)	0.86*** (0.058)	0.93*** (0.038)	0.99*** (0.00)	0.00 (0.001)	0.82*** (0.041)	0.78*** (0.072)
log likelihood function	-38.74	-38.73	-5.19	-31.90	-97.67	-113.09	-70.79	-68.63
LR test of the one-sided error	72.51	72.53	145.58	92.16	45.26	14.42	77.72	82.04

注：$^*p < 0.1$，$^{**}p < 0.05$，$^{***}p < 0.01$

表 3-4 东中西稳定性检验结果表

	东部		中部		西部	
	技术创新	商业创新	技术创新	商业创新	技术创新	商业创新
constant1	8.06** (4.72)	22.97*** (5.27)	24.51*** (9.28)	-66.90*** (1.91)	-4.26 (34.80)	-9.50 (31.33)	4.03 (29.21)	-6.25*** (1.61)	-5.10*** (1.07)	1.98 (4.72)	-6.12* (4.39)
lnK	2.99*** (1.20)	1.88*** (0.66)	-2.34* (1.45)	-3.43*** (1.32)	-1.70 (2.87)	-3.16 (2.59)	-2.93 (2.59)	0.75 (0.66)	0.47 (0.66)	0.75 (0.93)	-0.94 (0.80)
lnL	-2.99** (1.74)	-1.49** (0.78)	0.64 (1.54)	1.42 (1.29)	4.44 (7.74)	6.49 (7.09)	4.09 (6.94)	0.92* (0.67)	0.90* (0.63)	0.85 (1.48)	3.82*** (1.16)
(lnK)^2	-0.05 (0.068)	-0.16*** (0.041)	-0.022 (0.13)	-0.05* (0.036)	0.012 (0.17)	0.11 (0.14)	0.036 (0.16)	0.059 (0.16)	0.21** (0.12)	0.26** (0.12)	0.26** (0.14)	0.29* (0.18)
(lnL)^2	0.19* (0.12)	0.002 (0.069)	-0.14 (0.22)	-0.25*** (0.094)	-0.85*** (0.14)	-0.24 (0.48)	-0.36 (0.44)	-0.23 (0.44)	0.13* (0.091)	0.15* (0.083)	0.20 (0.19)	-0.002 (0.19)
lnKlnL	-0.11 (0.15)	0.16** (0.093)	0.27 (0.35)	0.44*** (0.13)	0.21 (0.28)	0.11 (0.45)	0.25 (0.41)	0.21 (0.41)	-0.35* (0.19)	-0.39* (0.19)	-0.48* (0.30)	-0.35 (0.33)
constant2	-1.01 (4.52)	6.71*** (1.04)	11.99*** (3.05)	8.09*** (2.87)	4.21 (3.41)	16.68*** (2.88)	8.84*** (3.47)	6.65*** (2.63)	-2.77 (2.02)	-1.42 (1.15)	-8.84*** (3.13)	-6.54** (2.98)
GSp	-0.28*** (0.12)			-0.31*** (0.11)		0.16* (0.10)		-0.68*** (0.28)		0.19* (0.11)	
TAXd		0.28** (0.12)	0.05 (0.30)		0.12* (0.091)		-0.08 (0.083)		-0.29 (0.69)		0.09 (0.25)

续表

	东部				中部				西部			
	技术创新		商业创新		技术创新		商业创新		技术创新		商业创新	
HTP	−0.33*	−0.52***	−0.13	0.26	0.39**	0.86***	−1.26***	−1.38***	−1.84***	−2.06***	0.61***	0.43***
	(0.20)	(0.11)	(0.45)	(0.31)	(0.19)	(0.24)	(0.22)	(0.22)	(0.43)	(0.64)	(0.17)	(0.16)
RD_exp	−0.23	−0.34***	−0.58**	−0.73*	−0.47***	−0.80***	0.33	0.35	0.79***	0.66**	0.01	0.31***
	(0.22)	(0.089)	(0.35)	(0.50)	(0.17)	(0.34)	(0.30)	(0.30)	(0.22)	(0.29)	(0.13)	(0.11)
a_gdp	0.38	−0.11	0.035	0.15	−0.21	−0.72***	−0.47**	−0.26*	−0.59**	−0.19	1.23***	0.75***
	(0.51)	(0.11)	(0.44)	(0.33)	(0.22)	(0.19)	(0.21)	(0.17)	(0.28)	(0.17)	(0.36)	(0.28)
agep	0.022	0.023	0.032	0.028	−0.015	−0.014	−0.002	−0.004	0.087	0.106	0.036	0.031
	(0.031)	(0.026)	(0.035)	(0.047)	(0.021)	(0.021)	(0.020)	(0.020)	(0.080)	(0.084)	(0.029)	(0.032)
market	−1.33***	−0.71**	−1.81**	−3.14***	−0.98**	−1.72***	0.49	0.77*	0.42	2.09*	−1.81***	−1.67***
	(0.54)	(0.37)	(0.75)	(1.05)	(0.51)	(0.52)	(0.50)	(0.45)	(1.17)	(1.08)	(0.45)	(0.30)
sigma-squared	0.18***	0.23***	0.16***	0.22***	0.10***	0.10***	0.089***	0.090***	0.50***	0.41***	0.18***	0.17***
	(0.031)	(0.027)	(0.040)	(0.059)	(0.015)	(0.016)	(0.014)	(0.014)	(0.12)	(0.12)	(0.030)	(0.037)
gamma	0.99***	0.99***	0.88***	0.89***	0.99***	0.99***	0.99***	0.99***	0.88***	0.87***	0.27**	0.12
	(0.002)	(0.000)	(0.049)	(0.084)	(0.00)	(0.11)	(0.084)	(0.13)	(0.043)	(0.06)	(0.14)	(0.30)
log likelihood function	−56.53	−59.98	3.35	−5.58	−21.55	−23.23	−16.77	−17.56	−54.33	−57.76	−53.73	−57.21
LR test of the one-sided error	50.15	43.24	103.37	85.51	38.06	34.717	61.56	59.98	74.13	67.27	52.65	45.69

注: * $p < 0.1$, ** $p < 0.05$, *** $p < 0.01$

（一）政府研发补贴有助于提升区域技术创新效率，但不利于商业创新效率的改善。这说明相比于支持符合企业短期利益目标的商业创新活动，政府更倾向于补贴具有战略布局和社会效益的远期技术创新活动。

（二）研发费用加计扣除不利于区域技术创新效率的提升，但对商业创新效率无显著影响。这与白旭云等人研究结论不一致，他们认为税收优惠有利于高新技术企业专利产出的增加，而政府补贴对专利产出具有挤出效应[①]。这是因为二者所采用的数据样本和研究视角均不同。

（三）进一步发现在不同发展驱动方式下，两种研发激励措施对区域不同创新效率的影响存在差异。具体来说，政府研发补贴对区域技术创新效率的影响均为正且无显著差异。但相比于投资驱动地区，政府研发补贴对创新驱动地区的商业创新效率的抑制作用更明显。同时，研发费用加计扣除在创新驱动地区相对实施效果更明显，相对于投资驱动地区，创新驱动地区增强了研发费用加计扣除对区域商业创新效率的正向影响。

二、研究启示

本章研究结论对提升区域创新效率具有一定政策启示。首先，区域创新效率存在创新政策影响因素，如政府研发补贴和研发费用加计扣除。其次，地区发展驱动方式的差异，使得研发激励措施实施效果存在差异，政策决策者需因地制宜。其中，政府研发补贴适用于全国推广实施，而研发费用加计扣除并非一直有效，它更适用于创新驱动地区。最后，研发激励措施对区域不同创新效率的影响研究，有助于厘清不同研发补贴类型所对应的有效激励对象，便于政策制定者采取有针对性的措施。其中，政府研发补贴更倾向于补贴长周期、高风险、高技术、高社会回报的技术研发项目，而研发费用加计扣除更偏好短周期、低风险和低技术的商业化新产品研发项目。

第五节 本章小结

基于此，本章探讨了政府研发补贴和研发费用加计扣除分别对区域技术创

[①] 白旭云，王砚羽，苏欣. 研发补贴还是税收激励——政府干预对企业创新绩效和创新质量的影响[J]. 科研管理，2019（6）：9-18

新效率和商业创新效率的影响。基于 2007~2017 年中国 30 个省区的面板数据，本章运用随机前沿模型进行实证分析。结果表明，政府研发补贴有利于区域技术创新效率的提升，不利于商业创新效率的改善；而研发费用加计扣除对区域技术创新效率具有负向影响，对商业创新效率影响为正但不显著。此外，在不同发展驱动方式下，政府研发补贴对区域技术创新效率的影响均为正且无显著差异。但相比于投资驱动地区，政府研发补贴对创新驱动地区的商业创新效率的抑制作用更明显。同时，研发费用加计扣除在创新驱动地区相对实施效果更明显，相对于投资驱动地区，创新驱动地区增强了研发费用加计扣除对区域商业创新效率的正向影响。

第二篇　创新极化与创新追赶

2021年3月,《中华人民共和国国民经济和社会发展第十四个五年规划和2035年远景目标纲要》提出,坚持实施区域重大战略、区域协调发展战略、主体功能区战略,健全区域协调发展体制机制,将区域协调发展上升为国家战略。改革开放以来,我国实行优先支持沿海地区发展的增长极战略,培育出北京、上海、广州、深圳等极具增长活力的经济增长极。这种效率优先的非均衡发展战略极大地解放和发展了生产力,刺激了国民经济的快速发展,同时也导致了我国城市间经济发展差距的长期存在[1]。目前,我国发展中存在明显的区域经济发展分化态势和发展动力极化现象[2],且具有不断扩大的非协调态势[3]。

对于经济增长规律及其影响因素的探索,一直是经济学研究的主流问题。从古典增长理论用资本、劳动等生产要素来解释经济增长,到新增长理论将技术进步内生化,并强调知识积累和人力资本积累的重要作用[4]。区域经济趋同是

---

[1] 李实,朱梦冰. 中国经济转型40年中居民收入差距的变动［J］. 管理世界,2018,34（12）:19-28.

[2] 习近平. 推动形成优势互补高质量发展的区域经济布局［EB/OL］.（2019-12-15）［2020.5.6］. http://www.gov.cn/xinwen/2019-12/15/content_5461353.htm?from=timeline&isappinstalled=0.

[3] 孙志燕,侯永志. 对我国区域不平衡发展的多视角观察和政策应对［J］. 管理世界,2019,35（08）:1-8.

[4] ROMER P M. Increasing returns and long-run growth［J］. Journal of political economy,1986,94（5）:1002-1037.

索洛模型的重要推论之一，强调经济发展的结果是最终走向收敛[1]。然而，由于增长极理论强调要素分布和发展的不均衡会形成增长极，并进一步形成不同地区之间的发展势差，进而导致虹吸效应和溢出效应[2]。随着增长极的产业和要素的不断积聚，其土地和人力等成本不断提高，进而导致集聚的不经济性，产业开始向周边转移。

新古典经济学认为，在完全竞争的假设下，市场可以实现资源的最优配置。然而，现实中一方面由于市场失灵存在，另一方面为了协调地区之间的平衡发展，政府参与往往通过政府研发补贴、转移支付等方式，从宏观层面对要素流动和配置进行直接或者间接的干预[3]，政府干预行为在一定程度上导致了要素向发达地区的集聚，并形成要素集聚和虹吸效应。

从创新地理学的角度，创新改变了生产函数，使生产效率得到了很大提升，人才、资本等创新要素逐渐向效率更高的地区集聚，并导致创新集群的形成。在经济相对发达的地区，更容易涌现出更好的创新和创意，并吸引各种高端要素向中心城市集聚。由于人才对教育、科技和娱乐等资源的需求，中心城市更容易形成高端配套资源，并进一步吸引人才来强化自身发展[4]。因此，创新地理学强调创新导致资源的不均衡配置和地区之间的非均衡发展，这也是区域虹吸效应的重要因素。

综上所述，区域创新发展也是创新要素流动、积累和重组的过程。在创新要素自由流动的前提下，创新要素会首先流动到创新效率更高的地区。改革开放以来，随着我国市场化水平的不断推进，市场在资源要素配置中的作用不断增强，进而导致创新要素在相对发达的城市集聚，并逐渐形成产业集聚和创新增长极。创新增长极的高速增长加剧了其对周边城市的要素虹吸，在这个过程中，高铁等基础设施的建设，通过压缩时间和空间效应，对虹吸产生一定影响。本篇将从产业集聚、虹吸效应和高铁开通等方面展开分析。

---

[1] SOLOW R M. A contribution to the theory of economic growth [J]. The quarterly journal of economics, 1956, 70 (1): 65-94.

[2] PERROUX F. A note on the notion of growth pole [J]. Applied Economy, 1955, 1 (2): 307-320.

[3] ARROW K. Economic welfare and the allocation of resources for invention [M] //The rate and direction of inventive activity: Economic and social factors. New York: Princeton University Press, 1962: 609-626.

[4] 吕拉昌，赵彩云. 中国城市创新地理研究述评与展望 [J]. 经济地理，2021，41 (03): 16-27.

本篇由四章内容组成，分别为：第四章产业集聚与区域创新绩效，第五章区域创新的虹吸效应，第六章中心城市的虹吸效应与区域协调协调，第七章高铁开通与区域创新。

第四章

产业集聚与区域创新绩效

随着创新驱动发展战略的深入实施，我国创新型国家建设不断取得新的进展，区域创新能力明显提升，在区域创新能力不断提升的背后是各地区产业集聚的迅速发展。产业集聚对区域创新具有重大的推动作用，在世界范围内，早先的意大利传统产业集聚、德国的制造业产业集聚，后来美国硅谷、128公路、日本筑波科学城等高技术产业集聚，都带动了当地创新能力的不断提升。我国很早就有自发的区域产业集群，如浙江通过"一村一品""一镇一业"，极大地推动了地方经济的创新发展。我国从20世纪80年代末开始的高技术园区的发展模式，其实也是实现高技术产业集聚的重要方式。后来，我国政府开始打造地方创新型产业集群，科技部在2013年首次发布了北京中关村移动互联网等10个产业集群，截至2017年12月，共认定108个产业集群。

对我国区域而言，是多元化还是专业化的产业集聚有利于一个区域的创新发展？区域内的研究开发和外国直接投资通过何种方式调节产业集聚并影响本地的经济增长和创新？区域创新发展是否存在虹吸效应和溢出效应？上述问题在不同发展阶段的区域结论是否一致？这些问题对一个区域平衡产业发展模式与科技发展模式，协调本地与周边区域的发展，区域经济与创新一体化发展的空间边界界定都有重要的意义。

第一节 产业集聚理论分析

以Krugman为代表的新经济地理学者指出，产业集聚通过知识溢出效应、人力资源流动和基础设施共享等方式形成规模报酬递增效应，通过不完全竞争为区域创新提供了充足的资金来源①。围绕产业集聚对经济发展和区域创新的影响，学术界形成了两大学派，一是以 Marshall，Arrow，Romer 为代表的产业专业化集聚或地方化集聚，认为某一地区的单一产业集聚有助于劳动力市场共享和技术溢出效应，进而提升区域创新绩效，这种专业化集聚效应也被称为 MAR 外部性。另一种观点是以 Jacobs 为代表的产业多元化集聚或城市化集聚，认为特定区域内不同产业的集聚形成的知识溢出和技术外部性，有助于互补性知识融合和碰撞，进而提升区域创新，这种多元化集聚效应也被称为 Jacobs 外部性。两种外部性均得到了实证支持。Beaudry 和 Schiffauerova② 通过梳理产业多元化和专业化集聚的相关研究发现，整体而言，65%的研究支持 Jacobs 外部性，而54%的研究支持 MAR 外部性；但是从微观层面的研究来看 MAR 外部性高于 Jacobs 外部性。

产业多元化集聚和专业化集聚，其基本原理都是考虑技术外部性和知识溢出效应，因此，在考察产业集聚与区域创新的关系时，有必要将区域的知识技术要素考虑在内。影响区域创新能力的知识可以分为内部知识和外部知识，其中，R&D 投入是企业内部知识的主要来源，R&D 投入不仅可以通过促进区域研发活动、增加区域知识存量的方式直接影响产业集聚的外部性，而且可以增强对外部知识的学习、模仿和吸收能力，间接强化产业集聚的溢出效应。外商直接投资（FDI）则是外部知识和技术的重要来源，FDI 为区域发展带来资金的同时，也伴随着技术和知识的流动，一方面，FDI 带来的技术和知识与产业集群的溢出效应形成互补和代替作用，另一方面，FDI 自身的技术优势也会与区域内产业集聚形成竞争效应，进而影响产业集聚与区域创新之间的作用机制。

第二节　产业集聚与区域创新的关系

一、多元化集聚与区域创新

产业多元化集聚是指不同产业在某一特定区域内聚集，通过产业间交流与合作进而产生知识外部性，也称作 Jacobs 外部性。产业多元化集聚对创新具有

---

① Krugman P R. Geography and trade [M]. Boston：Cambridge：MII press，1991.
② Beaudry C，Schiffauerova A. Who's right，Marshall or Jacobs? The localization versus urbanization debate [J]. Research Policy，2009，38（2）：318-337.

一定促进作用，Feldman 和 Audretsch[1]基于美国小企业管理局创新数据库，探讨了多元化和专业化对区域创新的影响，结果表明，相对于产业多元化，专业化集聚对区域创新具有更显著的正向影响。Wang 等人[2]通过对中国 30 个省份 2001—2011 年期间的数据分析发现，多元化集聚对区域创新能力具有显著促进作用，且 R&D 投入和开放水平在多元化与区域创新之间具有调节作用。彭向和蒋传海[3]利用中国工业企业数据库，对比了专业化集聚和多元化集聚对区域创新的影响，结果发现虽然两种集聚的外部性都能促进区域创新，但是多元化集聚对区域创新的影响更大。

产业多元化集聚对区域创新的影响表现在提供互补资源、范围经济，完整产业链和降低路径依赖上。首先，产业多元化集聚是多种产业在区域内集聚，不同产业之间的知识资源在区域内不断累积并形成"公共池"。而创新的本质是不同知识元素之间的组合与重组，多元化集聚为区域内知识组合和重组提供了机会。区域内不同产业集聚也促进了人才的汇聚，他们之间的互动交流，形成知识共享和交流的创新环境，促进技术交叉融合，进而提高企业创新绩效。

其次，多元化集聚促使区域内形成相对完整的产业链，具有显著的创新范围经济性。根据 Teece 关于创新获益的框架，创新获益的核心是技术独占性和互补性资源，多元化集聚降低了企业搜索和获取互补性资源的成本，为企业获利提供保障，也为企业进一步创新提供了充足的资金来源。同时，多元化集聚形成的产业链也创造了对互补性资产的需求，激励区域内企业通过创新来满足各种需求，进而更好地嵌入区域产业链。

最后，产业多元化集聚通过降低路径依赖提高区域创新。对于区域创新而言，单一的产业由于技术和制度发展的历史因素，容易使其与某一特定产业绑定，忽视外部技术和市场的发展革新，很容易因为技术和制度等方面的惯性而被锁定在某一特定轨道形成路径依赖。产业多元化集聚可以使区域在培育和发展不同产业的同时，引进新的技术要素，建立新的社会制度，营造良好的创新环境，提升区域整体创新绩效。

---

[1] Audretsch D, Feldman M. Innovation in Cities: Science-based Diversity, Specialization and Localized Competition [J]. European Economic Review, 1999, 43 (2): 409-429.

[2] Wang Y, Ning L, Li J, et al. Foreign direct investment spillovers and the geography of innovation in Chinese regions: The role of regional industrial specialization and diversity [J]. Regional Studies, 2016, 50 (5): 805-822.

[3] 彭向，蒋传海. 产业集聚、知识溢出与地区创新——基于中国工业行业的实证检验 [J]. 经济学（季刊），2011, 10 (3): 913-934.

然而，产业多元化集聚也并不总是积极的，由于市场竞争以及区域间知识溢出和转移等方面的影响，区域多元化集聚会对周边区域创新能力产生负面影响。首先，多元化集聚导致市场拥挤效应，主要表现为技术拥挤和产品拥挤，其中，技术拥挤导致技术要素成本上升，企业要么重新选择竞争较低的区位，要么被迫减少研发创新活动；而产品拥挤导致不同区域间的产业竞争更加激烈，特别是产品的同质化竞争会导致企业利润下降，进而对区域创新产生挤出效应。其次，多元化集聚可能引发区域间的"创新寻租"行为，导致区域创新惰性。多元化集聚会导致产业在不同区域内产生集聚，并且在不同区域内开展相关创新行为，此时，某些区域内的产业可能会倾向于向其他区域进行"创新寻租"，即直接从其他产业集聚的地区引进创新成果，特别是当企业意识到自我研发成本高于引进成本时，企业会增加这种寻租行为，进而引发创新惰性，降低区域的整体创新绩效。

通过以上分析不难看出，本地产业多元化水平对区域创新绩效具有促进作用；同时，周边地区的产业多元化与本地存在竞争效应，周边地区产业多元化水平对本地创新绩效具有负向影响。

二、专业化集聚与区域创新

产业专业化集聚是指同一产业在某一特定区域内出现大量聚集，表现为同一产业的企业和劳动力向这一区域聚集，并形成"核心—外围"结构。产业专业化集聚对区域创新具有一定促进作用。Baptista 和 Swann[1] 利用英国 1975—1982 年期间的制造业数据的实证分析表明，产业专业化集聚对区域创新具有显著的促进作用。Li[2] 利用中国 30 个省份的 29 类制造业数据，分析了产业专业化集聚对区域创新的影响，并分析了区域制度环境的调节作用。王文翌和安同良[3] 基于中国制造业上市公司的考察结果，发现专业化集聚产生的知识溢出对于企业创新具有显著的正向影响。

产业专业化集聚对区域创新的促进作用，主要表现在规模效应、知识传播、

---

[1] Baptista R, Swann P. Do firms in clusters innovate more? [J]. Research Policy, 1998, 27 (5): 525-540.
[2] Li X. Specialization, institutions and innovation within China's regional innovation systems [J]. Technological Forecasting and Social Change, 2015, 100: 130-139.
[3] 王文翌, 安同良. 产业集聚、创新与知识溢出——基于中国制造业上市公司的实证 [J]. 产业经济研究, 2014 (4): 22-29.

降低信息不对称、垄断市场竞争激励和知识溢出等方面。首先，根据新经济地理学原理，产业专业化集聚存在规模报酬递增，即随着产业专业化集聚规模的扩大，产业利润呈现递增的趋势。一方面，产业专业化集聚通过资源共享降低成本，基础设施和人力资本投资具有一定专用性，专业化集聚可以使区域内企业共享这些基础设施和人力资源，提高创新效率。另一方面，专业化集聚的网络外部性提升创新能力，规模递增的重要前提是网络外部性，即网络的价值取决于已经连接该网络的其他人的数量，当区域内存在专业化集聚时，组织相互交流带动产业整体技术能力的提升，进而提高区域创新能力。

其次，不完全竞争是新经济地理学的另一个重要假设，专业化集聚为企业带来了更强的市场势力，在一定程度上形成了市场垄断。技术创新提供的市场壁垒是垄断的先决条件，而垄断带来的超额利润成为区域创新的重要激励，要想在市场中获得长期垄断地位，就必须不断进行技术创新，强化技术壁垒，阻止竞争者进入市场。同时，市场垄断获取的超额利润为创新提供了必要的经济基础，进一步支持企业通过技术创新获得更强的市场势力来垄断市场。

再次，产业专业化集聚促进了技术知识的传播和扩散，有利于区域创新的进一步提升。技术创新是知识不断积累的过程，专业化集聚的特殊机制为知识传播和扩散提供了必要的基础，特别是隐性知识的传播。不同于显性知识可以转化为语言文字，并通过培训和学习的过程获得。隐性知识则具有难以规范、不易转移和容易失真等特点，需要通过组织之间经验交流获得。因此，专业化集聚通过促进知识传播来提高区域创新绩效。

最后，产业专业化集聚降低交易成本对创新的挤出效应，使区域将更多的资本投入到创新之中。具体而言，专业化集聚也带来了创新要素的集聚，更容易在区域内搜索并获取相关的创新要素，降低搜索成本；专业化促进了信息流动，降低企业为应对信息不对称所付出的专用性投资，以及交易过程中付出的沟通成本；区域内的专业化集聚提高企业市场势力的同时，也提高了区域内企业的议价能力，可以以更低的成本获取创新要素。

通过以上分析可知，本地产业专业化集聚水平对区域创新绩效具有显著的正向作用；同时，周边地区的产业多元化与本地存在互补效应，周边地区产业专业化水平对本地创新绩效也具有促进作用。

三、R&D 投入的调节作用

R&D 投入是区域内生技术知识的重要来源，通过引导原始技术创新、企业流程再造和促进新产品进入市场等方式提升创新绩效。Ulku[①] 基于 17 个 OECD 国家制造业数据,分析发现 R&D 投入强度通过增加知识存量等方式提升区域创新效率,而区域创新效率进一步促进经济增长。Belderbos 和 Lokshin[②] 利用荷兰创新公司的数据,实证检验了不同方式的合作研发对企业创新的促进作用。R&D 投入也是产业集聚知识溢出的重要影响因素,可以在很大程度上强化产业多元化和专业化集聚对区域创新的促进作用。

首先,R&D 投入为区域创新提供了资金来源和知识基础。一方面,R&D 投入是各种创新活动的资金基础,企业通过对固定资产投资来保障创新活动的顺利进行;另一方面,区域内的 R&D 投入进行工艺创新和流程再造,提高产集群内企业创新效率。Wakelin[③] 通过对 170 家英国公司的研究表明,R&D 投入对生产率增长具有显著的促进作用,而且创新企业的研发回报率要比非创新企业高得多。其次,R&D 投入增加区域内的研发活动,促进了知识组合和人员交流。随着研发活动的增加,产业集聚"知识池"内的各种知识元素组合和重组的频率提升,提高了知识和技术之间的相互融合与创新;研发活动的增加也带动了研发人员之间的交流,这不仅提高了显性知识的传播和溢出,更重要的是促进了企业间隐性知识的流动,降低了显性知识的失真度,进而强化了产业集聚的正向作用。最后,R&D 除了直接提高创新能力外,还能够促进企业吸收能力,增强对外部知识的学习、模仿和消化吸收,进而对区域创新能力产生影响。产业集聚也是各种知识和技术的集聚,通过溢出效应促进区域创新,Cohen[④] 将吸收能力对创新的影响划分为知识获取、知识同化和知识应用三个维度,在区域产业多元化集聚和专业化集聚中,具有较高吸收能力的企业可以将多元化和专业化集群中及时获取自身创新所需要的知识和资源,并将外部知识同化为与自身创新相匹配的知识,扩展内部知识库的广度和深度,进而将知识应用到创新中,强化专业化和多元化集聚对区域创新绩效的促进作用。

基于以上分析,本研究认为区域 R&D 投入对产业多元化和专业化集聚对区

---

① Ulku H. R&D, Innovation, and growth: Evidence from four manufacturing sectors in OECD Countries [J]. Oxford Economic Papers, 2007, 59 (3): 513-535.
② Belderbos R, Carreem M, Lokshin B. Cooperative R&D and firm performance [J]. Research Policy, 2004, 33 (10): 1477-1492.
③ Wakelin K. Productivity growth and R&D expenditure in UK manufacturing firms [J]. Research Policy, 2001, 30 (7): 1079-1090.
④ COHEN W M, LEVINTHAL D A. Absorptive capacity: A new perspective on learning and innovation [J]. Administrative Science Quarterly, 1990, 35 (1): 128-152.

域创新的效果具有正向调节作用。地区 R&D 投入越多,产业多元化对区域创新绩效的促进效果越强;地区 R&D 投入越多,产业专业化对区域创新绩效的促进效果越强。

四、FDI 的调节作用

FDI 不仅为地区带来充足的资金,也是外部知识和技术的重要来源,诸多研究表明,FDI 对区域创新具有正向促进作用,Ning 等人[1]基于对 2005—2011 年间中国城市数据的实证分析表明,FDI 作为外部知识的重要来源,对区域创新具有显著的正向影响。Wang 等人[2]指出,中国 FDI 存在区域分布不均的现象,但 FDI 通过技术溢出等方式有效提升区域创新绩效。但是,FDI 本质上是发达国家为了寻求海外扩展,占领海外市场而进行的对外投资。因此,FDI 对创新的影响也并不总是积极的,在产业集聚与区域创新之间的关系方面可能存在负向调节。

本研究认为,FDI 通过竞争效应、内生化成本和创新依赖,弱化了产业专业化和多元化集聚对区域创新的促进作用。首先,FDI 会与本地产业集聚形成竞争效应,挤占当地人力、资本和技术等创新资源。FDI 是发达国家海外扩张的结果,外资企业会根据自身优势,选择技术相对薄弱的地区和行业进行投资,并形成明显的竞争优势,甚至垄断市场,长此以往,对当地产业形成虹吸效应,极大地挤占了当地创新资源。由于当地产业起步较晚,很难通过创新来建立技术上的竞争优势,这就降低了对当地企业的创新激励,弱化了产业集聚对创新的促进效果。其次,外商投资虽然具有一定的知识溢出效应,但是当地产业的技术模仿、学习并内化为自身技术能力需要付出一定成本,对创新产生挤出效应。这些成本主要包括搜索成本和信息成本,一方面,当地产业需要根据自身的资源禀赋,从外资企业中寻找与自身匹配的技术和知识,并将其吸收内化为自有技术;另一方面,为了得到相关技术和知识,当地产业必须付出一定的人力、物力资源作为交换,并且在沟通谈判过程中还会面临因语言和风俗等的不

---

[1] NING L, WANG F, LI J. Urban innovation, regional externalities of foreign direct investment and industrial agglomeration: Evidence from Chinese cities [J]. Research Policy, 2016, 45 (4): 830-843.

[2] Wang Y, Ning L, Li J, et al. Foreign direct investment spillovers and the geography of innovation in Chinese regions: The role of regional industrial specialization and diversity [J]. Regional Studies, 2016, 50 (5): 805-822.

同而带来的沟通成本。最后，FDI 与当地的创新和研发投入形成互补和代替作用，强化区域的创新惰性。外商投资不仅会为当地带来大量资金，而且会带来先进技术，外商投资的方式除了直接建厂，更多的是通过技术投资等方式与当地企业合作经营，当地企业直接从外商投资中获取技术和知识，并逐渐对外商的技术形成依赖，进而产生创新惰性。

基于以上分析，可以得出以下结论：地区 FDI 越多，产业多元化对区域创新绩效的促进效果越弱；地区 FDI 越多，产业专业化对区域创新绩效的促进效果越弱。

第三节　产业集聚对区域创新影响的实证分析

一、样本与变量

（一）样本选择

本书数据主要来源于三个数据库：1.《中国经济统计数据库》隶属于国家信息中心，是中国权威的经济数据库之一，内容涵盖宏观经济、行业经济、区域经济、世界经济等多个领域，本研究使用其中的"分省宏观年度库"子数据库，涉及的数据主要包括人均 GDP、规模以上工业企业数量、固定资产投资、分地区专利申请和发明专利申请、技术合同成交额、进出口总额、邮电业务量等。2.《中国劳动统计年鉴》由国家统计局编制，是一部全面反映中华人民共和国劳动经济情况的资料性年刊，是书中各省份分行业就业人口数的主要来源。3. Wind 数据库是国内最完整、最准确的以金融证券数据为核心的大型金融工程和财经数据仓库，本书从中获取 FDI 相关数据。此外，本书利用国家统计局数据和各省统计年鉴对部分缺失数据进行补充，并对数据库中的数据进行校对和核验，保证数据的准确性和可靠性。

考虑西藏大量数据缺失，香港、澳门和台湾在统计口径方面与中国其他省份存在一定差异，本研究未将以上省市包含在内。最终，本研究获得了 2003—2017 年间 30 个省份的面板数据。

(二) 变量测量

1. 因变量

区域创新绩效（INN），利用各省专利申请数量来衡量。创新是一个复杂的过程，涉及创意产生、创新投入、创新产出、商业化等多个过程，对应创新不同阶段，学者采用 R&D 投入、专利数量、新产品销售收入等指标来衡量创新。相对于其他创新指标，利用专利申请数量来衡量区域创新具有以下优点：(1) 专利申请数量属于非经济指标，在一定程度上避免"寻租"行为。由于新产品销售收入属于直接的经济指标，地方政府会根据该指标对企业进行补贴，进而激励部分企业通过申报更多的新产品销售收入进行"寻租"，而专利指标则在一定程度上避免了这一问题。(2) 专利与 R&D 投入具有很强的相关性，中国情境下的实证研究表明，在控制了补贴之后，专利依然能很好地反映创新情况。(3) 专利统计能够规律地提供结构化数据，这些数据包括专利权人、申请时间、公司地址和 IPC 号等详细信息，有助于我们对研究结果的进一步分析。(4) 相对于专利授权数量，专利申请数量能够更加及时和全面反映当年区域创新信息。专利授权需要经历初审、市政审查和授权等多个流程，一般需要 2~4 年才能获得授权，而一些格式等不符合要求的创新成果也不会被授权。

2. 自变量

专业化集聚（SPEC）：采用 Krugman 专业化指数来衡量区域产业专业化集聚，具体计算公式如下所示：

$$SPEC_{it} = \sum_{j=1}^{n} \left| \frac{E_{ijt}}{\sum_{jt}^{n} E_{ijt}} - \frac{\sum_{i=1}^{m} E_{ijt}}{\sum_{j=1}^{n} \sum_{i=1}^{m} E_{ijt}} \right| \qquad \text{式 4-(1)}$$

其中，$SPEC_{it}$ 表示地区 i 在第 t 年的产业专业化程度，E_{ijt} 是指地区 i 中产业 j 在第 t 年的就业人口数，数据来源于《中国劳动统计年鉴》；产业 n 表示地区所有产业数量，产业分类采用《中国统计年鉴》的 19 种产业分类；m 表示所有区域，包括除西藏、香港、澳门和台湾外的 30 个省市自治区。

多元化集聚（DIV）：采用改进的赫芬达尔指数来衡量地区产业多元化集聚，具体计算公式如下：

$$DIV_{it} = \frac{1}{\sum_{j=1, j' \neq j}^{n} [E_{ijt}/(E_{it} - E_{ijt})]^2} \qquad \text{式 4-(2)}$$

其中，DIV_{it} 表示地区 i 在第 t 年的多元化程度，E_{ijt} 是指地区 i 中产业 j 在第 t

年的就业人口数，n表示地区i中产业数量。公式中通过去掉产业j自身的就业人口数来避免某一产业专业化对地区多元化的影响，此外，通过对赫芬达尔指数求和取倒数来保证多元化指数取值与多元化程度变化趋势保持一致。

3. 调节变量

地区R&D投入（RD），采用区域R&D经费支出来衡量，R&D经费支出是在诸多研究中被视为衡量研发投入的重要指标。地区FDI（FDI），采用地区FDI总量来衡量，已有研究表明，FDI往往通过资本流入而进入某一地区，进而对地区的创新产生影响。

控制变量：地区发展水平（GDP），采用地区生产总值来衡量，地区经济发展与创新之间的关系一直以来都受到学者们的广泛关注，地区经济发展为区域创新提供了必备的资金、人力和技术等创新要素，是影响区域创新的重要因素。地区主要劳动力（EMP），采用城镇就业人口数来衡量，作为知识生产函数的基本因素，劳动力不仅会直接影响区域创新绩效，就业人口之间的交流和流动也会促进产业集聚的知识溢出。固定资产投资（FCA），使用各省份全社会固定资产投资完成额来衡量，投资在推动经济发展的同时，也会通过技术转移和溢出对区域创新产生影响。技术市场活跃度（CTR），采用各区域技术合同成交额来衡量，技术市场作为技术商品转移和交换的平台，在促进技术转化、优化技术配置和调整技术结构等方面扮演重要角色，对区域创新发展具有重要作用，一般来说，技术市场活跃度越高，越有利于区域知识转移。对外贸易水平（TRADE），使用区域进出口总额来衡量，对外贸易会涉及各种知识和技术的转移和交换，并表现出技术溢出效应，对区域创新产生一定影响。信息基础设施建设（INFR），采用邮电业务总量来衡量，信息基础设施建设是企业、高校和科研机构之间的知识交流和转移的重要基础和平台，良好的信息基础设施建设有利于促进区域内各主体的协同创新，促进知识转移和溢出。

本书涉及的变量名称、符号和含义如表4-1所示：

表4-1 变量符号与含义列表

变量	变量名称	符号	含义
因变量	区域创新绩效	INN	地区各年的专利申请数量
自变量	专业化	SPEC	产业专业化水平
	多元化	DIV	地区产业的多元化水平

续表

变量	变量名称	符号	含义
调节变量	地区 R&D	RD	地区研发费经费支出
	地区 FDI	FDI	地区外商投资额
控制变量	区域发展水平	GDP	人均 GDP
	对外贸易	TRADE	进出口额度占 GDP 的比重
	固定资产投资	FCA	固定资产投资占 GDP 的比重
	就业人口	EMP	城镇人口就业人数
	技术市场活跃度	CTR	技术合同成交额
	信息基础设施	INFR	邮电业务总量

二、计量模型

（一）知识生产函数

我们将区域创新视为区域产业专业化、多元化集聚以及相关地理特征变量的知识生产函数，在不考虑空间因素时，柯布-道格拉斯（C-D）生产函数的一般模型如下：

$$INN = A \prod_{i=1}^{n} I_i^{\beta_i} \varepsilon \qquad 式4-（3）$$

两边同时取对数得到如下计量模型：

$$\ln(INN) = \ln A + \beta_i \sum_{i=1}^{n} I_i + \varepsilon' \qquad 式4-（4）$$

其中，INN 表示区域创新能力，A 为常数项，I_i 表示影响区域创新的相关因素，β_i 表示各影响因素的产出弹性，n 表示所有影响区域创新变量个数，ε 表示残差。根据知识生产函数的一般形式，本书构建如下计量模型：

$$\ln(INN) = \alpha + \beta_1 \ln(SPEC_{it}) + \beta_2 \ln(DIV_{it}) + \beta_3 \ln(RD_{it}) + \beta_4 \ln(FDI_{it}) + \beta_5 \ln(SPEC_{it}) \times \ln(RD_{it}) + \beta_6 \ln(DIV_{it}) \times \ln(RD_{it}) + \beta_7 \ln(SPEC_{it}) \times \ln(FDI_{it}) + \beta_8 \ln(DIV_{it}) \times \ln(FDI_{it}) + \beta_i \sum_{i}^{k} CONTROL_{it} + \varepsilon \qquad 式4-（5）$$

其中，$CONTROL_{it}$ 表示控制变量，包括对外贸易水平、地区发展水平、地区劳动力、固定资产投资、技术市场活跃度和基础设施建设等，k 表示控制变量的总数。公式中引入交互项来检验地区 R&D 和 FDI 的调节作用。本书使用当年的专利申请量作为因变量来反映区域创新活动,同时,根据已有研究,本书利用滞后的自变量做稳健性检验。

(二)空间回归模型

考虑地区之间的知识溢出和流动,本书引入空间回归模型来检验地区间产业专业化和多元化集聚对区域创新的影响。空间计量经济学将空间权重矩阵纳入,考察变量之间的空间相关性,使模型更加准确,常用的空间回归模型包括空间误差模型(SEM)、空间自相关模型(SAR)和空间杜宾模型(SDM)。

空间误差模型假设模型误差项之间存在空间相关性,并将误差分解为空间相关误差和随机扰动项,分解公式如下:

$$\varepsilon_{it} = \rho \sum_{h=1}^{n} W_{ih} \varepsilon'_{it} + v_{it} \quad\quad 式4-(6)$$

其中,ρ是空间自相关误差的系数,W表示$n \times n$的空间邻接矩阵,在邻接矩阵中的元素只有0和1,当且仅当两个省份相邻时取1,v_{it}表示随机扰动项。

空间自相关模型则假设影响区域创新的各变量之间存在空间相关性,即区域的产业专业化和多元化集聚水平不仅影响本地区域创新,而且影响相邻省份的区域创新绩效,具体公示如下:

$$\ln(INN_{it}) = \alpha + \gamma \sum_{j \neq i}^{k} W_{ij} \ln(I_{it}) + \beta_{it} \sum_{i=1}^{n} \ln x_{it} + \varepsilon_{it} \quad\quad 式4-(7)$$

其中,x_{it}表示影响目标省份创新绩效的自变量,包括多元化、专业化、R&D投入、FDI以及相关控制变量等;I_{it}表示相邻区域创新绩效的相关影响因素。

空间杜宾模型则在空间自相关模型的基础上,考虑自变量空间滞后项与因变量之间的相关性,公式如下所示,所有符号与上述一致:

$$\ln(INN_{it}) = \alpha + \gamma \sum_{j \neq i}^{k} W_{ij} \ln(I_{it}) + \beta_{it} \sum_{i=1}^{n} \ln x_{it} + \theta \sum_{j \neq i}^{k} W_{ij} \ln(x_{it}) + \varepsilon_{it}$$

$$式4-(8)$$

在实际操作中,可以通过拉格朗日乘子检验(LM test)来对空间模型进行选择。此外,空间模型的估计均采用极大似然法,来避免引入空间权重变量而引起的内生性问题。

三、实证分析及结果

(一) 描述性统计和相关性分析

本书主要变量的描述性统计分析结果如表4-2所示,区域创新绩效呈现左偏特征,这表明大部分地区表现出较好的创新能力;多元化呈现左偏特征,而专业化呈现右偏特征,这表明大多数省份的产业分布呈现多元化而非专业化。

表4-2 变量描述性统计分析

变量	样本数	Mean	Std. Dev.	Min	Max
INN	450	9.63	1.65	4.83	13.35
DIV	450	7.12	2.87	1.77	14.85
SPEC	450	1.33	0.14	1.09	1.77
RD	450	1.38	1.08	0.18	7
FDI	450	12.35	1.68	7.31	15.09
GDP	450	10.23	0.72	8.22	11.77
TRADE	450	0.24	0.25	0.02	1.02
FCA	450	0.49	0.14	0.21	0.91
EMP	450	5.93	0.75	3.77	7.59
CTR	450	6.06	0.98	2.91	8.72
INFR	450	9.63	1.65	4.83	13.35

本书主要变量的相关性分析结果如表4-3所示,结果显示,多元化与区域创新之间存在显著的负相关,而专业化与区域创新之间的相关性不显著,R&D投入和FDI均与区域创新存在显著的正相关。相关性分析结果展示了变量之间的总体关系,由于受时间和个体效应等方面的影响,变量间的因果关系和作用机制依然需要通过假设检验做进一步验证。各变量的VIF值均小于10,VIF的平均值小于5,变量之间不存在严重的共线性。此外,为避免变量间的共线性,本书在构建交互项时,先将变量做中心化处理。

表 4-3 变量相关性分析

变量	1	2	3	4	5	6	7	8	9	10	11
1INN	—										
2DIV	-0.53***	3.08									
3SPEC	0.00	0.29***	3.07								
4RD	0.58***	-0.19***	0.33***	3.62							
5FDI	0.81***	-0.56***	-0.04	0.49***	4.47						
6GDP	0.72***	-0.19***	0.38***	0.57***	0.63***	6.06					
7TRADE	0.46***	-0.49***	0.42***	0.66***	0.50***	0.45***	4.77				
8FCA	0.02	0.37***	-0.13**	-0.28***	-0.15**	0.24***	-0.55***	3.14			
9EMP	0.84***	-0.56***	-0.15**	0.42***	0.74***	0.38***	0.34***	-0.23***	3.75		
10CTR	0.82***	-0.35***	0.04	0.74***	0.66***	0.67***	0.49***	-0.08*	0.67***	5.05	
11INFR	0.72***	-0.47***	0.04	0.35***	0.74***	0.54***	0.41***	-0.11**	0.65***	0.47***	2.65

注：* 表示 P<0.1，** 表示 P<0.05，*** 表示 P<0.01，对角线为变量 VIF 值

(二) 假设检验

1. 基准模型回归

基于前文构建的计量模型,利用面板回归和空间计量来检验专业化、多元化等变量对区域创新绩效的影响,检验之前先利用 Hausman 检验来确定模型是否需要控制固定效应[①]。表 4-4 呈现了多元化和专业化对区域创新绩效的影响结果。其中,模型 1 是仅将控制变量纳入模型的基准模型,模型 2 是在模型 1 的基础上将多元化集聚纳入模型,模型 3 是在模型 1 的基础上将专业化集聚纳入模型,模型 4 是在模型 1 的基础上同时将多元化和专业化集聚纳入模型得到的全模型。

表 4-4 基准模型回归结果

变量	模型 1 INN	模型 2 INN	模型 3 INN	模型 4 INN
DIV		0.038***		0.033**
		(0.01)		(0.01)
SPEC			0.563**	0.348
			(0.26)	(0.27)
RD	0.263***	0.291***	0.286***	0.301***
	(0.06)	(0.06)	(0.06)	(0.06)
FDI	0.003	0.010	0.008	0.012
	(0.03)	(0.03)	(0.03)	(0.03)
GDP	0.884***	0.829***	0.849***	0.815***
	(0.07)	(0.07)	(0.07)	(0.07)
TRADE	0.386*	0.579**	0.459**	0.596**
	(0.23)	(0.24)	(0.23)	(0.24)
EMP	0.732***	0.822***	0.732***	0.809***

---

① Hausman 检验的目的是测试固定效应和随机效应的估计是否具有一致性,一般情况下,当 Hausman 检验结果显著时则采用固定效应,但是考虑我国各省级区域间创新能力、多元化和专业化等存在的异质性,在未通过 Hausman 检验时也采用固定效应模型,这和很多已有研究一致。

续表

变量	模型1 INN	模型2 INN	模型3 INN	模型4 INN
	(0.13)	(0.13)	(0.13)	(0.13)
FAI	1.132***	1.104***	1.168***	1.130***
	(0.20)	(0.20)	(0.20)	(0.20)
CTR	0.171***	0.175***	0.170***	0.174***
	(0.02)	(0.02)	(0.02)	(0.02)
INFR	−0.010	−0.015	−0.019	−0.019
	(0.04)	(0.04)	(0.04)	(0.04)
常数	−6.948***	−7.375***	−7.390***	−7.587***
	(0.59)	(0.60)	(0.62)	(0.63)
Hausman test	17.09**	32.42***	39.38***	18.96***
固定效应	是	是	是	是
N	450	450	450	450
R2		0.932	0.932	0.933

注：*，**，*** 分别表示 $P<0.1$，$P<0.05$，$P<0.01$

在模型1中，R&D投入、地区发展水平、对外贸易水平、就业人数、固定资产投资和技术转移等均对区域创新具有显著影响。模型2中，多元化集聚对区域创新影响的系数为正数，且在5%水平上显著（p<0.05），这表明多元化对区域创新具有显著的促进作用，假设H1a得到验证。在模型2中，专业化集聚对区域创新影响的系数为正数，且在5%水平上显著（p<0.05），这表明专业化对区域创新具有显著的促进作用，假设H2a得到验证。在模型4中，当专业化和多元化集聚同时纳入模型后，只有多元化集聚对区域创新具有显著正向影响，当多元化和专业化集聚同时存在时，多元化集聚对本地区域创新的促进效果更明显。

2. 空间计量分析

利用空间计量来检验专业化、多元化等变量对区域创新绩效影响的空间效应，在进行空间回归之前，利用Moran I指数来检验变量之间的空间自相关性（表4-5），2003—2017年间多元化和专业化集聚的Moran I指数在（0.07，0.47）间波动，除个别年份外，均在5%水平下显著，这表明多元化和专业化集聚在区域间存在明显的相关性。

表 4-5 变量莫兰指数检验结果

变量	DIV	SPEC	变量	DIV	SPEC	变量	DIV	SPEC
2003 年	0.14*	0.07	2008 年	0.35***	0.14**	2013 年	0.35***	0.19**
2004 年	0.2**	0.09	2009 年	0.34***	0.13**	2014 年	0.36***	0.19**
2005 年	0.3***	0.12*	2010 年	0.36***	0.16**	2015 年	0.38***	0.19**
2006 年	0.27***	0.15*	2011 年	0.34***	0.17**	2016 年	0.41***	0.19**
2007 年	0.34***	0.16**	2012 年	0.38***	0.19**	2017 年	0.47***	0.19**

注：*, **, *** 分别表示 P<0.1, P<0.05, P<0.01

采用空间计量模型检验之前，首先利用 Hausman 检验来确定模型是否需要控制固定效应，并根据拉格朗日乘子检验来选择空间计量模型。表4-6呈现了空间计量检验结果。表4-6中模型1是将空间距离权重模型与区域多元化集聚的交互项加入模型，检验周边区域的多元化集聚对本地创新绩效的影响；模型2是将空间距离权重模型与区域专业化集聚的交互项加入模型，检验周边区域的专业化集聚对本地创新绩效的影响；模型3是同时将多元化和专业化集聚的空间效应纳入模型的全模型。

表 4-6 空间计量检验结果

变量	模型1	模型2	模型3
	INN	INN	INN
Main			
DIV	−0.020	−0.013	−0.018
	(0.01)	(0.01)	(0.01)
SPEC	0.590**	0.450*	0.590**
	(0.24)	(0.24)	(0.24)
RD	0.078	0.145**	0.101
	(0.06)	(0.06)	(0.06)
FDI	0.022	0.034	0.020
	(0.02)	(0.02)	(0.02)
GDP	0.379***	0.396***	0.411***

续表

变量	模型 1 INN	模型 2 INN	模型 3 INN
	(0.13)	(0.13)	(0.13)
TRADE	0.710***	0.837***	0.737***
	(0.22)	(0.22)	(0.22)
EMP	0.316**	0.480***	0.448***
	(0.14)	(0.15)	(0.15)
FAI	0.959***	0.977***	1.063***
	(0.19)	(0.19)	(0.20)
CTR	0.105***	0.116***	0.110***
	(0.02)	(0.02)	(0.02)
INFR	0.206*	0.196*	0.219*
	(0.11)	(0.12)	(0.12)
Wx			
DIV	−0.044*		−0.087***
	(0.03)		(0.03)
SPEC		0.899*	1.647***
		(0.52)	(0.60)
Hausman test	48.30***	49.65***	39.93***
LM-LAG		9817***	
LM-ERR		132.46***	
固定效应	是	是	是
Spatial			
rho	0.227***	0.217***	0.164**
	(0.07)	(0.07)	(0.07)
Variance			
sigma2_e	0.045***	0.046***	0.046***
	(0.00)	(0.00)	(0.00)
N	450	450	450

续表

变量	模型1	模型2	模型3
	INN	INN	INN
R2	0.832	0.749	0.775

注：*，**，*** 分别表示 P<0.1，P<0.05，P<0.01

表4-6结果显示，在模型1中，多元化集聚与空间矩阵交互项对区域创新影响的系数为负数，且在5%水平上显著（p<0.05），这表明周边区域多元化集聚对本地区域创新具有显著的负向影响，假设H1b得到验证。在模型2中，专业化集聚与空间矩阵交互项对区域创新影响的系数为正数，且在5%水平上显著（p<0.05），这表明周边区域专业化集聚对区域创新具有显著的促进作用，假设H2b得到验证。全模型的检验结果依然支持假设H1b和H2b。

3. 调节作用检验

为检验R&D投入和FDI的调节作用，我们将专业化和多元化集聚与交互项依次纳入模型，结果如表4-7所示。

表4-7 调节作用检验结果

变量	模型1	模型2	模型3	模型4	模型5
	INN	INN	INN	INN	INN
DIV	0.041***		0.042***		0.063***
	(0.01)		(0.01)		(0.01)
SPEC		0.516*		0.613**	0.210
		(0.27)		(0.27)	(0.27)
RD×DIV	0.031***				0.077***
	(0.01)				(0.01)
RD×SPEC		0.155			−0.933***
		(0.18)			(0.25)
FDI×DIV			−0.018***		−0.041***
			(0.01)		(0.01)
FDI×SPEC				−0.075	0.206
				(0.11)	(0.13)
RD	0.375***	0.294***	0.277***	0.288***	0.428***

续表

变量	模型1 INN	模型2 INN	模型3 INN	模型4 INN	模型5 INN
	(0.07)	(0.07)	(0.06)	(0.06)	(0.07)
FDI	−0.008	0.004	0.033	0.010	0.038
	(0.03)	(0.03)	(0.03)	(0.03)	(0.03)
GDP	0.833***	0.861***	0.833***	0.842***	0.784***
	(0.07)	(0.07)	(0.07)	(0.07)	(0.07)
TRADE	0.572**	0.521**	0.572**	0.415*	0.342
	(0.23)	(0.24)	(0.23)	(0.24)	(0.24)
EMP	0.816***	0.693***	0.766***	0.749***	0.877***
	(0.13)	(0.13)	(0.13)	(0.13)	(0.14)
FAI	1.277***	1.227***	0.918***	1.113***	0.910***
CTR	0.159***	0.168***	0.185***	0.168***	0.168***
	(0.02)	(0.02)	(0.02)	(0.02)	(0.02)
INFR	−0.027	−0.023	−0.025	−0.018	−0.045
	(0.04)	(0.04)	(0.04)	(0.04)	(0.04)
常数	−7.081***	−7.189***	−7.398***	−7.461***	−7.826***
	(0.60)	(0.67)	(0.60)	(0.63)	(0.66)
Hausman test	121.22***	23.40***	78.02***	52.04***	54.78***
固定效应	是	是	是	是	是
N	450	450	450	450	450
R2	0.935	0.932	0.934	0.932	0.940

注：*，**，*** 分别表示 $P<0.1$，$P<0.05$，$P<0.01$

在模型1中，多元化集聚对创新绩效具有显著正向影响，且R&D投入和多元化集聚的交互项对创新绩效也有显著正向影响，这表明R&D投入强化了多元化集聚对区域创新的正向影响，假设H3a得到验证。在模型2中，专业化集聚对创新绩效具有显著正向影响，但R&D投入和专业化集聚的交互项对创新绩效没有显著正向影响，这表明R&D投入不能调节专业化集聚与区域创新之间的关系，假设 H3b 没有得到验证。在模型 3 中，多元化集聚对创新绩效具有显著正向影响，且 FDI 和多元化集聚的交互项对创新绩效具有显著负向影响，这表明 R&D 投入弱化了多元化集聚对区域创新的正向影响，假设 H4a 得到验证。在模型 4 中，专业化集聚对创新绩效具有显著正向影响，但 FDI 投入和专业化集聚的交互项对创新绩效没有显著正向影响，这表明 FDI 投入没有调节专业化集聚与区域创新之间的关系，假设 H4b 没有得到验证。在模型 5 中，以上假设检验的结果依然得到验证。

为了更好地展示 R&D 投入和 FDI 的调节作用，我们做出两者调节作用的示意图，结果如图 4-1 和图 4-2 所示。

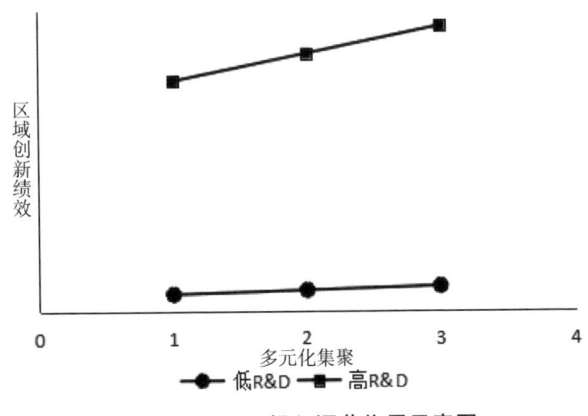

图 4-1　R&D 投入调节作用示意图

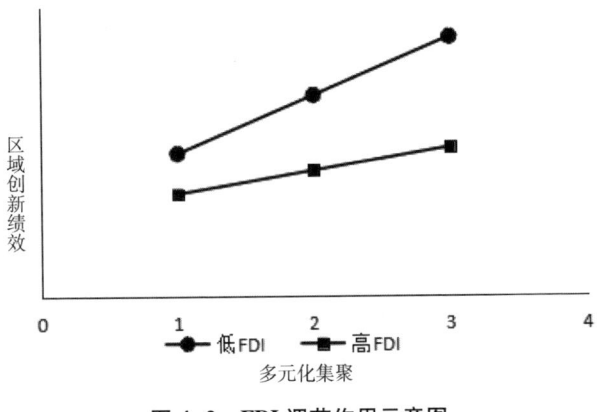

图 4-2　FDI 调节作用示意图

从图 4-1 可以看出，由于 R&D 投入的正向调节作用，在高 R&D 投入的地区，多元化集聚与区域创新绩效之间的线性关系的斜率更陡峭。同样在图4-2中，由于 FDI 的负向调节作用，在低 FDI 的地区，多元化集聚与区域创新绩效之间的线性关系的斜率更陡峭。

从调节作用的回归结果不难看出，R&D 投入和 FDI 同时对多元化集聚具有调节作用，虽然对专业化集聚没有调节作用，但是在全模型中，专业化集聚和 R&D 的交互项对区域创新具有显著正向影响。为了更好地明确 R&D 投入和 FDI 的调节作用，本书对区域内 R&D 投入和 FDI 的组合①，进一步分析了两个调节作用的协同作用，结果如表4-8所示。表4-8结果显示，在低 R&D 投入低 FDI 分组和低 R&D 投入高 FDI 分组中，多元化和专业化集聚对区域创新具有显著影响；而在高 R&D 投入高 FDI 分组中，多元化和专业化集聚均对区域创新没有显著影响。造成这种结果的原因在于，多元化和专业化集聚对创新影响的关键机制在于知识溢出带来的外部性，高 R&D 投入的地区有充足的资金来支持创新，从而降低了对产业集聚知识溢出的依赖，同时高 FDI 加剧了地区产业竞争和对外部技术依赖，也降低了产业集聚的技术外部性和知识溢出效应。

表4-8 分组调节检验结果

变量	模型1	模型2	模型3	模型4	模型5	模型6
	低 R&D 低 FDI		高 R&D 高 FDI		低 R&D 高 FDI	
DIV	0.035*		-0.011		0.167***	
	(0.02)		(0.03)		(0.05)	
SPEC		2.975***		0.362		1.755**
		(0.47)		(0.47)		(0.70)
RD	0.858***	0.951***	0.271***	0.288***	0.197	0.219
	(0.21)	(0.19)	(0.10)	(0.10)	(0.26)	(0.27)
FDI	-0.069*	-0.060*	-0.005	-0.003	0.349**	0.275*
	(0.04)	(0.03)	(0.06)	(0.06)	(0.15)	(0.15)
GDP	0.693***	0.450***	1.006***	1.005***	0.684***	0.854***
	(0.11)	(0.10)	(0.14)	(0.14)	(0.25)	(0.24)

① 由于高 R&D 投入且低 FDI 分组的样本数量较少，无法得到估计结果，本书删除该分组内的样本，利用另外三组进行分组回归。一般而言，高 R&D 投入的地区具有较强的经济发展基础和创新能力，能够吸引大量外商投入。因此，现实中较少存在高 R&D 投入且低 FDI 的区域。

续表

变量	模型1	模型2	模型3	模型4	模型5	模型6
	低R&D低FDI		高R&D高FDI		低R&D高FDI	
TRADE	−0.181	−0.172	−0.523*	−0.466*	1.176	−0.308
	(0.67)	(0.60)	(0.27)	(0.27)	(1.11)	(1.08)
EMP	1.669***	2.214***	0.036	−0.027	1.611***	0.844*
	(0.34)	(0.32)	(0.17)	(0.20)	(0.55)	(0.44)
FAI	0.900**	0.651*	−0.477	−0.311	0.751	1.034
	(0.37)	(0.33)	(0.34)	(0.35)	(0.71)	(0.72)
CTR	0.130***	0.102***	0.220***	0.220***	0.161**	0.138*
	(0.03)	(0.03)	(0.06)	(0.06)	(0.07)	(0.07)
INFR	−0.016	0.019	0.056	0.039	0.051	−0.059
	(0.06)	(0.05)	(0.05)	(0.05)	(0.09)	(0.08)
常数	−9.481***	−13.638***	−3.571***	−3.746***	−16.114***	−12.178***
	(1.50)	(1.52)	(1.16)	(1.16)	(3.14)	(2.54)
Hausman test	62.77***	33.04***	229.25***	13.28	53.86***	35.44***
固定效应	是	是	是	是	是	是
N	180	180	148	148	110	110
R2	0.934	0.947	0.924	0.925	0.899	0.894

注：*,**,*** 分别表示 P<0.1，P<0.05，P<0.01

4. 不同区域发展阶段的回归分析

由于中国区域发展的不平衡，地区之间的创新发展存在二元化，《中国区域创新能力评价报告》的结果也显示，区域之间创新能力存在巨大差异，以2019年评价结果为例，排名第一的广东省创新能力得分为59.49，而西藏的得分仅为17.58，两者相差3.4倍。为厘清不同创新发展阶段的区域多元化和专业化集聚对区域创新能力的影响机制，我们基于《中国区域创新能力评价报告》评价结果对区域进行分组。

柳卸林和胡志坚根据《中国区域创新能力评价报告》，将中国31个省份的区域创新能力发展分为四个集团①。随着中国的发展，第一集团和第二集团之间

---

① 柳卸林，胡志坚. 中国区域创新能力的分布与成因[J]. 科学学研究，2002（5）：550-556.

虽然依旧存在差距，但是差距在不断缩小，且有部分省份在第一、二集团之间交替出现，为此，我们借鉴以上做法，并合并第一、二集团，根据《中国区域创新能力评价报告》（2005—2019）[①]，将区域创新能力发展分为三个集团，并以此来界定区域发展阶段[②]，分别命名为创新先行区、创新追赶区和创新落后区。不同发展阶段回归结果如表4-9所示。

表4-9 分发展阶段分析结果

变量	模型1	模型2	模型3	模型4	模型5	模型6
	创新先行区		创新追赶区		创新落后区	
DIV	-0.028		0.024		0.170***	
	(0.03)		(0.02)		(0.04)	
SPEC		0.395		0.858*		3.865***
		(0.56)		(0.49)		(1.03)
RD	0.032	0.065	0.523***	0.550***	0.503	0.686
	(0.08)	(0.09)	(0.10)	(0.10)	(0.46)	(0.48)
FDI	0.027	0.037	-0.015	-0.020	-0.115*	-0.007
	(0.07)	(0.07)	(0.04)	(0.04)	(0.07)	(0.06)
GDP	1.708***	1.693***	0.622***	0.596***	0.902***	0.352
	(0.18)	(0.18)	(0.10)	(0.10)	(0.19)	(0.25)
TRADE	0.120	0.220	0.405	0.233	0.576	-2.814*
	(0.27)	(0.28)	(0.57)	(0.56)	(1.59)	(1.55)
EMP	0.092	0.058	1.379***	1.515***	0.737	1.941***
	(0.19)	(0.22)	(0.22)	(0.24)	(0.57)	(0.71)

① 《中国区域创新能力评价报告》是滞后两年的数据，为更好反映区域创新发展阶段，使用滞后两年的数据进行匹配。
② 根据柳卸林和胡志坚对创新集团的划分，本书以创新能力综合得分30和20作为不同集团划分的基本标准，即创新能力综合得分大于30分的省份为第一集团，综合得分大于20分且小于30分的省份为第二集团，综合得分小于20分的省份为第三集团。同时，考虑各集团之间的平衡和临界点之间的得分差距，课题组对临界点附近的省份的集团划分做了适当调整。参见柳卸林，胡志坚.中国区域创新能力的分布与成因［J］.科学学研究，2002（5）：550-556.

续表

变量	模型 1	模型 2	模型 3	模型 4	模型 5	模型 6
	创新先行区		创新追赶区		创新落后区	
FAI	−1.063**	−0.752	1.117***	1.070***	0.484	0.201
	(0.48)	(0.49)	(0.32)	(0.33)	(0.49)	(0.53)
CTR	0.094	0.073	0.217***	0.206***	0.119**	0.094
	(0.07)	(0.06)	(0.03)	(0.03)	(0.06)	(0.06)
INFR	−0.055	−0.076	−0.053	−0.042	−0.062	0.128
	(0.06)	(0.07)	(0.05)	(0.05)	(0.12)	(0.12)
常数	−8.778***	−9.024***	−8.611***	−9.922***	−7.025***	−12.776***
	(1.01)	(1.01)	(1.08)	(1.45)	(2.20)	(3.07)
N	128	128	261	261	61	61
R2	0.947	0.947	0.936	0.937	0.934	0.931

注：*，**，*** 分别表示 $P<0.1$，$P<0.05$，$P<0.01$

表4-9结果显示，在创新先行区中，产业多元化集聚和专业化集聚对区域创新均没有显著影响。在创新追赶区中，产业专业化集聚对创新具有显著正向影响，而产业多元化集聚对区域创新没有显著影响。在创新落后区中，产业多元化和产业专业化集聚均对区域创新具有显著影响。也就是说，越是创新相对落后的地区，越需要通过产业集聚的技术外部性和知识溢出效应来提升区域创新绩效。

（三）内生性考虑与解决

内生性来源主要包括测量偏差、遗漏变量偏差和互为因果。为解决可能存在的内生性问题，本书通过一系列方法进行检验和控制。首先，本书在对多元化和专业化集聚的测量中，基于已有文献采用Krugman集聚指数和改进的Herfindahl-Hirschman指数进行计算，为检验可能存在的测量误差。本书参照刘凤委等人的做法，先分别以多元化和专业化集聚为自变量，以地区发展水平、城镇就业人口数、固定资产投资、规模以上企业数量、技术合同成交额、进出口贸易、FDI、R&D投入和基础设施建设等变量为自变量进行回归，控制相关变量的干扰，提取模型残差，用残差代替多元化和专业化重复假设检验①，结果如表 4-10 所示，与上文假设检验结果一致。

表 4-10 残差回归结果

变量	（1）INN	（2）INN	（3）INN
DIV_residual	0.043***		0.038**
	(0.01)		(0.02)
SPEC_residual		0.534**	0.351
		(0.26)	(0.27)
RD	0.263***	0.263***	0.263***
	(0.06)	(0.06)	(0.06)
FDI	0.003	0.003	0.003
	(0.03)	(0.03)	(0.03)
GDP	0.884***	0.884***	0.884***
	(0.07)	(0.07)	(0.07)
TRADE	0.386*	0.386*	0.386*
	(0.23)	(0.23)	(0.23)
EMP	0.732***	0.732***	0.732***
	(0.13)	(0.13)	(0.13)
FAI	1.132***	1.132***	1.132***
	(0.20)	(0.20)	(0.20)
CTR	0.171***	0.171***	0.171***
	(0.02)	(0.02)	(0.02)
INFR	−0.010	−0.010	−0.010
	(0.04)	(0.04)	(0.04)
常数	−6.948***	−6.948***	−6.948***
	(0.59)	(0.59)	(0.59)
Hausman test	0.70	31.69***	50.66***
固定效应	是	是	是

---

① 刘凤委，李琳，薛云奎. 信任、交易成本与商业信用模式 [J]. 经济研究，2009, 44 (8)：60-72.

续表

变量	(1) INN	(2) INN	(3) INN
N	450	450	450
R2	0.932	0.932	0.933

注：*,**,*** 分别表示 P<0.1，P<0.05，P<0.01

其次，虽然产业集聚的形成需要多年的积累，区域的创新绩效一般不会在短时间内对产业集聚造成影响。但是，具有较高创新绩效的区域会吸引更多的外部投资和企业入驻，强化产业的多元化和专业化集聚，也可能存在一定的"自选择"问题。但是目前没有比较合适的工具变量来解决产业集聚的内生性问题，因此，我们采用动态面板广义矩估计（GMM）方法进行稳健性检验，控制和缓解内生性，结果如表4-11所示。根据表4-11结果可知，多元化和专业化集聚对创新绩效影响结果是稳健的。

表4-11 GMM估计结果

变量	(1) INN	(2) INN	(3) INN	(4) INN	(5) INN	(6) INN
DIV	0.030**		0.030**		0.034**	
	(0.01)		(0.01)		(0.01)	
SPEC		0.867***		0.865***		0.923***
		(0.27)		(0.27)		(0.28)
RD×DIV			−0.011			
			(0.01)			
RD×SPEC				−0.139		
				(0.20)		
FDI×DIV					−0.013**	
					(0.01)	
FDI×SPEC						−0.185*
						(0.11)
		(0.27)		(0.27)		(0.28)
RD	0.194***	0.189***	0.180**	0.186***	0.164**	0.186***
	(0.07)	(0.07)	(0.07)	(0.07)	(0.07)	(0.07)

续表

变量	(1) INN	(2) INN	(3) INN	(4) INN	(5) INN	(6) INN
FDI	-0.010	-0.018	-0.006	-0.018	0.019	-0.008
	(0.02)	(0.02)	(0.02)	(0.02)	(0.03)	(0.02)
L. lapp	0.663***	0.679***	0.670***	0.676***	0.669***	0.689***
	(0.04)	(0.04)	(0.04)	(0.04)	(0.04)	(0.04)
GDP	0.590***	0.563***	0.586***	0.569***	0.572***	0.540***
	(0.07)	(0.07)	(0.07)	(0.07)	(0.07)	(0.07)
TRADE	-0.177	-0.296	-0.191	-0.322	-0.278	-0.361*
	(0.21)	(0.21)	(0.21)	(0.22)	(0.22)	(0.22)
EMP	-0.272**	-0.316***	-0.296**	-0.299***	-0.303***	-0.311***
	(0.12)	(0.11)	(0.12)	(0.11)	(0.12)	(0.11)
FAI	0.072	0.060	0.042	0.029	-0.042	-0.058
	(0.15)	(0.15)	(0.15)	(0.16)	(0.16)	(0.17)
CTR	-0.004	-0.002	-0.003	-0.003	0.000	-0.003
	(0.02)	(0.02)	(0.02)	(0.02)	(0.02)	(0.02)
INFR	-0.106***	-0.109***	-0.108***	-0.108***	-0.113***	-0.109***
	(0.02)	(0.02)	(0.02)	(0.02)	(0.02)	(0.02)
常数	-0.713	-1.127*	-0.612	-1.234*	-0.721	-1.128*
	(0.64)	(0.65)	(0.65)	(0.68)	(0.64)	(0.66)
AR（1）	-3.90***	-3.73***	-3.89***	-3.71***	-3.89***	-3.76***
AR（2）	-0.13	-0.05	0.22	-0.6	0.15	-0.21
Sargan test	118.18**	112.58**	116.62***	113.74**	113.62**	111.30*
N	390	390	390	390	390	390

注：*，**，*** 分别表示 P<0.1，P<0.05，P<0.01

最后，本书进一步采用纵向分析法，即用当年的产业专业化和多元化等变量考察对区域创新的滞后影响。在纵向分析法中，本书采用专利授权数据来检验稳健性，虽然授权专利无法全面反映区域创新的实际情况，但是授权专利能够排除部分非创新专利申请，考虑专利授权只存在2~3年周期的因素，本书采用第二年和第二年的累加授权专利（SPAT=$INN_{it+1}+INN_{it+2}$）表示区域创新绩效，检验结果如表4-12所示。稳健性检验的结果显示，专业化集聚和多元化集聚对区域创新具有显著的正向影响，R&D投入强化了多元化集聚对区域创新绩效的正向作用，但是FDI在多元化集聚与区域创新绩效之间的负向调节不显著，其余检验结果与前文的假设检验结果基本一致。因此，本书假设检验结果具有一定稳健性。

表4-12 纵向分析检验结果

变量	(1) SPAT	(2) SPAT	(3) SPAT	(4) SPAT	(5) SPAT	(6) SPAT
DIV	0.048***		0.052***		0.052***	
	(0.01)		(0.01)		(0.01)	
SPEC		0.481*		0.550*		0.527*
		(0.29)		(0.30)		(0.31)
RD×DIV			0.026***			
			(0.01)			
RD×SPEC				−0.206		
				(0.22)		
FDI×DIV					−0.011	
					(0.01)	
FDI×SPEC						−0.056
						(0.14)
RD	0.362***	0.366***	0.420***	0.358***	0.359***	0.370***
	(0.08)	(0.09)	(0.08)	(0.09)	(0.08)	(0.09)
FDI	−0.006	−0.013	−0.016	−0.009	0.010	−0.011
	(0.03)	(0.03)	(0.03)	(0.03)	(0.03)	(0.03)
GDP	0.770***	0.818***	0.762***	0.804***	0.774***	0.813***
	(0.08)	(0.08)	(0.08)	(0.09)	(0.08)	(0.09)
TRADE	0.371	0.220	0.398	0.139	0.366	0.190
	(0.26)	(0.26)	(0.26)	(0.27)	(0.26)	(0.27)
EMP	0.831***	0.708***	0.847***	0.762***	0.793***	0.715***

续表

变量	(1) SPAT	(2) SPAT	(3) SPAT	(4) SPAT	(5) SPAT	(6) SPAT
	(0.15)	(0.15)	(0.15)	(0.16)	(0.16)	(0.15)
FAI	1.025***	1.083***	1.168***	1.008***	0.894***	1.048***
	(0.22)	(0.23)	(0.23)	(0.24)	(0.24)	(0.24)
CTR	0.187***	0.179***	0.176***	0.179***	0.193***	0.178***
	(0.03)	(0.03)	(0.03)	(0.03)	(0.03)	(0.03)
INFR	0.119***	0.124***	0.106**	0.130***	0.117***	0.123***
	(0.04)	(0.04)	(0.04)	(0.04)	(0.04)	(0.04)
常数	−7.298***	−7.189***	−7.127***	−7.470***	−7.350***	−7.227***
	(0.76)	(0.80)	(0.75)	(0.85)	(0.76)	(0.80)
Hausman test	96.22***	14.37	209.94***	10.60	32.30***	21.76
固定效应	是	是	是	是	是	是
N	390	390	390	390	390	390
R2	0.919	0.917	0.921	0.917	0.920	0.917

注：*，**，*** 分别表示 $P<0.1$，$P<0.05$，$P<0.01$

(四) 稳健性检验

为进一步检验本研究结果的可靠性，对本研究进行稳健性检验。首先，采用替换因变量的方法进行稳健性检验，考虑产业专业化和多元化等变量对区域创新影响可能存在的滞后性，本书以当年和第二年的累加专利（$INN_{it}+INN_{it+1}$）表示区域创新绩效。其次，考虑知识溢出不仅出现在相邻省份，非相邻省份之间也可能存在知识溢出效应，且随距离增加呈现出知识溢出效应递减，借鉴李婧等（2010）做法，构建空间距离矩阵来进行稳健性检验，稳健性检验结果如表4-13所示。

表 4-13 稳健性检验

变量	累加专利申请									距离矩阵	
	(1)	(2)	(3)	(4)	(5)	(6)	(7)	(8)	(9)	(10)
main										
DIV	0.040***		0.043***		0.044***		−0.019	−0.015	−0.015	−0.011
	(0.01)		(0.01)		(0.01)		(0.01)	(0.01)	(0.01)	(0.01)
SPEC		0.529**		0.496*		0.603**	0.444*	0.345	0.357	0.475*
		(0.26)		(0.27)		(0.28)	(0.24)	(0.24)	(0.24)	(0.24)
RD×DIV			0.028***							
			(0.01)							
RD×SPEC				0.092						
				(0.18)						
FDI×DIV					−0.016**					
					(0.01)					
FDI×SPEC						−0.101				
						(0.12)				
RD	0.350***	0.356***	0.410***	0.360***	0.343***	0.361***	0.113	0.206***	0.129**	0.145**
	(0.07)	(0.07)	(0.07)	(0.08)	(0.07)	(0.07)	(0.07)	(0.07)	(0.06)	(0.06)
FDI	−0.007	−0.012	−0.020	−0.014	0.015	−0.009	0.014	0.027	0.026	0.044*

续表

变量	累加专利申请									距离矩阵		
	（1）	（2）	（3）	（4）	（5）	（6）	（7）	（8）	（9）	（10）
GDP	0.841***	0.868***	0.838***	0.875***	0.845***	0.857***	0.362***	0.399***	0.337**	0.351***
	(0.03)	(0.03)	(0.03)	(0.03)	(0.03)	(0.03)	(0.02)	(0.02)	(0.02)	(0.02)
TRADE	0.527**	0.421*	0.510**	0.454*	0.530**	0.362	0.623***	0.742***	0.868***	0.885***
	(0.07)	(0.07)	(0.07)	(0.08)	(0.07)	(0.08)	(0.13)	(0.13)	(0.13)	(0.13)
EMP	0.751***	0.653***	0.763***	0.628***	0.698***	0.668***	0.272*	0.417***	0.384***	0.476***
	(0.24)	(0.23)	(0.23)	(0.24)	(0.23)	(0.24)	(0.21)	(0.22)	(0.23)	(0.22)
FAI	1.138***	1.195***	1.304***	1.233***	0.962***	1.128***	0.972***	0.999***	0.929***	0.819***
	(0.14)	(0.13)	(0.14)	(0.14)	(0.14)	(0.14)	(0.15)	(0.16)	(0.15)	(0.15)
CTR	0.169***	0.163***	0.155***	0.162***	0.177***	0.162***	0.097***	0.109***	0.108***	0.106***
	(0.21)	(0.21)	(0.21)	(0.22)	(0.22)	(0.22)	(0.19)	(0.19)	(0.20)	(0.20)
INFR	0.028	0.028	0.014	0.025	0.022	0.028	0.212*	0.194*	0.241**	0.267**
	(0.02)	(0.02)	(0.02)	(0.02)	(0.02)	(0.02)	(0.02)	(0.02)	(0.02)	(0.02)
	(0.04)	(0.04)	(0.04)	(0.04)	(0.04)	(0.04)	(0.11)	(0.11)	(0.11)	(0.11)
常数	−6.55***	−6.54***	−6.33***	−6.40***	−6.59***	−6.60***				
	(0.67)	(0.70)	(0.66)	(0.75)	(0.67)	(0.70)				
W_x										

续表

变量	累加专利申请									距离矩阵	
	(1)	(2)	(3)	(4)	(5)	(6)	(7)	(8)	(9)	(10)
DIV							−0.038		−0.019	
							(0.03)		(0.03)	
SPEC								1.154**		1.811***
								(0.54)		(0.61)
Hausman test	14.62	1.07	78.12***	19.27**	19.42**	53.04***	67.71***	103.98***	107.00***	494.82***
LM-LAG							66.35***		41.94***	
LM-ERR							72.81***		117.94***	
LR test										
固定效应	是	是	是	是	是	是	是	是	是	是
rho							0.194***	0.189***	0.178**	0.168**
							(0.07)	(0.07)	(0.08)	(0.08)
sigma2_e							0.039***	0.041***	0.047***	0.047***
							(0.00)	(0.00)	(0.00)	(0.00)
N	420	420	420	420	420	420	420	420	450	450
R2	0.931	0.930	0.934	0.930	0.932	0.930	0.841	0.733	0.861	0.852

注：*，**，***分别表示 $P<0.1$，$P<0.05$，$P<0.01$

第四节　产业集聚促进区域创新的政策含义

本书研究结论对我国深入实施创新驱动发展战略和构建国家创新系统具有一定的启示。首先，本书分析了产业多元化和专业化集聚对区域创新绩效的影响，整体而言，多元化和专业化集聚都对我国现阶段区域创新绩效的发展具有一定的促进作用。因此在区域创新发展中，应该根据自身优势，积极培育产业集群，促进知识和技术的溢出，特别要注意产业集群中龙头企业对产业集群的带动作用。对于有能力建设多元化产业集群的地区而言，积极引导不同产业之间的交流与合作，促进产业之间的资源互补。其次，产业集聚的空间分布也是影响区域创新的重要因素，当存在空间溢出时，专业化产业集聚有利于区域创新，而多元化产业集聚不利于区域创新。区域在创新绩效提升的过程中，除了考虑自身的产业集聚外，还需要考虑外部产业集聚的溢出效应以及与本地产业的竞争和互补效应。在引导产业发展时，优先培育具有一定优势和竞争力的特色产业，并积极与周边区域保持沟通合作，促进创新要素在区域间的自由流动。再次，地区 R&D 投入和 FDI 对于产业集聚与区域创新之间的关系具有一定调节作用，各省份应该合理客观对待 R&D 投入和 FDI。一般而言，提高 R&D 投入对于提高产业集群的溢出效应具有积极的意义，而 FDI 则不利于产业集群的溢出效应，且 R&D 投入和 FDI 之间的协同也会影响产业集聚的溢出效应。因此，在引进 FDI 时应该根据区域自身发展状况，既要通过 FDI 获取外部资金和技术的支持，还要考虑 FDI 对本地产业的竞争和替代效应，避免因过度引入 FDI 而使本地产业的竞争优势丧失。最后，在国家实施创新驱动发展和构建创新体系过程中，根据不同创新发展阶段，制定不同的产业集聚发展政策，在创新发展相对落后的地区，重点引导产业多元化和专业化的集聚，充分利用产业集聚的溢出效应，提升落后地区的创新实力。对于创新追赶地区，优先培育优势产业集聚，适当放弃缺乏竞争优势的产业集群，通过区域间的交流合作，实现跨区域产业互补与合作；对于创新能力较强的地区，则应该鼓励原始创新，充分发挥创新的内生动力。

第五节　本章小结

我们在中国情境下，系统考察产业多元化和专业化集聚对区域创新的影响，首先，中国作为一个新兴经济体，整体创新能力取得了巨大提升，但依然存在区域发展不平衡和不充分的现象，不同区域的创新发展阶段存在差异，这为探索不同创新发展程度的区域内多元化和专业化集聚的作用机制提供了条件。其次，虽然已有研究分析了产业集聚对区域创新的影响，但现有研究大多采用同一指标来衡量产业集聚，并根据这一指标来区分产业多元化或专业化集聚程度，而没有将产业多元化和专业化集聚纳入统一框架下，同时考察和对比两者对区域创新的影响。再次，创新地理学强调创新要素的空间分布对创新的影响，在产业多元化和专业化集聚过程中也伴随着各种创新要素的空间集聚，产业集聚的溢出效应随距离增加呈现出知识溢出效应递减的趋势，产业多元化和专业化集聚的空间效应的研究有助于更好地解释其对区域创新影响的作用机制。最后，引入R&D投入和FDI作为调节变量，区域内部和外部知识是影响产业集聚溢出效应和技术外部性效果的重要因素，对R&D投入和FDI的考虑有助于深化产业集聚与区域创新关系的相关研究，丰富经济地理学的研究范围。

综上所述，本章基于新经济地理学和创新地理学，致力于在中国情境下探索产业多元化和专业化集聚对区域创新绩效的影响。本章利用中国经济统计数据库、《中国劳动统计年鉴》和Wind数据库，获取中国30个省份2003—2017年间的平衡面板数据，利用面板回归和空间计量模型，探索了产业多元化和专业化集聚对区域创新的本地影响和空间效应。在此基础上引入区域内部知识和外部知识，分析两者在产业集聚与区域创新之间的调节作用。为了更好地探明产业集聚对区域创新的作用机制，本章还根据《中国区域创新能力评价报告》，区分区域的不同创新发展水平，并分析产业多元化和专业化集聚在不同发展阶段中扮演的角色。我们发现：产业多元化集聚和专业化集聚均会对区域创新绩效具有显著的正向影响。R&D投入通过促进区域研发活动和吸收能力，强化了产业多元化集聚对创新绩效的促进效果；由于竞争效应和代替效应的存在，FDI削弱了产业多元化集聚对创新绩效的促进效果。此外，R&D投入和FDI存在协同调节作用。周边区域专业化集聚对区域创新具有显著的促进作用，周边区域多元化集聚对本地区域创新具有显著的负向影响，当区域内的多元化集聚使其形成相对完整的产业链,并对周边区域产生虹吸效应,将更多的创新要素吸引到本地。不同创新发展阶段的区域,产业多元化和专业化集聚对创新绩效的影响存在差异,产业集聚是从多元化到专业化的过程,随着区域创新能力的提升,产业集聚的外部性会降低。

第五章

区域创新的虹吸效应

在我国区域创新发展已经呈现"核心—外围"空间结构的背景下，我国区域经济增长中存在着虹吸效应，虹吸效应原指物理中液态分子在引力与位能差能作用下由压力大的一边流向压力小的一边，区域经济中的虹吸效应则是指经济发展条件较好的地区对条件较差地区要素和资源的吸引和集聚[1]。

一方面，由于循环累积因果效应的存在，中心城市在形成初始的创新要素集聚优势后，受外部规模经济和本地市场效应的作用，会继续集聚区域内人才、资金等优势资源。中心城市的创新发展出现循环累积因果过程[2]，从而形成创新的初始发展难以转变的路径依赖和锁定效应[3]，表现为中心城市对区域内周边城市的虹吸效应。另一方面，增长极对周边地区的溢出效应是通过补偿机制实现的，即在发展初期周边地区协助增长极发展，在发展后期增长极对周边地区进行补偿。但由于不同时期不同主体对于补偿有不同的价值判定，这种价值判断上的时间差异会导致补偿环节的失效，因而，在现实中增长极对周边区域的现实补偿难以实现对称[4]，使得增长极对周边城市继续发挥虹吸效应。

---

[1] 刘和东. 国内市场规模与创新要素集聚的虹吸效应研究 [J]. 科学学与科学技术管理，2013，34（07）：104-112. 范子英，张航，陈杰. 公共交通对住房市场的溢出效应与虹吸效应：以地铁为例 [J]. 中国工业经济，2018（05）：99-117.

[2] MYRDAL G. Economic Theory and Underdeveloped Regions [M]. London: Gerald Duckworth&Co Ltd, 1957.

[3] ARTHUR W B. Competing technologies, increasing returns, and lock-in by historical events [J]. The economic journal, 1989 (99): 116-131.

[4] 周密. "极化陷阱"之谜及其经济学解释 [J]. 经济学家，2009（3）：81-86.

第一节　虹吸效应的理论基础

目前，地区之间的虹吸效应是促进经济创新发展和区域不平衡的主要因素，虹吸效应的相关理论主要包括增长极理论、市场失灵理论和创新地理学理论。

一、增长极理论

20世纪50年代初法国经济学Perroux提出"增长极"（growth pole）的概念，他认为增长并非同时出现在所有地方，它以不同的强度首先出现在一些增长点或增长极上，然后通过不同的渠道向外扩散，并对整个区域的经济最终产生不同的影响[1]。后来，瑞典经济学家Myrdal从地区经济意义角度深化了增长极理论，提出了"循环因果累积理论"，认为经济发展过程在空间上并不是同时产生和均匀扩散的，而是从一些条件较好的区域开始，一旦这些区域由于初始优势而比其他区域超前发展就会成为发达地区[2]。20世纪60年代，法国经济学家布代维尔Boundville系统地从空间角度研究了增长极的概念，从理论上将增长极概念推广到地理空间，认为增长极的空间不仅包括变量之间的结构关系，也涵盖经济现象的地域结构或区域关系[3]。美国经济学家Hirschman将空间度量引进增长极的概念提出"极化—涓滴效应学说"，认为一个国家经济的增长率先在某个区域发生，那么就会对其他区域产生作用。他把经济相对发达区域的增长对欠发达区域产生的不利和有利作用，分别称为极化效应和涓滴效应[4]。美国经济学家Friedmann在1966年提出的"中心—外围理论"则将增长极理论与地理空间理论很好地结合起来，他认为在若干区域之间会因多种原因个别区域率先发展起来而成为"中心"，其他区域则因发展缓慢而成为"外围"。中心与外围

---

[1] Perroux F. A note on the notion of growth pole [J]. Applied Economy, 1955, 1 (2): 307-320.
[2] Myrdal G, Sitohang P. Economic theory and under-developed regions [M]. London: Gerald Duckworth & Co, 1957.
[3] Boudeville J R, Montefiore C G. Problems of regional economic planning [M]. Edinburgh: Edinburgh UP, 1966.
[4] Hirschman A O. The strategy of economic development [J]. ekonomisk tidskrift, 1958, 50 (199): 1331-1424.

之间存在着不平等的发展关系，中心居于统治地位，而外围处于依赖地位①。

　　随着区域经济不平衡增长和空间集聚现象受到关注，区域经济发展的增长极与周边区域的空间作用关系成为研究的新视角。Myrdal 使用扩散（spread）和回流（backwash）效应来说明增长极对周边区域的双重作用，认为在市场力量的作用下回流效应总是占据主导地位，因此增长极的经济发展呈现循环累积因果过程，区域间的差距趋向扩大②。随后，Hirschman 也提出了相似的"极化—涓滴效应"来解释增长极与周边区域的空间作用关系，但他认为，增长极在集聚和累积过程中出现的集聚不经济现象将成为促使增长极发挥涓滴效应的重要力量，因此长期来看区域经济朝着均衡发展演进③。Gaile 回顾了一系列理论和实证论文，得出的结论是回流效应强于扩散效应④。以 Krugman 为代表的新经济地理学理论，在规模报酬递增和不完全竞争的假设下，搭建了基于集聚力和分散力的城市经济空间布局演化的动力模型，认为交通成本、劳动力的可移动性以及资金外部性的相对规模是经济集聚和扩散的重要影响因素⑤。

　　对于我国区域经济发展中的溢出效应，学者们也进行了一系列的研究。部分学者采用间接测度的方法，如通过测度极化程度的指数数值变化来判断虹吸效应和溢出效应，认为极化指数的上升代表虹吸效应的存在，极化指数的下降则代表溢出效应⑥。也有研究借助探索性空间数据分析方法，结合区域的空间集聚特征和 Moran's I 值来判断扩散效应是否存在⑦。随着空间计量经济学的发展，学者们开始在区域经济研究的模型设定中考虑地理空间效应，以此对区域之间的空间作用关系进行实证测度。有学者通过建立空间滞后模型来估计极化效应和溢出效应，研究表明中国区域经济正处于极化发展过程中，因果因子估计值

---

① FRIEDMAN J R. Regional development policy：a case study of Venezuela［M］. Cambridge：MIT Press，1966.
② Myrdal G，Sitohang P. Economic theory and under-developed regions［M］. London：Gerald Duckworth & Co，1957.
③ Hirschman A O. The strategy of economic development［J］. ekonomisk tidskrift，1958，50（199）：1331-1424.
④ Gaile G L. The spread-backwash concept［J］. Regional Studies，1980，14（1）：15-25.
⑤ Krugman P R. Geography and trade［M］. MIT press，1991.
⑥ 罗巍，杨玄酯，杨永芳. 面向高质量发展的黄河流域科技创新空间极化效应演化研究［J］. 科技进步与对策，2020，37（18）：44-51.
⑦ 金刚，沈坤荣. 中国工业技术创新空间扩散效应的时空演化［J］. 经济地理，2016，36（05）：121-127.

的变化意味着溢出效应开始发挥作用[①]。也有学者在空间计量模型的基础上进行拓展，结合β收敛模型、脉冲响应函数对虹吸和溢出效应进行判断[②]。从实证结果来看，经济增长的空间效应和溢出效应得到普遍认同，学者们从东中西部、省际层面、城市层面和县域层面等不同地理尺度上，均验证了经济的空间依赖关系及空间溢出效应[③]，并且对房地产投资、交通基础设施、固定资本存量等要素的空间效应也进行了验证[④]。

二、市场失灵理论

新古典经济学认为，在完全竞争的假设下，市场可以通过看不见的手，实现资源的最优配置。然而，完全竞争只是一种理想状态，市场在很多时候并不能实现资源的最优配置，进而出现市场失灵，此时，必须借助政府的力量对资源配置进行调节。此外，由于地区资源禀赋、历史发展等原因，也会造成区域发展的不平衡，政府为了维持地区之间的均衡发展，维持效率和公平之间的平衡，会通过行政手段进行转移支付。

政府干预对市场失灵具有重要的调节作用，进而促进区域的溢出效应。现实中，由于信息不对称等因素的存在，市场并不能完全对要素进行合理化配置。特别是对于技术市场而言，由于知识的外部性导致研发主体无法完全享受技术进步所获得的全部收益，进而导致企业降低研发投入，最终造成地区的研发市场失灵，降低社会整体福利。为弥补市场失灵导致的效率损失，政府通过宏观调控来解决研发的市场失灵，而政府干预在缓解市场失灵的同时，也导致了创新资源的地方性集聚，并对周边地区形成虹吸效应。政府研发补贴是指政府通过对企业进行直接补贴和合作研发等方式，达到降低企业研发成本、激发企业创新投入的目的。政府补贴通过两种方式进行资源的重新配置，并引导形成创新要素的集聚和虹吸效应。首先，政府研发补贴有助于缓解研发的市场失灵，由于研发活动的不确定性以及知识和技术的正外部性，导致企业无法完全享受

---

① YING L G. Measuring the spillover effects: Some Chinese evidence [J]. Papers in regional science, 2000, 79 (1): 75-89.
② 杨凡, 杜德斌, 林晓. 中国省域创新产出的空间格局与空间溢出效应研究 [J]. 软科学, 2016, 30 (10): 6-10+30.
③ BRUN J F, COMBES J L, RENARD M F. Are there spillover effects between coastal and noncoastal regions in China? [J]. China Economic Review, 2002, 13 (2-3): 161-169.
④ 张洪, 金杰, 全诗凡. 房地产投资、经济增长与空间效应——基于70个大中城市的空间面板数据实证研究 [J]. 南开经济研究, 2014 (01): 42-58.

研发成果带来的收益,进而倾向于降低研发投入,导致研发的市场失灵。此时,政府则可以通过研发补助的方式来解决市场失灵问题,引导企业创新资源的合理配置。在世界贸易组织(WTO)颁布的《补贴与反补贴措施协议》中,研发补贴也被列为不可诉补贴。其次,政府研发作为一种市场信号,可以降低市场的信息不对称。由于研发活动的风险性和不确定性,企业与银行等其他投资者之间存在信息不对称,在企业进行融资时,银行无法判断企业的真实情况,为了避免风险,投资者往往不会将资金借贷给从事高风险研发活动的企业[1]。政府一般会选择业绩更好的企业进行补贴,而这种补贴行为作为一种信号传递给其他投资者[2],引导投资者对企业进行投资、缓解企业的资金约束的同时,引导资金向具有更高效率的地区流动。

三、新经济地理学理论

以 Krugman 为代表的新经济地理学理论,在规模报酬递增和不完全竞争的假设下,搭建了基于集聚力和分散力的城市经济空间布局演化的动力模型,认为交通成本、劳动力的可移动性以及资金外部性的相对规模是经济集聚和扩散的重要影响因素[3]。新经济地理学指出,产业集聚通过知识溢出效应、人力资源流动和基础设施共享等方式形成规模报酬递增效应,通过不完全竞争为区域创新提供了充足的资金来源。围绕产业集聚对经济发展和区域创新的影响,学术界形成了两大学派,一是以 Marshall,Arrow,Romer 为代表的产业专业化集聚或地方化集聚,认为某一地区的单一产业集聚有助于劳动力市场共享和技术溢出效应,进而提升区域创新绩效,这种专业化集聚效应也被称为 MAR 外部性。另一种观点是以 Jacobs 为代表的产业多元化集聚或城市化集聚,认为特定区域内不同产业的集聚形成的知识溢出和技术外部性,有助于互补性知识融合和碰撞,进而提升区域创新,这种多元化集聚效应也被称为 Jacobs 外部性。两种外部性均得到了实证支持。Beaudry 和 Schiffauerova 通过梳理产业多元化和专业化集聚的相关研究发现,65%的研究支持 Jacobs 外部性,而 54%的研究支持 MAR 外部

---

[1] NANDA R, RHODES-KROPF M. Financing risk and innovation [J]. Management Science, 2017, 63 (4): 901-918.

[2] TAKALO T, TANAYAMA T. Adverse selection and financing of innovation: is there a need for R&D subsidies? [J]. The Journal of Technology Transfer, 2010, 35 (1): 16-41.

[3] Krugman P R. Geography and trade [M]. MIT press, 1991.

性，但是从微观层面的研究来看MAR外部性高于Jacobs外部性[1]。

新经济地理学的基本假设也为区域虹吸和溢出效应提供了理论基础，首先，产业集聚存在规模报酬递增，即随着产业专业化集聚规模的扩大，产业利润呈现递增的趋势。产业专业化集聚通过资源共享降低成本，专业化集聚可以使区域内企业共享这些基础设施和人力资源，提高区域的资源利用效率。此外，地区的产业集聚也为创新主体之间的交流互动提供了机会，为提高区域内知识流动和溢出提供了基础。其次，不完全竞争是新经济地理学的另一个重要假设，产业集聚为企业带来了更强的市场势力，在一定程度上形成市场垄断。技术创新提供的市场壁垒是垄断的先决条件，而垄断带来的超额利润成为区域创新的重要激励。不完全竞争是计划形成的重要基础，不完全竞争使得发达区域拥有明显高于周边地区的经济发展水平，并通过虹吸效应将优质资源吸引过来，强化自身的经济发展和创新能力。

四、创新地理学理论

创新发生在特定的时间与地点进行，因此，创新与地理学有着极为密切的关系。20世纪80年代以来，创新和地理学的结合引起学者们的关注。1994年Feldman正式提出了创新地理学的概念。他认为创新地理学是研究一个由多维空间因子决定的复杂地理过程：知识的地理集中有利于信息搜寻、增大搜寻强度和任务合作，而创新地理实际上是一个为新产品商业化过程提供所需不同知识的组织在空间上的表现形式[2]。因此，创新地理学是将创新活动拓展到地理空间上，研究人类创新活动的产生和空间扩散规律。目前创新地理学并未形成自己完整的理论体系[3]，但是集群创新[4]、创新扩散[5]、区域创新系统[6]、R&D研究

---

[1] BEAUDRY C, SCHIFFAUEROVA A. Who's right, Marshall or Jacobs? The localization versus urbanization debate [J]. Research policy, 2009, 38 (2): 318-337.
[2] Feldman M P. The geography of innovation [M]. Springer Science & Business Media, 1994.
[3] 吕拉昌, 黄茹, 廖倩. 创新地理学研究的几个理论问题 [J]. 地理科学, 2016, 36 (05): 653-661.
[4] 王缉慈. 集群战略的公共政策及其对中国的意义 [J]. 中外科技信息, 2001 (11): 3-6.
[5] 朱旭峰, 张友浪. 创新与扩散：新型行政审批制度在中国城市的兴起 [J]. 管理世界, 2015 (10): 91-105+116.
[6] 柳卸林, 高雨辰, 丁雪辰. 寻找创新驱动发展的新理论思维——基于新熊彼特增长理论的思考 [J]. 管理世界, 2017 (12): 8-19.

创新[①]、创意城市[②]等相关理论，为虹吸效应的研究奠定了理论基础。

(一) 区域创新生态系统

创新生态系统是以地理邻近为基础，以创新为目标而形成的动态系统。区域创新生态系统的概念来源于区域创新体系，Cooke在国家创新体系的基础上，提出了区域创新体系的概念，他指出区域创新体系是由在地理上相互分工与关联的生产企业、研究机构和高等教育机构等构成的区域性组织体系，这种体系支持并产生创新[③]。柳卸林认为，区域创新体系是一个区域内有特色的、与地区资源相关联的、推进创新的制度组织网络[④]。近年来，学者们将生态学的思想引入区域创新系统的研究，并提出区域创新生态系统的概念。黄鲁成指出，在一定的空间范围内技术创新复合组织与技术创新复合环境，通过创新物质、能量和信息流动而相互作用、相互依存形成的系统，具有整体性、层次性、耗散性、动态性、稳定性、复杂性和调控性等特点[⑤]。邱苏楠将区域创新生态系统看作是一个存在于一定空间范围内的开放的动态平衡系统，并认为该系统通过物质循环、能量交换、信息流动等方式实现动态平衡[⑥]。基于地理邻近的区域创新生态系统，为城市之间的虹吸和溢出效应提供了基础，在生态系统内部，中心城市主导生态系统运行的核心主体，对整个生态系统具有一定支配作用，因此，高端人才、资本和技术等要素会更多地向中心城市集聚。由于区域创新生态系统内部有更多的相互联系，创新要素的流动会更加频繁，进而加剧了城市之间的虹吸效应。

(二) 吸收能力理论

Cohen和Levinthal正式提出吸收能力，即从外部环境中确定、吸收和利用

[①] 柳卸林，杨博旭. 多元化还是专业化? 产业集聚对区域创新绩效的影响机制研究 [J]. 中国软科学，2020 (09)：141-161.

[②] SCOTT A J. Flexible production systems and regional development [J]. International journal of urban and regional research，1988，12 (2)：171-186.

[③] Cooke P, Uranga M G, Etxebarria G. Regional innovation systems: Institutional and organisational dimensions [J]. Research policy, 1997, 26 (4-5): 475-491.

[④] 柳卸林. 区域创新体系成立的条件和建设的关键因素 [J]. 中国科技论坛，2003 (01)：18-22.

[⑤] 黄鲁成. 区域技术创新系统研究：生态学的思考 [J]. 科学学研究，2003 (02)：215-219.

[⑥] 邱苏楠. 区域创新生态系统的现状分析 [J]. 科技与创新，2018 (21)：71-72.

知识的能力，并认为吸收能力是个体能以较低成本获取知识的前提[①]。Cohen 和 Levinthal 又将吸收能力从个体层面拓展到组织层面，并指出吸收能力是"公司意识/认知到新外部信息的价值，并对该外部信息进行消化吸收，最后对它进行商业化应用"的能力[②]。之后，学者们从不同角度对吸收能力进行了拓展和延伸。Dyer 和 Singh 将吸收能力引入企业联盟的研究中，并强调吸收能力的相对性，认为吸收能力是组织从特定的合作伙伴那里认知和吸收有价值的知识的能力[③]。Zahra 和 George 从动态能力的视角对吸收能力的概念进行了拓展，指出吸收能力是一系列的组织流程和惯例，通过这些流程和惯例，公司获取、消化、转化和利用知识形成一组动态能力[④]。Lane 和 Koka 将吸收能力与组织学习理论进行结合，提出吸收能力包括三方面，即通过探索式学习认知和理解外部潜在有价值的新知识、通过转化式学习吸收有价值的新知识、通过利用式学习运用消化后的知识来创造新知识和获得商业化产出[⑤]。Lichtenthaler 认为吸收能力包括获取外部知识以及将外部知识合并到组织现有的知识库以便对外部知识进行消化吸收的处理过程[⑥]。随后，一些学者将吸收能力拓展到区域层面，Mukherji 和 Silberman 认为区域吸收能力是区域识别、获取、消化、利用外部知识的复合能力，是特定禀赋与区位下形成的内生空间引力[⑦]。Mancusi 将区域吸收能力分为吸收吐纳与吸收转化能力[⑧]。郑展等人认为区域吸收能力是区域内营利部门在经济活动中获取知识、消化知识和交流知识的系统能力[⑨]。周密和孙哲指出，区

[①] Cohen W M, Levinthal D A. Innovation and learning: the two faces of R & D [J]. The economic journal, 1989, 99 (397): 569-596.
[②] Cohen W M, Levinthal D A. Absorptive capacity: A new perspective on learning and innovation [J]. Administrative science quarterly, 1990: 128-152.
[③] Dyer J H, Singh H. The relational view: Cooperative strategy and sources of interorganizational competitive advantage [J]. Academy of management review, 1998, 23 (4): 660-679.
[④] Zahra S A, George G. Absorptive capacity: A review, reconceptualization, and extension [J]. Academy of management review, 2002, 27 (2): 185-203.
[⑤] Lane P J, Koka B R, Pathak S. The reification of absorptive capacity: A critical review and rejuvenation of the construct [J]. Academy of management review, 2006, 31 (4): 833-863.
[⑥] Lichtenthaler U. Absorptive capacity, environmental turbulence, and the complementarity of organizational learning processes [J]. Academy of management journal, 2009, 52 (4): 822-846.
[⑦] Mukherji N, Silberman J. Absorptive capacity, knowledge flows, and innovation in US metropolitan areas [J]. Journal of Regional Science, 2013, 53 (3): 392-417.
[⑧] Mancusi M L. International spillovers and absorptive capacity: A cross-country cross-sector analysis based on patents and citations [J]. Journal of International Economics, 2008, 76 (2): 155-165.
[⑨] 郑展, 韩伯棠, 张向东. 区域知识溢出与吸收能力研究 [J]. 科学学与科学技术管理, 2007 (04): 97-101+152.

域吸收能力建立在区域间社会性互动与合作基础之上，尤以地理、制度、企业的优化响应为条件[①]。因此，区域吸收能力也是形成虹吸效应的重要基础，对于具有较高区域吸收能力的地区而言，其能够更好地对自身所需资源进行识别，并通过自身能力进行获取、消化并利用，进而提升区域经济发展水平和创新能力，在经济和创新上形成高地。区域不仅能够直接对周边技术和知识进行吸收，同时也会对周边生产要素和创新要素进行吸收，进而强化虹吸效应。

(三) 创意城市理论

创意城市最初是为了解决后工业时代西方老牌工业城市面临的衰退和各种"现代城市病"而出现的一种城市更新和再造的发展模式[②]。创意城市最早源于 Ruskin 和 Morris 创立的文化经济学，后来 Geddes 等将创意与城市研究进行了结合。Landry 指出，城市的整体创新是城市实现复兴的重要途径，而这需要通过创意基础、创意环境和文化因素作为支撑条件[③]。Hospers 等人指出，要解决"全球化—地方化"的矛盾，在全球化过程中必须更加依靠自身独特的个性[④]。Gertler 指出，创意城市可以增强国民经济竞争力和适应力，同时也是提高人民生活质量的保障[⑤]。Florida 根据创意城市的特点，提出创意推动区域经济增长的"3Ts"要素，即技术（technology）、人才（talent）和宽容（tolerance），三者的关系是"宽容吸引人才，人才创造科技"[⑥]。创意城市具有明显高于传统城市的创新创意能力，在创意城市形成过程中，创新制度、创意文化和高端人才等要素的空间集聚形成创新极化，为城市化发展提供内生驱动力，并以此吸引并集聚周边创新要素，形成创新高地，进一步对周边城市产生虹吸作用。

---

① 周密，孙哲. 京津冀区域吸收能力的测算和空间协同研究 [J]. 经济地理，2016, 36 (08): 31–39.
② 黄阳，吕庆华. 西方城市公共空间发展对我国创意城市营造的启示 [J]. 经济地理，2011, 31 (08): 1283–1288.
③ Landry C. Creativity and the city: Thinking through the steps [J]. Consultado el, 2005, 8.
④ Hospers G J. Creative cities: Breeding places in the knowledge economy [J]. Knowledge, Technology & Policy, 2003, 16 (3): 143–162.
⑤ Gertler M S. Creative cities: what are they for, how do they work, and how do we build them? [M]. Ottawa: Canadian Policy Research Network, Family Network, 2004.
⑥ Florida R. The economic geography of talent [J]. Annals of the Association of American geographers, 2002, 92 (4): 743–755.

第二节 区域创新发展虹吸效应描述

区域的非均衡发展导致中心城市与周边城市之间存在明显的"势差",进而形成虹吸效应,主要表现为人力、技术和资本等要素向发展水平相对较高的中心城市集聚,形成创新和经济发展的增长极。现阶段,从经济发展差距的变化来看,无论是全国范围、重点城市群还是省域层面,周边城市与中心城市[①]的经济发展差距均呈现不断扩大的态势,这说明中心城市仍然保持着相对发展优势,中心城市仍在虹吸区域内优质资源,我国还处在虹吸效应的快速增长期。为理清我国城市之间的虹吸效应,本章节使用经济发展差距和经济极化水平两个指标,一般来说,如果中心城市与周边城市经济发展差距不断增大,经济极化水平持续增大,则说明中心城市的虹吸效应持续存在,周边要素不断向中心城市集聚。分析结果表明,从全国范围来看,虹吸效应呈现先下降再上升的趋势。

从全国、城市群和省域三个层次分析我国 2004—2018 年的经济发展状况。从经济极化水平的变化来看,我国整体的经济极化水平呈现下降趋势,但京津冀、长三角城市群以及省份之间的经济极化水平变化趋势并不一致,这与城市群内创新能力发展、省份所处经济发展阶段及政策影响有关。

本节数据来源于 2004—2018 年《中国城市统计年鉴》及各省份统计年鉴。由于新疆、西藏、青海和海南数据缺失较严重,所以本研究只针对 27 个省市进行分析。另外,《2020 年新型城镇化建设和城乡融合发展重点任务》强调,优先发展直辖市、省会城市、计划单列市、重要节点城市等中心城市,为中心城市发展指明了方向。基于此,本书将省域内能够配置周边各城市和地区资源的省会城市、计划单列市以及新一线城市划分为中心城市,其他 248 座城市则定义为周边城市。

根据区域经济发展的层级特征,采用中心城市人均 GDP 和周边城市人均 GDP 均值的差值作为区域经济发展差距的测度,充分体现了经济活动的"中心—外围"特征,能够反映中心城市相对于周边城市的发展速度和发展优势。

$$差距 = 中心城市人均 GDP - \sum_{1}^{n}(周边城市人均 GDP)/n$$

[①] 与国家中心城市不同,本研究中的中心城市具有更广泛的意义,即省内经济发展水平较高、发挥明显支配作用的城市,一般包括省会城市、计划单列市和新一线城市。

极化用来描述群体的分布特征，即是否聚集在分布的平均值附近或两个或多个独立的极点附近。在文献中普遍将极化过程描述为中间阶级的消失或组内方差的减小和组间距离的增加。现有研究普遍认为极化和不平等是不同的测度，极化程度的变化与不平等的变化无直接联系。

对经济极化水平的测度，现有文献主要使用 ER 指数、Wolfson 指数、TW 指数等进行测度和反映，本书借鉴较为成熟的 TW 指数测度方式，来反映区域经济极化水平的变化。

$$TW = \frac{\theta}{N} \sum_{i=1}^{k} \pi_i \left| \frac{(y_i - m)}{m} \right|^r$$

其中，N 为全部地理区域的总人口数，π_i 为 i 地理区域的人口，k 是地理区域个数，y_i 为 i 地理区域的收入，用人均 GDP 来表示，m 为包括中心城市在内的所有地理区域收入的中位数，θ 为正的常数标量，r 的取值范围是 0 到 1。TW 极化指数的值域范围处于 0（无极化）和 1（完全两极分化）之间。

根据地区经济发展差距和极化水平，本研究将地区虹吸效应分为四类（如图 5-1 所示）。当地区经济发展差距增大且极化水平增加时，该地区表现出明显的虹吸效应；当地区经济发展差距缩小且极化水平降低时，该地区表现出明显的溢出效应；当地区经济发展差距增大且极化水平降低时，该地区表现为转型时期，即由虹吸效应向溢出效应转型；当地区经济发展差距缩小且极化水平降低时，该地区表现为多核结构，即地区存在多个增长极，且在这一时期，不同增长极同时崛起。

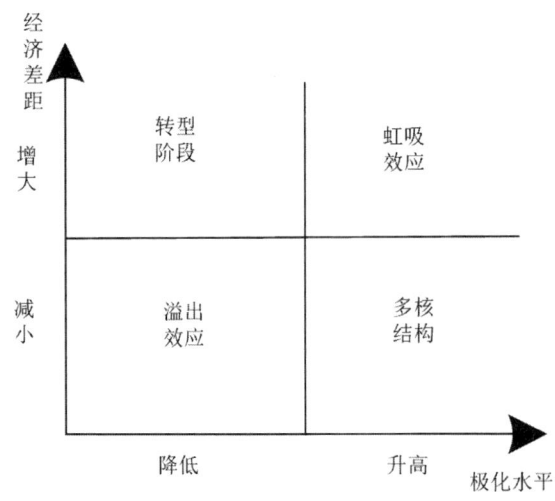

图 5-1　虹吸效应发展四分象限

一、全国虹吸效应先降低后提高

对于全国经济发展差距的描述，本研究以全国 31 个省（市）为分析单元，将北京和上海视为全国范围内的中心城市，使用北京或上海人均 GDP 与其他省市人均 GDP 均值的差值测度经济发展差距，反映北京和上海两座中心城市相对于其他城市的发展速度和发展优势。

从经济发展差距的变化来看（图 5-2），从 2004—2018 年，我国经济发展差距呈持续扩大态势，说明北京、上海经济增长快于其他省市，拥有持续增长优势。同时，2011 年后我国经济发展差距呈现新一轮扩大态势，与上一轮地区差距在空间上的表现形态和形成机制有所不同，这轮扩大可能是数字化转型带来的差异，以及创新性产业集聚度变化带来的差异。

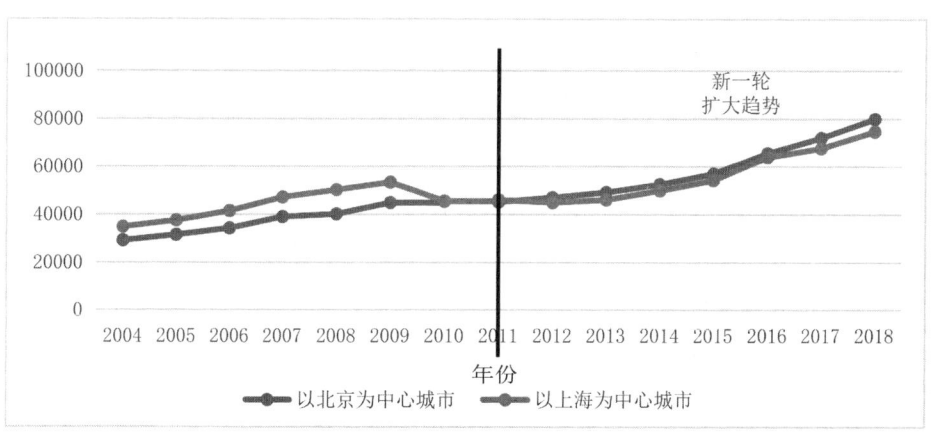

图 5-2　全国整体经济发展差距

如图 5-3 所示，2004—2018 年我国经济极化水平的变化分为三个阶段。2004—2011 年，我国经济极化水平呈下降趋势，极化指数从 2004 年的 0.65 下降到 2011 年的 0.53，体现了自 2000 年以来西部大开发、中部崛起、东北振兴等区域协调发展战略的实施成效。2011—2015 年，我国经济极化水平由 0.53 小幅度上升至 0.54，在此阶段，党的十八大报告正式确立了创新驱动发展战略，中心城市的地位得到加强，高端创新要素进一步集聚以构建城市创新生态系统，因此极化水平上升。2015—2018 年，我国经济极化水平呈下降趋势，由 2015 年的 0.54 下降到 2018 年的 0.52，体现了我国自 2015 年开始的脱贫攻坚战，解决贫困地区和贫困人口核心问题的成效。

区域创新：极化、追赶与共同富裕 >>>

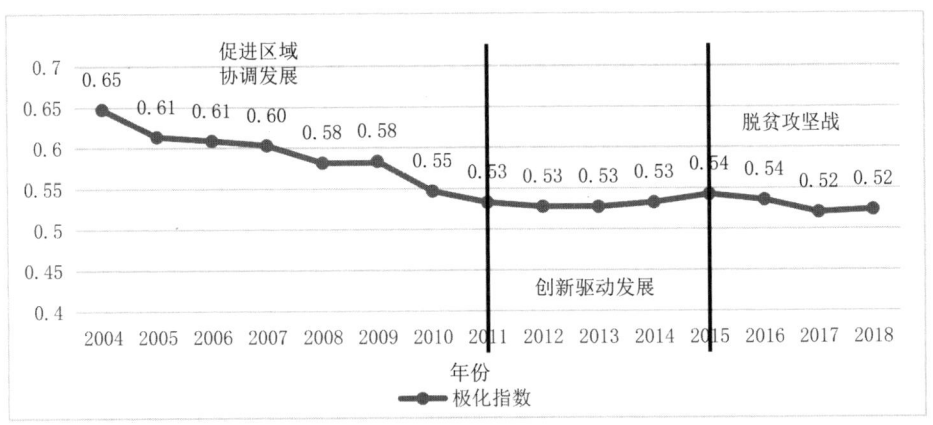

图 5-3 全国整体经济极化水平

极化水平的降低说明绝对贫困在减少，但是我国仍然处在虹吸效应的快速增长期，由此带来的地区间发展差距的加大是我国区域协调发展中面临的更大挑战。

二、京津冀虹吸效应持续提升

以京津冀地区的北京、天津、张家口、承德、秦皇岛、唐山、沧州、衡水、廊坊、保定、石家庄、邢台、邯郸、安阳14个城市为分析单元，将北京视为中心城市计算经济发展差距。

总体来看，京津冀地区经济发展差距和经济极化水平高于全国总体水平，且自2011年后两指标均呈新一轮扩大趋势（如图5-4、图5-5），表明京津冀地区虹吸效应持续提升。

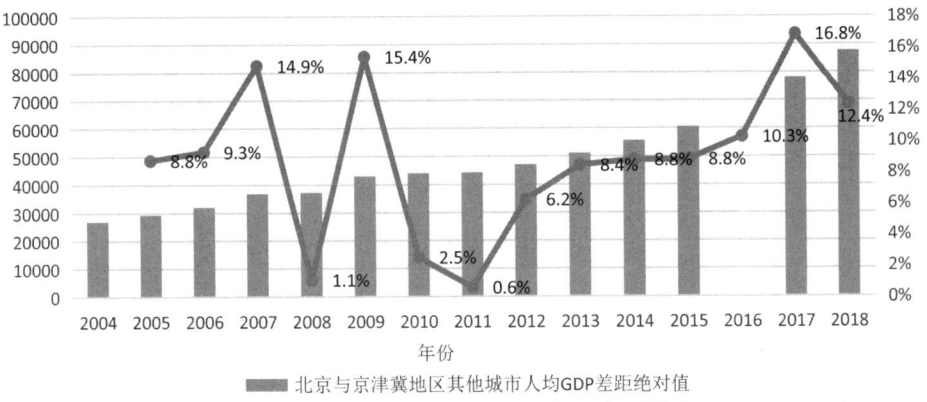

图 5-4 京津冀地区经济发展差距

116

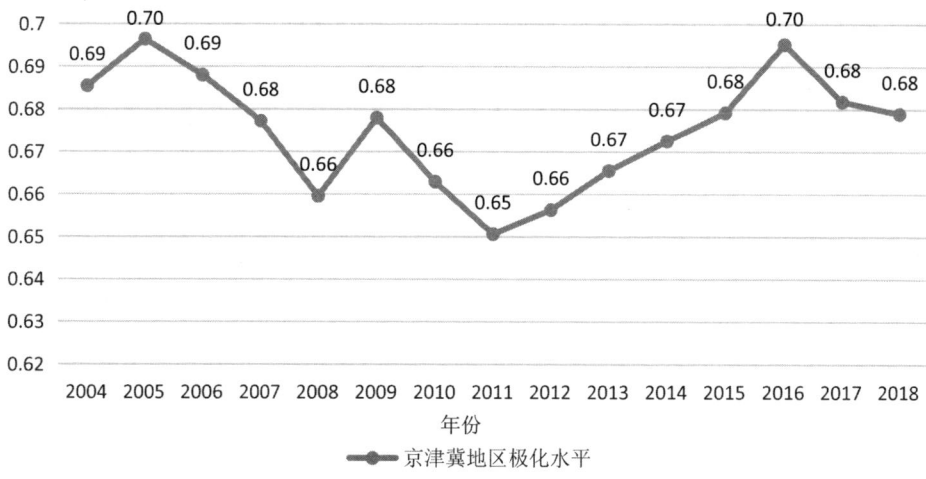

图 5-5 京津冀地区经济极化水平

从经济发展差距来看，2004 年京津冀地区周边城市与北京的人均 GDP 差距为 27007 元，之后上升到 2010 年的 44111 元，2011 年经济发展差距指标值保持相对稳定，为 44366 元，自 2011 年之后，京津冀地区经济发展差距经历了新一轮的扩大趋势，持续上升至 2018 年的 87582 元，是 2011 年的 1.97 倍。同时经济发展差距的增长率自 2012 年开始也呈现上升趋势。从经济极化水平来看，2004—2011 年，京津冀地区经济极化水平呈波动下降趋势，在 2005 年达到极化水平的最高值 0.70 之后波动下降至 2011 年的 0.65，但 2011 年之后经济极化水平持续上升至 2016 年的 0.70，之后两年稳定在 0.68。

北京作为科创中心，自 2012 年实施创新驱动发展战略后，加速集聚更多创新要素和资源，经济也得到更快发展，因此京津冀地区其他城市相对于北京发展差距不断扩大。而同时京津冀地区城市创新能力发展差距较大，《中国区域创新能力评价报告（2020）》数据显示，北京区域创新能力排名全国第 2 位，而天津和河北分别位居第 15 和第 19 位。北京、天津和河北区域创新发展的差距过大、创新资源过度集聚是造成京津冀地区经济极化水平自 2011 年后持续上升的重要原因。

三、长三角虹吸效应呈现转型发展

以长三角城市群上海、南京、无锡、徐州、常州、苏州、南通、连云港、淮安、盐城、扬州、镇江、泰州、宿迁、杭州、宁波、温州、绍兴、嘉兴、金华、衢州、舟山、台州、丽水、合肥、芜湖、马鞍山、铜陵、池州、安庆、宣城、滁州、蚌埠、宿州、阜阳、亳州、六安、黄山等城市为分析单元,将上海视为长三角地区的中心城市。

总体来看,长三角地区的经济差距和极化水平高于全国总体水平(如图5-6、图5-7)。长三角地区经济发展差距虽整体呈上升趋势,但经济极化水平自2011年之后保持相对稳定,这表明长三角区域内虹吸效应呈现转型发展,存在虹吸效应和扩散效应的混合作用。

从经济发展差距来看,长三角周边城市与上海的经济发展差距整体呈扩大趋势,由2004年的28854元增长到2018年的52340元,扩大了1.8倍。从经济极化水平来看,长三角地区自2004年开始呈下降态势,从2004年的0.83下降到2011年的0.63,一直到2018年都保持相对稳定的极化水平。

上海在长三角地区仍然保持着相对增长优势,因此长三角地区经济发展差距不断扩大,但是由于长三角地区创新发展较为均衡,《中国区域创新能力评价报告(2020)》数据显示,上海、浙江、江苏、安徽区域创新能力分别位居全国第4、5、3、8位,所以经济极化水平近几年一直保持在相对稳定水平。

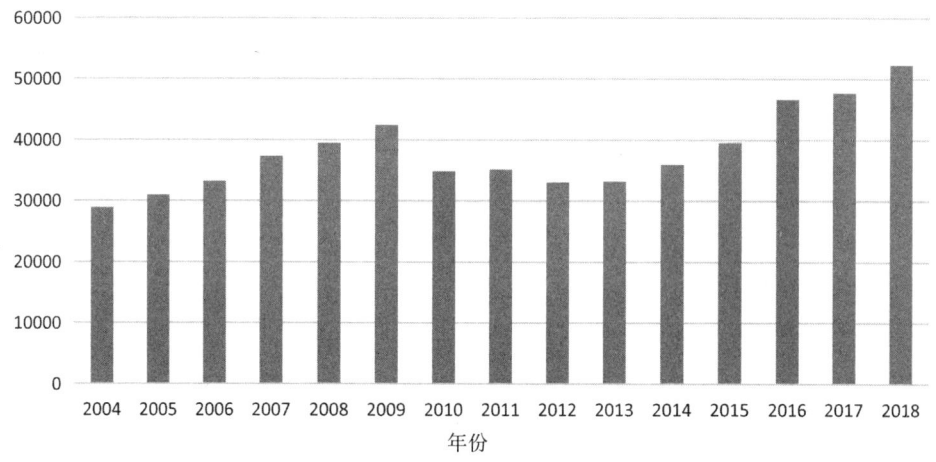

图5-6 长三角地区经济发展差距

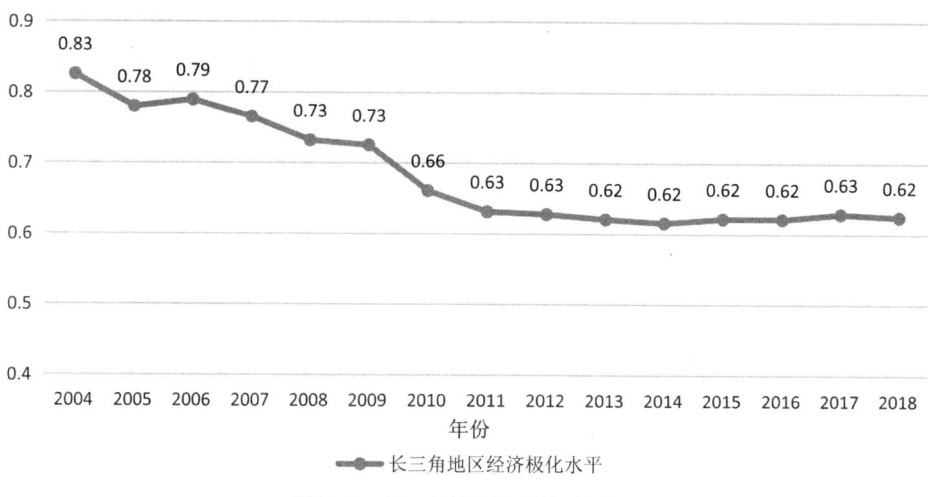

图 5-7　长三角地区经济极化水平

四、省域虹吸效应呈现不同步发展

从经济发展差距来看，在省域范围内，不论是哪个省份，中心城市与周边城市的经济发展差距均呈现不断扩大的趋势。这说明中心城市仍是省域内经济发展的优势地区，是中国实施增长极战略的结果，也说明中心城市可能存在对经济要素的虹吸作用。

根据 2004—2018 年时间窗口中各省份经济发展差距和经济极化水平的变化趋势，现阶段我国省份的虹吸效应包括两类，一类虹吸效应地区，主要包括安徽、山西、陕西、湖北、湖南、广西、河北、黑龙江；另一类是处于转型时期的地区，包括吉林、河南、江西、宁夏、甘肃、四川、贵州、云南、内蒙古、辽宁、山东、江苏、浙江、福建、广东。

值得注意的是，表现明显虹吸效应的省份主要分布在中部地区，这表明中部地区大多数省份正在依托经济增长极，实现经济的快速提升。而处于转型时期的省份以东部和西部省份为主，但是，东部和西部转型期的定位和原因存在本质的区别。对于东部地区而言，由于资源禀赋和历史等原因，东部地区省份发展相对更发达，在实现经济快速增长之后，中心城市土地、人力等成本不断提高，部分产业开始向周边城市转移，发展模式由中心城市的虹吸效应向溢出效应转型。对于西部地区而言，由于地处内陆地区，且气候环境相对恶劣，其经济发展也处于追赶阶段，西部地区的转型主要是政府干预的结果。近年来，我国不断通过西部大开发等战略，对西部地区进行转移支付，2020 年《中共中央国务院关于新时代推进西部大开发形成新格局的指导意见》指出：中央财政在一般性转移支付和各领域专项转移支付分配中，继续通过加大资金分配系数、提高补助标准或降低地方财政投入比例等方式，对西部地区实行差别化补助，加大倾斜支持力度。2020年数据显示（图5-8），西部省份（对应前述极化下降的西部省份：新疆、西藏、青海、内蒙古、云南、贵州、四川、甘肃、宁夏）获得转移支付占中央财政转移支付总额的32%。而这些政府支持可能在地区分布上相对均衡，这导致西部地区中心城市在经济发展加速的同时，周边城市也得到了发展。

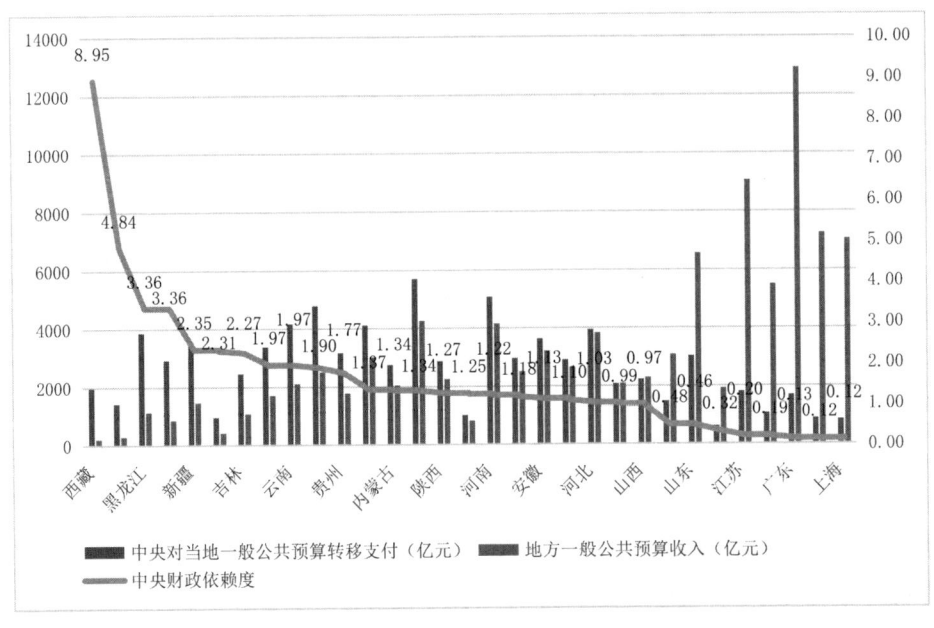

图5-8 中央财政转移支付及地方一般公共预算情况（2020）

为分析各省份虹吸效应的具体情况，本报告计算了2004—2018年间，各省经济发展差距与极化水平的变化情况，即以2004年为基期，计算2018年相对2004年的变化，结果如表5-1所示。从经济发展差距增幅来看，安徽省增幅最大，其2018年经济发展差距为2004年的11.8倍。增幅最小的为河北省，其2018年经济发展差距仅为2004年的1.8倍。各省经济发展差距增幅及排名情况如表5-1所示。从经济极化水平增幅来看，安徽省增幅最大，2018年经济极化水平较2004年增加0.10，广西和陕西极化水平增幅最小，都在0.05以下。福建省经济极化水平降幅最大，2018年较2004年极化水平下降0.21。各省经济极化水平增幅及排名情况如表 5-1 所示。

表 5-1 部分省份经济发展差距与极化水平变化分析

省份	经济发展差距 变动	排名	经济极化水平 变化	排名
安徽	11.76	1	10.00%	1
湖南	9.64	2	4.00%	4
广西	6.31	3	0.00%	7
宁夏	6.06	4	-5.00%	14
黑龙江	5.51	5	3.00%	5
湖北	4.96	6	2.00%	6
江西	4.95	7	-2.00%	10
山西	4.52	8	5.00%	3
河南	4.47	9	-4.00%	13
四川	4.45	10	-4.00%	11
甘肃	4.43	11	-10.00%	16
吉林	4.36	12	-13.00%	18
贵州	4.32	13	-16.00%	20
陕西	3.84	14	0.00%	8
内蒙古	3.63	15	-6.00%	15
江苏	3.5	16	-20.00%	22
云南	3.49	17	-20.00%	21
浙江	3.13	18	-2.00%	9
山东	3.08	19	-4.00%	12
辽宁	2.58	20	-13.00%	19
广东	2.49	21	-11.00%	17
福建	2.16	22	-21.00%	23
河北	1.82	23	6.00%	2

第三节 虹吸效应的作用要素

一、教育资源

高校是培养高素质和高技术人才的主要阵地,为当地发展培养和输送大量人才,高校的空间分布反映了教育资源在地区间的分布,既是地区竞争优势的来源也是影响地区经济发展格局形成和演变的重要因素。一般而言,一个地区的高校越多,其具有高人力资本的人才也越多,并会进一步吸引周边城市的人才。为此,本研究通过分析高校在城市的空间分布情况,厘清城市教育资源的非均衡分布。教育部《2019年全国高等学校名单》显示,截至2019年6月,全国高等学校共计2688所。

从区域层面来看,高等学校在东部、中部、东北和西部四大区域①的分布比例分别是38%、26%、9%和27%。有12个省份高等学校数量超过100所,分别是江苏、广东、山东、河南、湖北、四川、湖南、河北、安徽、辽宁、浙江和江西。GDP总量一直稳居前三的江苏、广东、山东高校数量也最多,分别有167所、154所、146所。

从城市层面来看（如图5-9所示）,省会城市集中了省域内30%以上的高等学校,且西部省份集中程度更强,宁夏、青海和西藏更是有80%以上的教育资源集中在其中心城市,教育资源的分布呈现在中心城市集聚的特征。

二、超三成医疗资源分布在东部省份

医院、床位和医生数量的多少,只能说明一个地区医疗资源是否丰富,而医疗是不是发达,主要看的是顶尖医院的数量和集聚度。三甲医院作为优质医疗资源的代表,是区域医疗实力的象征。《中国社会统计年鉴（2020）》的数据显示,2019年我国共有1516家三甲医院。

---

① 国家统计局关于东西中部和东北地区划分方法：东部地区（北京、天津、河北、上海、江苏、浙江、福建、山东、广东和海南）,中部地区（山西、安徽、江西、河南、湖北和湖南）,西部地区（内蒙古、广西、重庆、四川、贵州、云南、西藏、陕西、甘肃、青海、宁夏和新疆）,东北地区（辽宁、吉林和黑龙江）。

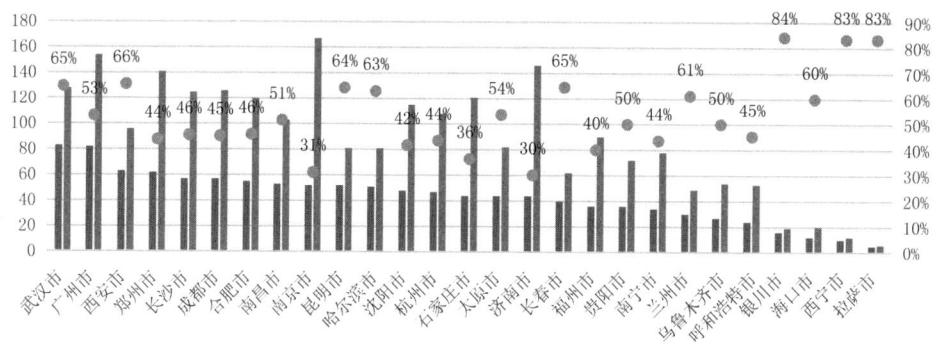

图 5-9　省域高等学校分布

从区域来看，高度向东部地区集中。39%的三甲医院集中在东部。其中数量最多的为广东省120家，其次为山东省112家。四川、江苏、黑龙江、湖北、辽宁、浙江、河南和北京也排名全国前十位。

从城市来看（如图5-10所示），除成都市三甲医院在所处省份占比为较低的18%以外，其他省会城市均集中了省域内20%以上的医疗资源，长春市和西宁市的占比更达到80%以上。

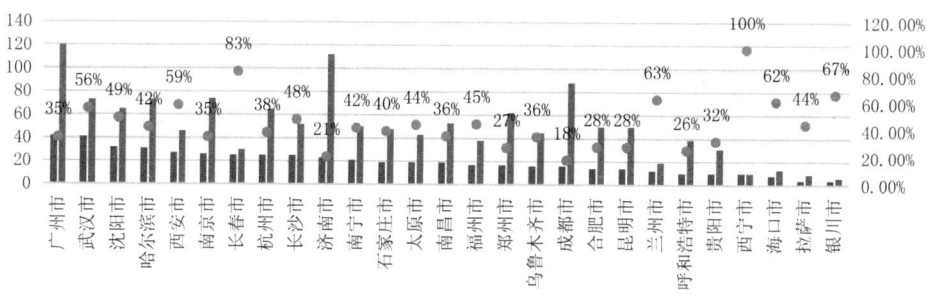

图 5-10　省域三甲医院城市分布

三、中心城市集聚更多生活娱乐资源

五星级酒店是现代化、城市化的标志，也是全球化趋势的表征，更是区域产业结构向服务经济、商务经济发生转变的重要标志。除了GDP、投资环境、营商条件外，高级酒店也是城市竞争力的重要变量。中国旅游饭店业协会的数据显示，2019年全国共有892家五星级酒店。

从区域来看，东部地区集中了全国66%的五星级酒店，相对于教育和医疗资源，五星级酒店在东部沿海省份集中的趋势更加明显。

从城市层面来看（如图5-11所示），内陆省份的五星级酒店更多集中在省会城市，东部沿海省份的省会集中度相对较低，广东、福建、山东和广西仅有不到20%的五星级酒店集中在省会城市。

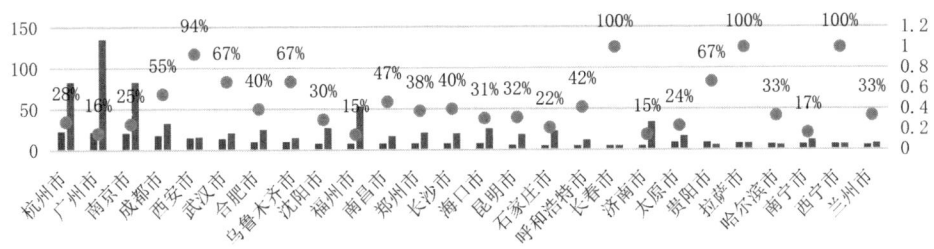

■ 省会城市五星级酒店数量　■ 所在省份五星级酒店数量　● 占比

图5-11　省域内五星级酒店城市分布

四、创新要素的虹吸效应

"独角兽"企业，是指在中国境内注册成立时间10年以内，获得过私募投资但尚未公开上市，企业估值达到10亿美元以上的企业。长城战略咨询《中国独角兽企业研究报告2021》数据显示，2020年中国独角兽企业共251家，半数分布在新能源与智能汽车、数字文娱、数字医疗等数字化产业领域。独角兽企业总估值首次超过万亿美元，其中估值超过100亿美元的超级独角兽共12家。其分布情况如图5-12、图5-13所示。

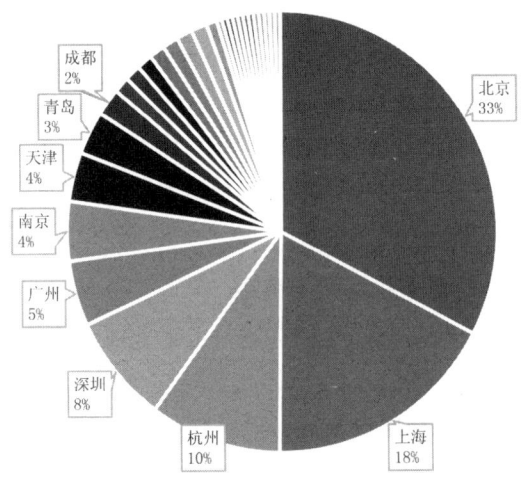

图5-12　2020年独角兽企业城市分布

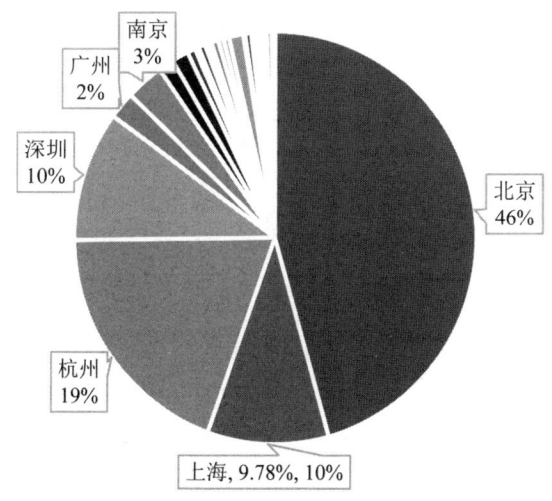

图 5-13　2020 年独角兽企业产值城市分布

从区域层面来看，9 成独角兽企业集聚在京津冀、长三角、珠三角及成渝四个城市群。

从城市层面来看，251 家中国独角兽企业分布在 29 个城市，"北上杭深"共有独角兽 171 家，占比为 68.1%；广州 12 家，南京 11 家，天津 9 家，青岛 8 家，成都 5 家。

从独角兽企业的分布来看，数字化时代的到来加剧了创新极化，进一步强化了城市之间的不平衡。一方面，数字产业和数字要素依然向北京、上海等大型城市集聚，加大了要素分配的不均衡；另一方面，数字化新兴产业能够在短时间内形成规模优势，形成新的数字创新增长极。因此，如何正确应对数字化对城市化带来的机遇和挑战，将成为未来城市发展的一个重要话题。

《中国区域创新能力评价报告 2019》指出，我国区域创新体系已呈现以下格局：北京、上海、粤港澳三大科技创新中心集聚了全国 30% 的 R&D 经费投入、35% 的地方财政科技投入、38% 的有效发明专利及 43% 的高技术企业。由 12 个省份构成的沿海创新带和长江创新带①集聚了全国 84% 的 R&D 经费投入、80% 的地方财政科技投入、86% 的有效发明专利及 86% 的高新技术企业。创新要

---

① 纵向的沿海创新带组成省份：天津、山东、江苏、浙江、福建、广东；横向的长江创新带组成省份：四川、重庆、陕西、湖北、湖南、安徽。

素与创新活动空间集聚现象明显。

吕海萍通过比较12个省份创新产出和创新要素增长率的不一致变化（图5-14）发现，创新要素的禀赋状况并不是支撑本区域创新绩效的唯一基础，来自其他地区的创新要素流入也可能对本区域创新绩效提升产生一定的作用，这说明创新要素虹吸效应的存在[①]。

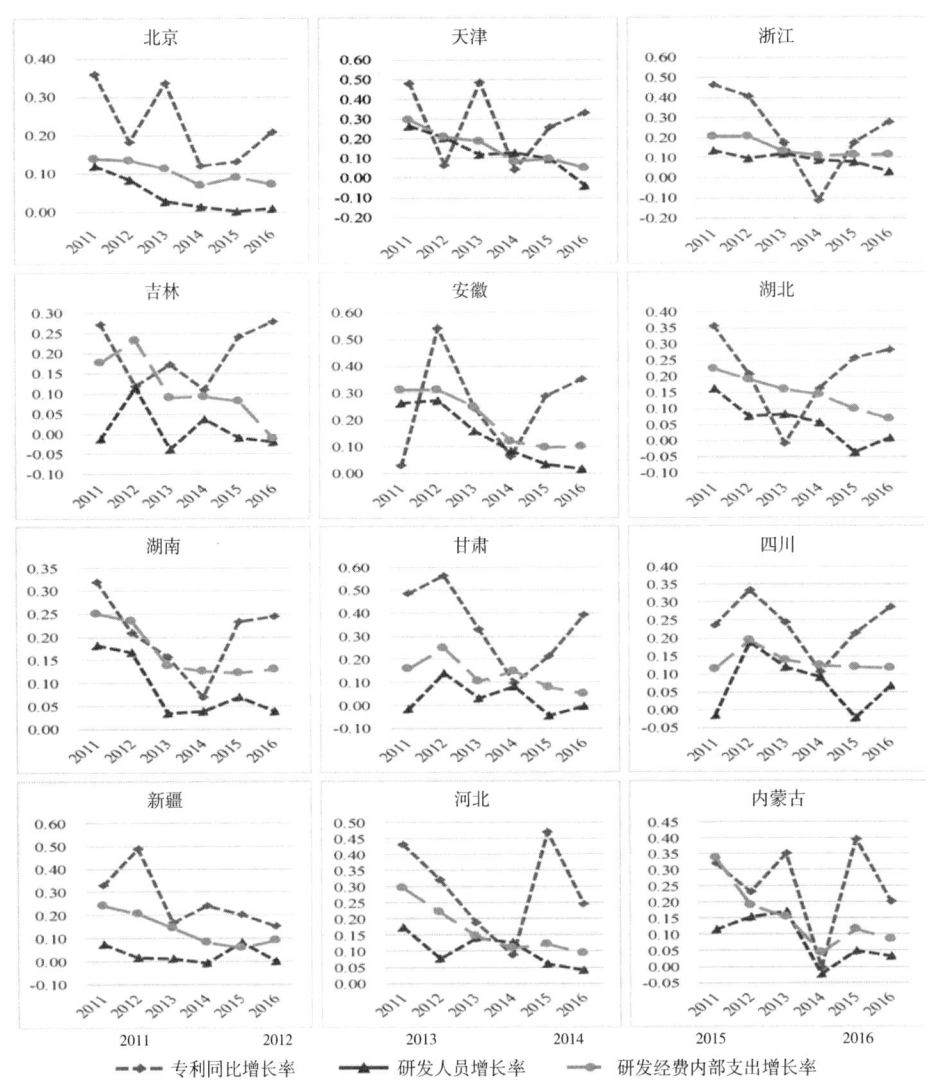

图5-14 部分省份创新产出与创新投入增长率

---

① 吕海萍. 创新要素空间流动及其对区域创新绩效的影响研究 [D]. 浙江工业大学, 2019.

从省域内中心城市与周边城市科学支出的变化趋势来看(图 5-15),中心城市与周边城市的创新要素投入差距不断扩大,以 2004 年的科学支出差距为基准,到 2018 年,长沙的科学支出与省域内其他城市科学支出均值的差距是 2004 年的 128 倍,青岛的科学支出与其他城市均值的差距是 2004 年的 238 倍,郑州的科学支出与其他城市均值的差距是 2004 年的 223 倍。中心城市形成"创新高原",由于创新增长极与周边城市之间存在较大的"势差",增长极在城市创新生态系统中的扩散和带动效应并不明显,区域创新发展呈现不协调态势。

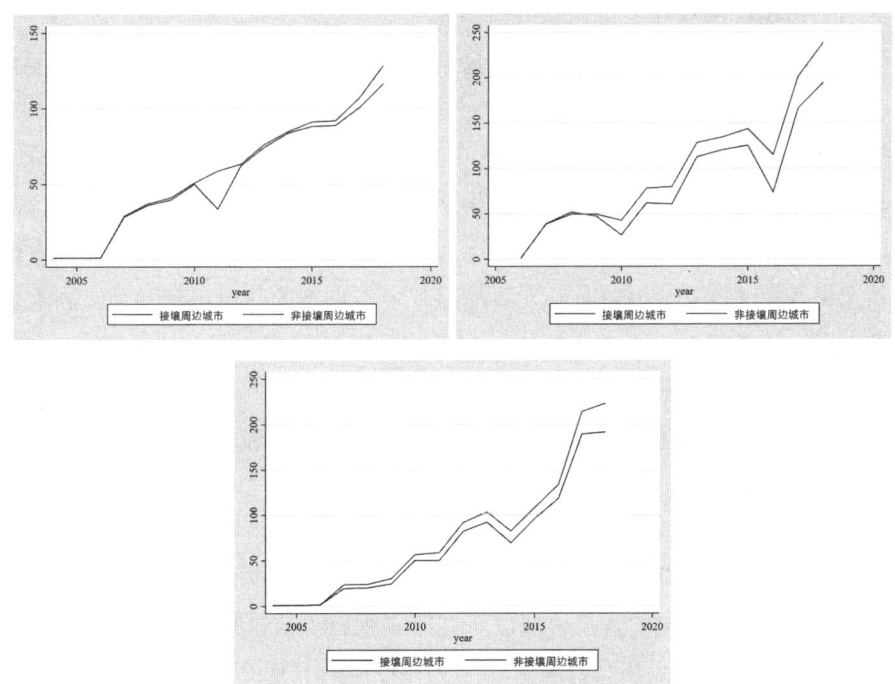

图 5-15 中心城市与周边城市创新要素投入

第四节 区域创新虹吸效应的未来趋势

一、中国会在未来 5 年内仍然处在虹吸效应加强或固化的时期

本研究利用经济发展差距和经济极化水平两个指标,分析了中国虹吸效应现状,结果表明,现阶段,从经济发展差距的变化来看,无论是全国范围、重点城市群还是省域层面,周边城市与中心城市的经济发展差距均呈现不断扩大

的态势,这说明中心城市仍然保持着相对发展优势,中心城市仍然在虹吸区域内优质资源,我国还是处在虹吸效应的快速增长期。从全国、城市群和省域三个层次分析我国2004—2018年的经济发展状况,从经济极化水平的变化来看,我国整体的经济极化水平呈现下降趋势,但京津冀、长三角城市群以及省份之间的经济极化水平变化趋势并不一致,这与城市群内创新能力发展、省份所处经济发展阶段及政策影响有关。

二、中国区域极化呈现不断减缓趋势

从全国范围来看,中国整体的区域极化呈现不断减缓的趋势。2004—2018年我国经济极化水平的变化分为三个阶段。2004—2011年我国经济极化水平呈下降趋势,极化指数从2004年的0.65下降到2011年的0.53,体现了自2000年以来西部大开发、中部崛起、东北振兴等区域协调发展战略的实施成效。2011—2015年,我国经济极化水平由0.53小幅度上升至0.54,在此阶段,党的十八大报告正式确立了创新驱动发展战略,中心城市的地位得到加强,高端创新要素进一步集聚以构建城市创新生态系统,因此极化水平上升。2015—2018年,我国经济极化水平呈下降趋势,由2015年的0.54下降到2018年的0.52,体现了我国自2015年开始的脱贫攻坚战、解决贫困地区和贫困人口核心问题的成效。

三、创新的集聚现象在加剧,但区域发展不平衡也在扩大

现阶段,中国创新要素集聚现象正在不断加剧,这也导致了地区之间的发展水平和配套设施不平衡。虹吸效应与人才、教育、医疗等资源的分布有关,在市场力量作用下,这些资源和要素会向中心城市不断积聚,所以需要采用人为干预手段,有意识地实现资源的均衡分布。产业同构会强化中心城市的虹吸效应,因此周边城市应该根据自身资源禀赋,以科技创新和产业升级布局未来经济发展,承接和发展具有比较优势的产业,形成错位发展格局。周边城市要紧抓新一轮科技革命和产业革命重大机遇,加强自身创新能力,加速吸引中心城市资源要素,发挥后发优势,加快科技资源向生产力转化。

四、中国到了需要重视创新发展与区域发展平衡的时期

在强调全球竞争力的现阶段,虹吸效应的存在有一定的合理性。首先,我国经济发展仍然处在爬坡期,人均GDP水平和发达国家仍有较大差距,虹吸效

应的存在能够增强中心城市的竞争力,为我国整体竞争力的提升提供动力。其次,创新依赖要素的集聚,虹吸效应是要素集聚的过程和体现,为实现创新驱动发展提供基础。但是虹吸效应会有副作用,在虹吸效应的不断作用下,中心城市和周边城市发展会陷入两极分化状态。中心城市会形成"想发展无空间",建设成本加大,规模效应减弱,存在人口过度膨胀、产业过度集聚、交通过度拥堵、大面积雾霾频现等"城市病"难题。而欠发达区域因存在要素禀赋先天不足、创新动力不强、发展质量不高等历史性问题,出现"有空间难发展"问题。虹吸效应还会造成区域经济和创新发展差距的扩大。目前,我国发展中存在明显的区域经济发展分化态势和发展动力极化现象,且具有不断扩大的非协调态势,虹吸效应的存在成为解决我国不平衡与不充分发展问题的重大阻力。因此,中国目前到了需要重视创新发展与区域平衡的时候。2021年6月10日,《中共中央 国务院关于支持浙江高质量发展建设共同富裕示范区的意见》发布,浙江率先将共同富裕与区域协调发展上升为重要战略层面。

第五节 本章小结

本章对区域创新和虹吸效应的相关理论进行了阐述,并对中国区域经济发展的现状和未来趋势进行了分析。从理论层面来看,虹吸效应是促进经济创新发展和区域不平衡的主要因素,虹吸效应的相关理论主要包括增长极理论、市场失灵理论和创新地理学理论。现阶段,我国存在较为明显的虹吸效应,整体表现为先降低后提高的趋势;地区之间的虹吸效应存在一定差异,其中,京津冀虹吸效应持续提升,长三角虹吸效应呈现转型。从各种创新要素的地理分布来看,大部分都集聚在东部和中心城市。未来五年,中国区域创新的虹吸效应将趋于固化,创新极化和集聚现象加剧,并导致区域创新发展的不平衡扩大。

第六章

中心城市的虹吸效应与区域协调

在第五章中，本书对虹吸效应的理论基础和区域创新现状做了描述分析，为了进一步探索区域内增长极的虹吸作用与要素的非均衡配置情形，本章将对中心城市虹吸效应开展实证分析。

为探究周边城市对区域内增长极的虹吸效应及其影响机制，本研究基于增长极理论和新经济地理学理论，借鉴空间计量模型中的地理加权思想，使用2004—2018年全国31个中心城市和248个非中心城市的经济发展数据，构建考虑空间效应的面板数据模型。首先，考虑地理距离对于空间作用关系的影响，基于地理权重距离矩阵测度省域内中心城市经济增长中对周边城市的虹吸效应；其次，从影响虹吸效应作用强度的知识基础和位势差出发，剖析增长极和周边城市的产业结构和经济距离对虹吸效应的影响机制。丰富和完善增长极理论在中国情景下的发展和作用机制，为促进我国区域协调发展提供理论基础和战略参考。

第一节 增长极与非均衡发展

关于非均衡发展向均衡发展演进的转变路径，学者们从增长极与周边区域的空间作用的视角开展了一系列研究，实证检验的结果表明在东中西部、省际层面和城市层面等不同地理尺度上经济增长都存在显著的空间依赖关系[1]，同时

---

[1] 薄文广，安虎森. 中国被分割的区域经济运行空间——基于区际增长溢出效应差异性的研究[J]. 财经研究，2010，36（03）：77-89.

房地产投资、交通基础设施、信息基础设施等要素的空间效应也得到验证①。然而,现有研究依然存在一些不足。一方面,在增长极的存在是否有利于缩小区域经济发展差距方面尚未达成共识,一些学者认为中国的区域经济增长极存在显著的溢出效应②;还有一些学者认为这种溢出效应并不显著③或并不是普遍存在④,并指出我国区域经济发展中存在着锁定效应,增长极对优质资源的虹吸会继续加大地区经济发展差距⑤,京津冀、长三角和珠三角三大经济发展区均出现增长极过度虹吸周边资源而扩散不足的"极化陷阱"⑥。另一方面,依据邻近经济学的观点,区域经济增长的空间效应具有距离属性,溢出效应随地理距离衰减虽然已经得到了验证⑦,但是区域经济增长作为一项系统活动,必然受到其他多种非地理距离因素的综合影响⑧,如以产业同构程度反映的产业距离和以经济发展差距反映的经济距离,前者所反映的区域间技术邻近性提供了虹吸效应的知识基础⑨,后者所反映的要素集聚能力相对大小形成了虹吸效应的位势差⑩。现有研究在非地理邻近因素对溢出和虹吸效应的作用机制方面依然不充分。

---

① 张洪,金杰,全诗凡. 房地产投资、经济增长与空间效应——基于70个大中城市的空间面板数据实证研究[J]. 南开经济研究,2014(01):42-58.
② GROENEWOLD N, LEE G P, ANPING C. Regional output spillovers in China: Estimates from a VAR model [J]. Papers in Regional Science, 2007, 86 (1): 101-122.
③ FU X. Limited linkages from growth engines and regional disparities in China [J]. Journal of Comparative Economics, 2004, 32 (1): 148-164.
④ BRUN J F, COMBES J L, RENARD M F. Are there spillover effects between coastal and noncoastal regions in China? [J]. China Economic Review, 2002, 13 (2-3): 161-169.
⑤ 陈飞翔,黎开颜,刘佳. 锁定效应与中国地区发展不平衡[J]. 管理世界,2007(12):8-17.
⑥ 周密. "极化陷阱"之谜及其经济学解释[J]. 经济学家,2009(03):81-86.
⑦ 符淼. 地理距离和技术外溢效应——对技术和经济集聚现象的空间计量学解释[J]. 经济学(季刊),2009,8(04):1549-1566.
⑧ 李婧,谭清美,白俊红. 中国区域创新生产的空间计量分析——基于静态与动态空间面板模型的实证研究[J]. 管理世界,2010(07):43-55.
⑨ 贺灿飞,金璐璐,刘颖. 多维邻近性对中国出口产品空间演化的影响[J]. 地理研究,2017,36(09):1613-1626.
⑩ CHIANG S. Assessing the Merits of the Urban-Led Policy in China: Spread or Backwash Effect? [J]. Sustainability, 2018, 10 (2): 451.

第二节　虹吸效应与区域协调发展

一、中心城市的虹吸效应

增长极理论指出，地区应该优先将优势资源集中到发达地区，再通过溢出效应实现"先富带动后富"，最终实现区域经济的均衡发展。在这一背景下，国家通过差别性区域政策培育了一批经济增长极[1]，同时，各省也纷纷依托增长极战略，实现中心城市和城市圈的快速发展。中心城市是区域内享有独特的经济专业知识、丰富劳动力资源、相对较大的市场以及其他类型资源的集聚经济体，也是区域的经济增长极。《2020年新型城镇化建设和城乡融合发展重点任务》强调，优化发展直辖市、省会城市、计划单列市、重要节点城市等中心城市[2]，为中心城市发展指明了方向。基于此，本书将省域内能够配置周边各城市和地区资源的省会城市、计划单列市以及新一线城市[3]等中心城市定义为区域经济增长极。

在我国区域经济发展已经呈现以中心城市为增长极的"核心—外围"空间结构的背景下，由于增长极规模经济和本地市场效应一直存在，有限的经济要素在市场力量作用下仍然会向资源利用效率更高的中心城市集聚[4]。这就导致了区域经济发展差距不仅长期存在，而且还具有不断扩大的非协调态势，并且在东西差距未明显缩小的情况下，"南快北慢""南升北降"的南北分化特征越来越突出。这种非均衡发展过程显示了中心城市本身的增长也可能以牺牲其他地

---

[1] 李兰冰，刘秉镰. "十四五"时期中国区域经济发展的重大问题展望[J]. 管理世界，2020，36（05）：36-51.

[2] 国家发展改革委. 关于印发《2020年新型城镇化建设和城乡融合发展重点任务》的通知（发改规划〔2020〕532号）[A/OL].（2020-04-09）[2021.11.30]. http：//www.gov.cn/zhengce/zhengceku/2020-04/09/content_ 5500696.htm.

[3] 根据第一财经·新一线城市研究所公布的《2020城市商业魅力排行榜》，新一线城市包括成都、重庆、杭州、武汉、西安、天津、苏州、南京、郑州、长沙、东莞、沈阳、青岛、合肥、佛山等15座城市，其中苏州、东莞和佛山3座城市不属于省会城市或计划单列市。因此，本书也将上述3座城市界定为中心城市。

[4] CHEN Y, WU Y. Regional economic growth and spillover effects: an analysis of China's Pan Pearl River Delta Area [J]. China & World Economy, 2012, 20 (2): 80-97.

区的发展为代价①，即增长极对周边区域发挥着虹吸效应。

一方面，由于循环累积因果效应的存在，增长极在形成初始的优质要素集聚优势后，受外部规模经济和本地市场效应的作用，会继续集聚区域内人才、资金等优势资源，因此增长极的发展表现出循环累积过程②，导致了经济的初始发展难以转变的路径依赖和锁定效应，加剧了周边地区要素配置相对劣势的情形。另一方面，补偿机制的失效也使得增长极的虹吸效应继续发挥。增长极对周边地区的溢出效应是通过补偿机制实现的，即在经济发展初期周边地区协助增长极发展，在经济发展后期增长极对周边区域进行补偿。但由于不同时期不同主体对于补偿有不同的价值判定，这种价值判断上的时间差异会导致补偿环节的失效，因而在现实中增长极对周边区域的现实补偿难以实现对称③，使得增长极对周边城市继续发挥虹吸效应。

基于此，本书提出以下假设：

假设1：中心城市经济增长对周边城市经济增长存在虹吸作用。

二、产业同构的调节效应

在新经济地理学的分析框架下，区域内产业结构的空间布局是区域经济集聚和扩散的一个主要环节。当前中国区域经济发展存在突出的结构性问题，产业选择呈现出一定程度的同构（industrial convergence，即IC）现象④，即周边城市与中心城市的产业结构趋同，这形成了虹吸效应的知识基础和增长极与周边城市的竞争格局，使中心城市的虹吸效应得到强化。

首先，产业同构意味着增长极与周边城市发展所需的要素投入相似性高，成为虹吸效应的作用基础。Jaffe指出基于技术基础的"认知邻近性"是影响溢出效应的重要因素⑤。技术邻近是区域间知识溢出的基础和条件⑥，能够保证信息获取的速度和效率，具有相似背景和技术知识的双方能够很好地理解吸收外

---

① KE S Z, FESER E. Count on the growth pole strategy for regional economic growth? Spread–backwash effects in Greater Central China [J]. Regional Studies, 2010, 44 (9): 1131-1147.
② MYRDAL G. Economic Theory and Underdeveloped Regions [M]. London: Gerald Duckworth&Co Ltd, 1957.
③ 周密. "极化陷阱"之谜及其经济学解释 [J]. 经济学家, 2009 (03): 81-86.
④ 刘沛罡. 产业同构与产业选择：理论综述 [J]. 技术经济, 2017, 36 (10): 92-99.
⑤ JAFFE A B. Technological Opportunity and Spillovers of R&D: Evidence from Firms' Patents, Profits and Market Value [J]. National Bureau of Economic Research, Inc, 1986.
⑥ 杨博旭, 王玉荣, 李兴光. 多维邻近与合作创新 [J]. 科学学研究, 2019, 37 (01): 154-164.

部知识，相反，则存在交流无效或效率低下。对于城市来说，知识基础的相似程度可以通过产业同构程度反映。因此，在相似的知识基础下，因为知识和技术等生产要素转移成本低，同时中心城市吸收能力更强，因此产业同构更有利于增长极发挥虹吸效应。

其次，产业同构使增长极与周边城市形成竞争性地缘经济关系，在这种关系下，周边城市因处于劣势地位更容易被虹吸。技术生态位理论指出，当企业间的技术生态位存在完全或部分重叠时（技术距离缩小），说明企业技术资源的分布模式相似，同时意味着存在相似的目标市场，因此会发生激烈竞争，在饱和市场环境下优势企业最终占据重叠的生态位空间。将技术生态位理论拓展到区域间，当城市间产业结构趋同时，城市之间也会形成竞争关系。在此背景下，一方面周边城市在要素禀赋与要素积累方面处于劣势地位，因为增长极的产业发展已经形成规模优势，人才、资本、技术等要素会向增长极集聚以实现配置效率的最大化。另一方面周边城市因"集聚阴影"效应难以与中心城市竞争，根据 Fujita, Mori 基于市场潜力假说对于城市空间的研究，增长极周围存在着"集聚阴影"效应，即增长极周围的区域市场潜能更小但竞争压力更大[1]，因此作为与增长极空间上十分接近的周边城市，面临着来自市场和交通成本两方面的竞争压力，更难与增长极中相同产业竞争。因此，保持与中心城市相似的产业结构并不利于周边城市发展竞争优势，反而会因为集聚阴影效应、成本增加和未形成规模经济而处于劣势竞争地位，加剧增长极在相同产业中的虹吸效应。

基于以上内容，本书提出：

假设 2：中心城市和周边城市产业同构强化中心城市的虹吸作用。

三、经济距离的调节效应

经济距离（economic distance，缩写 ED）反映了区域增长极与周边城市之间经济发展水平的差距，主要在空间计量经济学中作为权重矩阵使用，其基本假设相似经济发展水平的主体之间会产生更多的溢出效应。本研究从增长极和周边城市的经济距离特征角度出发，去刻画更为复杂的区域经济增长空间联系。

首先，经济距离形成了增长极与周边城市的经济"位势差"，虹吸效应来自经济发展水平的"位势差"。当增长极与周边城市经济距离较小，即发展水

---

[1] FUJIATA M, MORI T. Structural stability and evolution of urban systems [J]. Regional science and urban economics, 1997, 27 (4-5): 399-442.

平相近时,对资源和要素需求的相似性会使两地形成竞争关系,在"行政区经济"的束缚下,要素的自由和快速流动受到限制①,同时,由于两地对于要素的吸引和集聚能力相近,因此虹吸效应无法发挥。此外,由于经济绩效在政府官员的晋升考核中权重较高,在增长目标管理的政治竞争下②,从城市经济主体理性的角度出发,为获取更多有利于城市自身发展的要素,两地会转向对其他地区进行资源和要素的争夺,因此虹吸效应最终发生在有着一定经济距离的城市之间。

其次,经济距离的扩大会增强增长极的相对集聚优势,从而增强虹吸效应。虹吸效应反映了增长极相对于周边城市较强的规模效应和本地市场效应而产生的要素集聚能力,这种要素集聚优势表现为相对于其他城市较高的经济发展水平。当周边城市经济发展水平与中心城市状况相差甚远时,巨大的两极分化效应将许多资源从郊区输送到中心城市,这表明经济距离的扩大增强了增长极的要素集聚优势。同时,在较大的经济差距下,周边城市更难以吸引和保留经济要素,因此增长极表现出的虹吸效应更强(图6-1)。

综上,本书提出:

假设3:中心城市和周边城市经济距离强化了中心城市的虹吸作用。

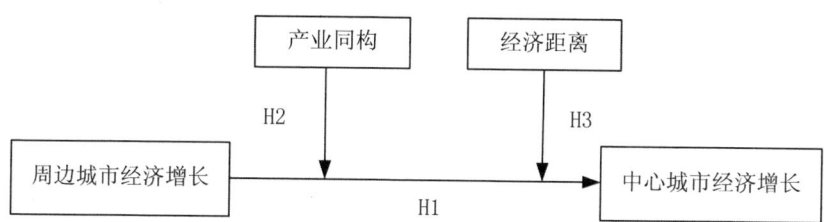

图6-1 虹吸效应及其影响机制研究理论模型

---

① 杜娟,戴宾. 双核结构模式与成渝双核城市[J]. 重庆工商大学学报(西部论坛),2006(02):19-22.
② 王效梅,余正颖,刘小勇. 广东省经济增长的扩散回流与市场区效应实证检验[J]. 地理科学,2020,40(10):1636-1645.

第三节 虹吸效应的实证分析

一、变量说明（如表 6-1 所示）

（一）因变量

中心城市经济增长水平（EI_t），以前一年为基期计算地区生产总值指数来测度，地区生产总值指数反映了一定时期内地区生产总值的变动趋势和变动幅度，是经济增长水平的直接反映。

（二）自变量

周边地区的经济发展水平（NR），根据地理学第一定律指出，中心城市对周边地区的虹吸效应会随着地理距离的增加而衰减。为此，本书使用基于地理距离的空间权重矩阵对周边城市的地区生产总值进行加总，借此测度周边城市的整体经济发展水平。由于我国行政区划的限制，生产要素的跨省流动会受到一定限制[1]，为此，本书中的周边地区是指与中心城市处于同一省份的城市。

（三）调节变量

产业同构（IC），反映了中心城市和周边城市的产业结构相似程度，使用联合国 1979 年提出的产业结构相似指数测度，如式 6-（1）所示：

$$IC_{ij} = \sum_{k=1}^{n}(X_{ik}X_{jk}) / \sqrt{\sum_{k=1}^{n}X_{ik}^2 \sum_{k=1}^{n}X_{jk}^2} \, S_{ij} \qquad 式6-（1）$$

其中，IC_{ij} 表示城市 i 和城市 j 的产业同构系数，X_{ik} 是指城市 i 的第 k 产业增加值占 GDP 的比重，X_{jk} 是指城市 j 的第 k 产业增加值占 GDP 的比重。IC_{ij} 值在 0 和 1 之间变动，IC_{ij} 值越大说明两地区产业结构相似度越高。同样，为了反映周边城市整体与中心城市的产业同构，我们将周边城市与中心城市的产业结构相似度按空间权重矩阵加权。

经济距离（ED），反映了中心城市和周边城市所在省域内的经济差距水平，

---

[1] 任以胜，陆林，虞虎. 新安江流域行政区经济非均衡性的行政边界效应［J］. 经济地理，2020，40（09）：46-52.

使用崔王指数进行测度,如式6-(2)所示:

$$ED = \frac{\theta}{N} \sum_{i=1}^{k} P_i \left| \frac{I_i - I^m}{I^m} \right|^r \qquad 式6-(2)$$

其中,N 表示省内年末总人口数,k 表示省内地级市的数量,P_i 表示城市 i 的年末总人口数,I_i 表示城市 i 的人均地区生产总值,I^m 表示该省所有城市人均地区生产总值的中值。θ,r 是两个基本的参数,通常取 0.5。崔王极化指数的取值范围为 0~1,越接近 1 说明该省的经济极化水平越高,经济距离越大。

(四)控制变量

固定资产投资(fixedassets),本书采用固定资产投资额占地区生产总值的比重来衡量固定资产的投资率,反映固定资产投资对经济增长的贡献。

人力资本(labour),地区的经济增长主要得益于技术进步或人才以及人力资本的集聚,本书采用普通高等和中等学校在校学生数总和占年末总人口数的比重来反映人力资本。

就业水平(employment),本书采用年末单位从业人口数占年末总人口数的比重反映城市就业水平,进而控制其对地区经济发展的影响。

政府支出(govern),本书使用地方财政一般预算内支出占地方财政一般预算内收入的比重来反映政府对经济发展的干预程度。

企业数量(number of enterprise, NE),一方面,内资企业数量反映了国内资本投资的活跃程度;另一方面,内资企业也是影响政府税收的关键。本书使用内资企业数作为影响经济增长的关键变量并加以控制。

消费水平(consumption),本书使用社会消费品零售总额占 GDP 的比重来反映消费对 GDP 的贡献以及影响程度。

表6-1 变量定义与测度

	变量名称	符号	定义和测度
因变量	中心城市经济增长水平	EI_t	中心城市当年的地区生产总值指数(上年=100)
自变量	周边地区的经济发展水平	NR	利用空间权重矩阵对周边城市的地区生产总值进行加总

续表

变量名称		符号	定义和测度
调节变量	产业同构	IC	中心城市和周边城市的产业结构相似程度，使用产业结构相似度指数测度
	经济距离	ED	中心城市和周边城市所在省域内的经济差距水平，使用崔王指数测度
控制变量	固定资产投资	fixed assets	中心城市的固定资产投资占地区生产总值的比重
	人力资本	labour	中心城市普通高等和中等学校在校学生数总和占年末总人口数的比重
	就业水平	employment	中心城市年末单位从业人口数占年末人口数的比重
	政府支出	govern	中心城市地方财政一般预算内支出占地方财政一般预算内收入的比重
	企业数量	NE	中心城市的内资企业数量
	消费水平	consumption	中心城市社会消费品零售总额占GDP比重

二、数据来源

本书采用的经济、人口、就业等相关数据均来源于2004—2018年《中国城市统计年鉴》以及各省份的统计年鉴。对于未在统计年鉴中披露的个别缺失数据，通过查询相应城市的《国民经济与社会发展统计公报》予以补充；对于极少数在官方文件中无法获得的数据，通过插值法予以补充。城市样本由于新疆、西藏、青海、海南的数据缺失较多，北京、上海、天津和重庆为直辖市，因此将这些城市排除在样本选择范围之外，最终选定了31个中心城市和248个非中心城市的15年的面板数据进行分析。本书采用的各城市之间的距离数据是根据国家基础地理信息数据库中的相关地图信息整理得到。

三、模型构建

基于新经济增长理论，我们建立了考虑空间效应的面板数据计量模型研究中心城市的"虹吸效应"的产生机制,以及产业同构和经济距离对该效应的调节机制,如式6-(3)。此外,我们将固定资产投资、人力资本作为控制变量纳入计量模型建立中,以此来反映生产要素对于经济增长的影响。考虑经济发展的路径依赖性,计量模型中还控制了中心城市上一年的经济增长水平,以及其他影响中心城市经济增长的因素,如就业水平、政府干预、企业数量和消费水平等。

$$\ln EI_{c,t} = \alpha_1 \cdot \ln \frac{NR_{c,t}}{NR_{c,t-1}} + \alpha_2 \cdot IC_{c,t} + \alpha_3 \cdot IC_{c,t} \cdot \ln \frac{NR_{c,t}}{NR_{c,t-1}} + \alpha_4 \cdot ED_{c,t} + \alpha_5 \cdot ED_{c,t} \cdot \ln \frac{NR_{c,t}}{NR_{c,t-1}} + \beta_i \sum_i control_i + \mu_{c,t} \quad 式6-(3)$$

$$NR_{c,t} = \sum_{r \neq c} \frac{1}{d_{rc}} \cdot GDP_{r,t} = ?? \, w_{rc} \cdot GDP_{r,t} \quad 式6-(4)$$

$$W^T = (w_{rc})^{m \times n} = \begin{bmatrix} w_{11} & w_{12} & \cdots & w_{1n} \\ w_{21} & w_{22} & \cdots & w_{2n} \\ \vdots & \vdots & \ddots & \vdots \\ w_{m1} & w_{m2} & \cdots & w_{mn} \end{bmatrix} \quad 式6-(5)$$

其中,d_{rc}表示中心城市c与周边城市r的地理距离,$GDP_{r,t}$则为周边城市r在第t年的地区生产总值,$EI_{c,t}$表示中心城市c在第t年的地区生产总值指数,$control_i$表示一系列控制变量的集合。

四、实证结果分析

(一)主要变量的描述性统计及相关性分析

变量的描述性统计和相关性分析如表6-2和表6-3所示,除个别值外,变量之间的相关系数基本小于0.5,VIF值均不超过3,变量之间不存在严重的多重共线性。

表6-2 变量描述性统计分析

变量	样本量	均值	标准差	最小值	最大值
1 EI_t	465	1.116	0.037	0.944	1.286
2 NR	465	1.131	0.088	0.694	1.762
3 IC	465	0.059	0.035	0.002	0.151

续表

变量	样本量	均值	标准差	最小值	最大值
4 ED	465	0.591	0.098	0.332	0.943
5 fixed assets	465	0.612	0.230	0.170	1.453
6 labour	465	0.123	0.031	0.059	0.206
7 employment	465	0.251	0.212	0.085	1.473
8 govern	465	1.354	0.302	0.649	2.604
9 NE	465	2143	1768	173	9531
10 consumption	465	0.408	0.090	0.181	0.719

（二）城市经济发展的空间相关性检验

表6-4展示了Moran's I指数的测度结果，总体来说，2004—2018年地区生产总值的莫兰指数值在0.045~0.033之间波动，且均在1%水平下显著。在2004—2018年间，地区生产总值的空间相关性呈先下降后上升的趋势，但是总体来说，城市经济发展之间仍存在显著的空间相关性。

表 6-3 变量相关性分析

变量	(1)	(2)	(3)	(4)	(5)	(6)	(7)	(8)	(9)	(10)
1 EI_t	—									
2 NR	0.635*	1.220								
3 IC	−0.022	−0.023	1.180							
4 ED	0.203*	0.054	0.134*	1.180						
5 $fixed\ assets$	−0.024	−0.059	−0.156*	−0.203*	1.440					
6 $labour$	−0.051	0.001	−0.061	0.139*	−0.018	1.570				
7 $employment$	−0.300*	−0.172*	0.060	0.024	−0.360*	0.339*	1.660			
8 $govern$	−0.027	−0.095*	−0.262*	0.031	0.427*	0.006	−0.367*	1.910		
9 NE	−0.127*	−0.105*	0.326*	−0.010	−0.295*	−0.325*	0.244*	−0.560*	1.960	
10 $consumption$	−0.353*	−0.263*	−0.022	−0.205*	0.363*	0.152*	−0.223*	0.337*	−0.251*	1.480

注：*表示 $P<0.05$，对角线为变量 VIF 值

表 6-4 莫兰指数以及检验结果

年份	莫兰指数	Z 值	P 值
2004	0.045	5.618	0.000
2005	0.041	5.146	0.000
2006	0.042	5.291	0.000
2007	0.041	5.127	0.000
2008	0.038	4.871	0.000
2009	0.038	4.808	0.000
2010	0.038	4.859	0.000
2011	0.036	4.594	0.000
2012	0.034	4.353	0.000
2013	0.033	4.250	0.000
2014	0.034	4.348	0.000
2015	0.034	4.414	0.000
2016	0.038	4.793	0.000
2017	0.038	4.885	0.000
2018	0.039	4.955	0.000

（三）模型估计结果与分析

空间相关性检验显示，城市经济发展具有明显的空间相关性，因此本书建立考虑空间效应的面板数据模型进行回归分析。由于存在空间自相关性，最小二乘法无法得出一致性的参数估计，因此需要使用极大似然方法进行估计。

表 6-5 展示了模型的回归结果。模型 1 只加入了控制变量，回归结果显示中心城市上一年的经济增长水平对因变量具有显著的正向影响，回归系数为 0.623（p<0.01），印证了地区经济发展的路径依赖性，因此对该变量的控制是必要的。

模型 2 在模型 1 的基础上，加入了周边地区的经济发展水平，在控制其他变量的条件下，周边地区的经济发展水平对中心城市的经济增长水平具有显著的正向影响。由此可见，在经济发展过程中，周边城市对中心城市具有反向溢出效应，证实了中心城市的"虹吸效应"，验证了本书的假设 1。

模型 3 检验了产业同构的调节效应,结果显示产业同构与自变量的交乘项的回归系数为 0.737(p<0.01),说明产业同构强化了中心城市的"虹吸效应",验证了假设 2。具体而言,当中心城市与周边城市的产业结构高度相似时,中心城市所具备的较高的经济发展程度、完善的市场制度以及基础设施等优势资源,使其在与周边城市的同类产业竞争发展中具有明显的优势,从而吸引周边城市优质资源向其集聚,加剧"虹吸效应"。

模型 4 验证了经济距离的调节效应,根据回归结果,经济距离与自变量的交乘项的回归系数为正,但是统计上不显著。由此可见,在本书提供的从 2004—2018 年这一时间范围内,该变量对虹吸效应的调节作用不显著,未验证假设 3。

模型 5 显示了全模型回归结果,各变量系数符号及显著性未发生变化,说明结果具有稳健性。

表 6-5 模型回归结果分析

变量	因变量:EI_t				
	模型 1	模型 2	模型 3	模型 4	模型 5
自变量					
NR		0.100***	0.057***	0.145***	0.086*
		(0.013)	(0.020)	(0.042)	(0.047)
调节变量					
IC			−0.124		−0.088
			(0.310)		(0.313)
ED				0.021	0.027**
				(0.013)	(0.014)
交叉项					
NR × IC			0.737***		0.778***
			(0.267)		(0.266)
NR × ED				0.081	0.055
				(0.075)	(0.076)
控制变量					

续表

变量	因变量：EI_t				
	模型 1	模型 2	模型 3	模型 4	模型 5
EI_{t-1}	0.623***	0.514***	0.522***	0.503***	0.510***
	(0.042)	(0.042)	(0.041)	(0.041)	(0.041)
$fixed\ assets$	-0.008	-0.003	-0.005	-0.003	-0.005
	(0.008)	(0.008)	(0.008)	(0.008)	(0.008)
$labour$	-0.041	-0.006	-0.025	0.007	-0.014
	(0.081)	(0.076)	(0.076)	(0.076)	(0.075)
$employment$	-0.008**	-0.008**	-0.007*	-0.007**	-0.006*
	(0.004)	(0.003)	(0.004)	(0.003)	(0.004)
$govern$	0.043***	0.043***	0.042***	0.043***	0.042***
	(0.010)	(0.009)	(0.009)	(0.009)	(0.009)
NE	-0.006	-0.008*	-0.008*	-0.007	-0.007
	(0.005)	(0.004)	(0.004)	(0.004)	(0.004)
$consumption$	-0.060***	-0.048***	-0.043***	-0.043***	-0.038***
	(0.012)	(0.012)	(0.012)	(0.012)	(0.012)
常数	0.001	0.021	0.041	0.025	0.044
	(0.038)	(0.036)	(0.054)	(0.036)	(0.055)
个体固定效应	是	是	是	是	是
N	434	434	434	434	434
Log likelihood	1124.718	1151.554	1155.344	1156.838	1161.060

注：* 表示 P<0.1，** 表示 P<0.05，*** 表示 P<0.01

(四) 内生性分析

考虑区域经济发展具有空间相关性，周边城市和中心城市的经济发展存在相互影响关系，进而存在内生性问题，本书通过使用工具变量法解决这一问题。一方面，考虑内生性问题主要表现在自变量和因变量之间存在逆向因果关系，选择将原自变量滞后一期作为其自身的工具变量，即周边地区经济发展水平的滞后项（NR_{t-1}）是本书选择的第一个工具变量。另一方面，为了防止出现工具变量识别不足、弱工具变量等问题，我们继续寻找另一个可以用来表征原自变量的工具变量。在原自变量通过增长率的方式来测度周边地区经济发展水平的基础上，我们使用周边地区经济发展水平的绝对值来作为其工具变量，即基于空间权重矩阵的周边地区GDP加权值滞后项（MP_{t-1}）是本书的第二个工具变量。

首先，本书通过相关检验验证了所选择工具变量的合理性。之后，使用面板数据工具变量法进行回归，结果如表6-6所示，自变量对因变量仍具有显著的正相关，即中心城市的虹吸效应是存在的，验证了文中的假设1。此外，使用工具变量法回归得到的系数大于上文分析结果，可以看出在原来的内生性问题影响下，中心城市虹吸效应被低估。

表6-6 工具变量法回归结果分析

	因变量：EI_t
自变量	
NR	0.691***
	(0.156)
控制变量	
EI_{t-1}	−0.132
	(0.195)
fixed assets	0.029
	(0.020)
labour	0.200
	(0.195)
employment	−0.007
	(0.009)
govern	0.047**
	(0.022)
NE	−0.016
	(0.011)
consumption	0.023
	(0.034)

续表

因变量：EI_t	
个体固定效应	是
F 统计量	22.27
LM 统计量	17.543
	(Chi-sq (2) P-value=0.000)
Cragg-Donald Wald F statistic	8.966
	(20% maximal IV size：8.75)
Sargan 检验	0.580
	(Chi-sq (1) P-value=0.447)
N	434

注：* 表示 P<0.1，** 表示 P<0.05，*** 表示 P<0.01。

(五) 稳健性检验

为了进一步提高结论的可靠性，我们选择了三种方法对模型进行稳健性检验，分别为缩短观察时间窗口、子样本回归以及替换变量法，结果如表6-7所示。三种稳健性检验方式均与原回归结果的显著性保持一致，证明了结果的稳健性。①缩短观察时间窗口：2007年十七大提出了"推动区域协调发展，优化国土开发格局"策略，区域经济协调发展进入新的发展时期。基于此，我们截取了2007—2018年的面板数据对模型进行稳健性检验。②子样本回归：鉴于同一省份多个中心城市对周边城市的共同虹吸，可能导致虹吸效应的放大作用，本书选择仅有一个中心城市的子样本进行稳健性检验。③替换变量法：计算各省的地区生产总值变异系数来替代崔王指数，对经济距离进行测度。稳健性检验结果如表6-7所示，除子样本回归中产业同构调节作用不显著外，其他结果均保持不变，本书结果稳健。子样本产业同构调节作用不显著的原因在于，考虑在单核空间结构中，中心城市相较于周边城市而言，经济发展水平较高，具有吸引优质要素向其流动的天然优势，此时产业同构对虹吸效应的调节作用将不再显著。

第二篇 创新极化与创新追赶

表 6-7 稳健性检验结果

	缩短时间窗口				子样本回归				替换变量	
	模型 2	模型 3	模型 4	模型 5	模型 2	模型 3	模型 4	模型 5	模型 4	模型 5
NR	0.173***	0.126***	0.163***	0.094*	0.069***	0.075***	0.143**	0.133**	0.099***	0.051**
	(0.015)	(0.022)	(0.044)	(0.048)	(0.017)	(0.027)	(0.056)	(0.059)	(0.014)	(0.023)
IC		−0.184		−0.282		−0.582		−0.490		−0.061
		(0.294)		(0.295)		(0.454)		(0.482)		(0.315)
ED			0.041***	0.047***			−0.012	−0.015	−0.048***	−0.047***
			(0.013)	(0.014)			(0.023)	(0.023)	(0.014)	(0.014)
NR*IC		0.743***		0.792***		−0.158		−0.098		0.741***
		(0.258)		(0.254)		(0.457)		(0.462)		(0.278)
NR*ED			−0.026	−0.066			0.133	0.109	0.033	0.004
			(0.081)	(0.082)			(0.095)	(0.098)	(0.035)	(0.037)
控制变量	是	是	是	是	是	是	是	是	是	是
常数项	−0.069*	−0.046	−0.052	−0.012	0.129**	0.163**	0.108*	0.139**	0.018	0.028
	(0.038)	(0.051)	(0.038)	(0.053)	(0.060)	(0.066)	(0.062)	(0.070)	(0.036)	(0.054)
个体效应	是	是	是	是	是	是	是	是	是	是
N	341	341	341	341	238	238	238	238	434	434
Log likelihood	957.509	961.7478	964.588	969.709	633.024	634.015	634.066	634.636	1157.190	1160.736

注：* 表示 $P<0.1$，** 表示 $P<0.05$，*** 表示 $P<0.01$。

(六) 进一步分析与讨论

考虑中心城市的虹吸效应可能不仅作用于省域内的周边城市，本书以南京市为例，分析了其在经济发展过程中对省内（江苏省）和省外周边城市（以安徽省为例）的虹吸效应。图6-2描述了南京市2004—2018年经济增长中未解释部分（解释变量与控制变量回归后的残差）与省内周边城市省外周边城市地区发展水平的相关关系，结果显示，在控制了其他变量对南京市经济增长影响的条件下，安徽省地级市的经济发展水平对南京市的经济增长水平具有正向影响。由此可见，中心城市的虹吸效应不完全限于省域内。但可能由于行政区划分隔，南京市对于省内周边城市的虹吸效应还是强于省外周边城市。

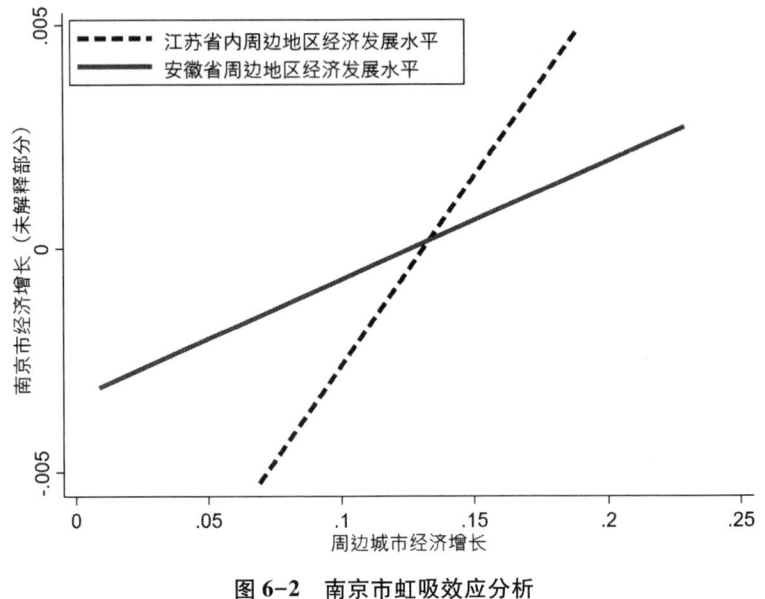

图6-2 南京市虹吸效应分析

第四节 主要结论

本章利用我国31个中心城市和248个非中心城市2004—2018年的经济统计数据，构建了考虑空间效应的面板数据模型，分析了城市经济发展中"虹吸效应"的产生和影响机制，得到的结论如下：

首先，中心城市对周边城市存在显著的虹吸效应。在中国经济发展的现阶段，中心城市是各省大力发展的对象，其依托自身政策优势、完备的基础设施、优质的教育和医疗资源等，不断吸引周边的人力和资本等要素，促进自身经济发展。其次，中心城市与周边城市的产业同构强化了中心城市的虹吸效应。中心和周边城市在经济发展中存在明显的竞争关系，两者产业结构越相似，其对生产要素的需求越接近，加速了周边城市的产业流失。最后，中心城市与周边城市的经济发展差距并不能影响中心城市的虹吸效应。可能的原因在于：虹吸效应产生受政策、基础设施建设水平、教育以及医疗资源发展水平等多种因素影响，经济发展差距并非是导致虹吸效应产生以及发展的唯一原因。此外，考虑2004—2018年这一样本窗口期内中心城市和周边城市的经济发展差距并无明显缩小，因此在统计学上经济距离对虹吸效应的调节作用并不显著。

本章关于中心城市对周边城市虹吸效应的研究，对于促进城市协调发展方面具有一定实践意义。第一，城市间的经济发展存在空间上的关联性，政府要消除城市间的商务合作和交通运输的壁垒，构建以中心城市为核心的都市圈层，以便有效发挥中心城市的正向空间溢出作用，从而带动周边城市的经济增长。第二，周边城市要积极发展中心城市互补的产业，并基于自身的发展优势，承接中心城市的产业转移，这应当是今后城市经济发展政策中需要考虑的关键议题。第三，随着国家和地区的经济快速发展以及在国家"脱贫攻坚"政策的大力支持下，原来落后地区也迎来了发展的黄金期。周边地区不仅要着力提高经济发展水平，还要注重配套基础设施建设，吸引优质要素主动向其流动，从而抑制中心城市的虹吸效应。相对落后地区的政府部门更要发挥主观能动性，给予人才等优质要素充分的自主权，并坚持"不一定为我所有，但是一定要为我所用"的指导思想，建立"人才、科技飞地"，提高优质要素的利用率。

鉴于主观和客观因素限制，本研究仍然存在一些不足之处，这也成为未来进一步解决的方向。一方面本书仅通过地理距离构建空间权重矩阵，而未考虑经济、人口等非地理因素，在未来的研究中，我们将尝试建立基于经济距离、铁路或者高铁运输时间的空间权重矩阵，完善和深化本研究。另一方面，考虑我国省级行政区划的限制，本书将中心城市对周边城市的虹吸效应限定在省域范围内，没有考虑跨省的虹吸效应。在未来的研究中，我们将打破省域边界，并将行政区划作为一个影响因素纳入研究，进而从区域以及全国范围来探究增长极的虹吸效应。最后，本书分析了2004—2018年间中心城市虹吸效应的影响，而没有考虑不同历史时期的政策效应。在未来的研究中，我们将会把国家和地方政府的区域协调政策效率纳入研究，利用双重差分、断点回归等方法，进一步深化国家政策效应在虹吸效应方面的研究。

第五节 本章小结

改革开放以来，我国实行效率优先的非均衡发展战略，试图通过发挥中心城市作为经济增长极的溢出效应，带动其周边城市发展，最终实现区域协调发展。但中心城市带动周边城市发展的模式是否具有可持续性有待于进一步分析。基于增长极理论和新经济地理理论，本章构建考虑空间效应的面板数据模型，以2004—2018年全国31个中心城市和248个非中心城市的统计数据为样本，对省域内经济增长极对周边城市的虹吸效应进行实证分析。研究结果表明，中心城市在经济增长过程中对同一省域内的周边城市存在虹吸效应，产业同构强化了中心城市的虹吸效应，而经济距离对中心城市的虹吸效应没有调节作用。

第七章

高铁开通与区域创新

以 Krugman 为代表的新经济地理学理论,在规模报酬递增和不完全竞争的假设下,搭建了基于集聚力和分散力的城市空间结构演化的动力模型,认为交通成本、劳动力的可移动性以及资金外部性的相对规模是经济集聚和扩散的重要影响因素[1]。高铁作为一种重要的交通基础设施,能够改变区域间的交通成本,影响区域间创新要素流动,因此对于区域创新空间格局的演化有着重要影响。为此,本章将分析高铁开通的创新效应。

第一节 高铁开通与创新虹吸

一、高铁开通的创新虹吸效应

新经济地理学指出,资本外部性的相对规模、交通成本和劳动力的可移动性是决定空间集聚与扩散的关键因素[2]。

一方面,高铁开通产生的时空压缩效应,减弱了因地理经济距离造成的跨

---

[1] KRUGMAN R. Geography and trade [M]. Cambridge:MIT press,1991.
[2] KRUGMAN R. Geography and trade [M]. Cambridge:MIT press,1991.

区域创新交流的障碍[1]，降低了区域之间的贸易成本[2]和要素流动壁垒[3]，加速了中心城市与周边城市之间的要素流动，但同时由于中心城市集聚优势的存在，出现要素资源的"逆向流动"[4]，使人力资本、固定资产投资、信息技术等创新资源进一步回流到枢纽城市[5]，因此强化了中心城市的创新虹吸效应。

另一方面，高铁创新增长效应的不均等分配也加剧了中心城市对周边城市的虹吸效应。虽有研究表明，高铁开通可以提升城市的创新能力[6]，但是高铁开通对创新的增长效应并不是均等分配的。有研究指出，整体来看，高铁开通对区域创新水平的提升具有显著正向影响，但是在区域之间存在差异，其对东部地区的影响显著大于西部地区。Du等人对开通高铁的城市规模的异质性分析表明，大城市和小城市接入高铁网络的收益大于中等城市[7]。其原因在于，高铁以不连续的方式改变沿线城市的可达性和连通性，给中心城市带来了更好的"相对可达性"，但对周边城市的"绝对可达性"没有明显影响，或者更多提高了高铁中心城市的网络中心度。因此中心城市在高铁开通中获得的创新增长效应更多，其相对优势得到提高，从而使高铁周边城市创新要素受到挤压，加大了周边城市与中心城市的创新差距，强化了中心城市的创新虹吸效应。

基于以上分析，提出以下假设：

假设1：高铁开通会加大周边城市与中心城市的创新差距，即强化中心城市对周边城市的创新虹吸效应。

---

[1] HJALTADóTTIR R E, MAKKONEN T, MITZE T. Inter-regional innovation cooperation and structural heterogeneity: Does being a rural, or border region, or both, make a difference? [J]. Journal of Rural Studies, 2020 (74): 257-270.

[2] DONALDSON D. Railroads of the Raj: Estimating the impact of transportation infrastructure [J]. American Economic Review, 2018 (108): 899-934.

[3] Zhang C, Zhang M, Tang E. High-speed rail Accessibility and Innovation Spillover in Cities Along the Route Based on a Spatial Dubin Model [C]//2021 2nd International Conference on Urban Engineering and Management Science (ICUEMS). IEEE, 2021: 72-76.

[4] HALL P. Magic carpets and seamless webs: opportunities and constraints for high-speed trains in Europe [J]. Built Environment, 2009 (35): 59-69.

[5] YANG X, ZHANG H, LIN S, et al. Does high-speed railway promote regional innovation growth or innovation convergence? [J]. Technology in Society, 2021 (64): 101472.

[6] ZHANG W, TIAN X, YU A. Is high-speed rail a catalyst for the fourth industrial revolution in China? Story of enhanced technology spillovers from venture capital [J]. Technological Forecasting and Social Change, 2020. (61): 120286.

[7] DU Q, YU H, YAN C, et al. Does High-Speed Rail Network Access Enhance Cities' Innovation Performance? [J]. Sustainability, 2020 (12): 8239.

二、周边城市要素禀赋的调节作用

(一) 教育要素

教育要素是指城市拥有较好的高等学校等机构,能够提供良好的受教育的机会,并为企业发展持续提供人力资源。具备教育要素禀赋的周边城市能够通过人力资本积累形成产业集聚,提升协同创新能力[1],从而有效弱化开通高铁后中心城市对其创新发展的虹吸作用。

首先,教育要素禀赋有助于周边城市的人力资本积累[2],弱化高铁开通后的创新虹吸效应。一方面,拥有教育要素的周边城市可以通过高校等教育机构为企业提供培训和咨询的机会,企业高管等可以通过参加 MBA 等课程,提升自己的专业知识和管理水平,同时也可以邀请相关专家对员工开展培训,提升员工业务水平,有助于企业人力资本水平的提升。另一方面,创新人才在选择工作地时不仅注重自身发展,往往也关注子女所受教育质量[3],教育要素的集聚能够提供良好的受教育机会,因此创新人才可能更倾向于留在本地,而不是去中心城市发展。

其次,教育要素禀赋通过人力资本积累,促进本地产业集聚形成[4],弱化高铁开通以后的虹吸作用。高铁开通以后,由于周边城市到中心城市的便利性极大提升,容易导致人才和产业向中心城市转移。但是周边城市教育要素的集聚,可以为当地提供充足的人力资本,通过与产业的融合与协同,逐步形成相关产业的本地集聚。在这种情况下,城市形成自身产业集聚的竞争优势,即使开通高铁,本地资源和要素也不会轻易流向中心城市。

最后,教育要素禀赋有助于提升城市协同创新能力,弱化高铁开通的虹吸效应。协同创新是区域政府、高校和企业等创新主体之间相互关联与合作,通

---

[1] 赖德胜,王琦,石丹淅. 高等教育质量差异与区域创新 [J]. 教育研究,2015 (36):41-50.
[2] 石大千,张琴,刘建江. 高校扩招对区域创新能力的影响:机制与实证 [J]. 科研管理,2020 (41):83-90.
[3] STORPER M, SCOTT A J. Rethinking human capital, creativity and urban growth [J]. Journal of Economic Geography, 2009 (9):147-167.
[4] 金春雨,王伟强. 我国高技术产业空间集聚及影响因素研究——基于省级面板数据的空间计量分析 [J]. 科学学与科学技术管理,2015 (36):49-56.

过不同主体之间的有效配合，优化资源流动与配置[1]，共同形成创新成果的过程，其中高校和科研机构是知识创造和人才培养的重要载体[2]。具有教育要素的地区，能够通过引导高校和企业等创新主体开展协同创新，提升自身创新效率和竞争力，吸引创新要素的进一步集聚，进而缓解高铁开通以后的虹吸效应。

基于以上分析，提出以下假设：

假设2：相较于其他周边城市，拥有教育要素的周边城市在高铁开通后与中心城市创新差距更小，即教育要素弱化了高铁开通后中心城市的创新虹吸效应。

(二) 政策要素

政策要素通过政府补贴、制度支持等方式，为城市营造出良好的创新氛围，激发企业创新活力[3]，不仅能直接引导人才、资本和技术等创新要素向当地集聚形成创新高地，还使具有政策要素的城市具有更强的要素吸引力，即使开通高铁，其承受的来自中心城市的创新虹吸效应更弱。

首先，政策要素的引导效应有助于创新要素的区域性集聚，弱化高铁开通后的创新虹吸效应。创新资源集聚是市场和政府共同作用的结果，政府的增长甄别和因势利导作用在创新型城市实现要素集聚中发挥重要作用[4]。为了更好地促进城市发展，政府通过行政手段以及创新投入等方式，实现创新要素的快速集聚。一方面，政府通过行政手段，使部分国有企业或者国有企业的子公司留在周边城市。另一方面政府会加大基础设施和创新平台投入，吸引各种类型的企业。在政府引导和支持下，城市成为区域内新的创新集聚高地，即使开通高铁，政策引导集聚的创新要素也不会被虹吸到中心城市。

其次，政策要素的信号效应有助于增强城市创新要素的吸引力，弱化高铁开通后的创新虹吸效应。政府政策作为一种市场信号，有助于提高企业对资本要素的吸引力[5]。企业是创新的主体，其创新活动的开展需要大量资金支持，外

---

[1] 范斐，连欢，王雪利，王嵩. 区域协同创新对创新绩效的影响机制研究 [J]. 地理科学，2020 (40)：165-172.
[2] DREJER I, JøRGENSEN B H. The dynamic creation of knowledge: Analysing public – private collaborations [J]. Technovation, 2005 (25): 83-94.
[3] SCHEEL C, RIVERA A. Innovative cities: in search of their disruptive characteristics [J]. International Journal of Knowledge-Based Development, 2013 (4): 79-101.
[4] LIN J Y, MONGA C. Growth identification and facilitation: the role of the state in the dynamics of structural change [J]. Development Policy Review, 2011 (29): 264-290.
[5] WU A. The signal effect of government R&D subsidies in China: does ownership matter? [J]. Technological Forecasting and Social Change, 2017 (117): 339-345.

部融资是企业研发投入的重要来源[①],但是由于信息不对称,投资者无法正确评估企业的价值和能力,使得企业难以获得充足的资金支持[②]。政策要素通过信号效应引导投资者对当地企业进行投资,增强城市对创新要素的吸引力,不仅可以缓解企业的资金约束,同时也能够避免创新资金外流。

基于以上分析,提出以下假设:

假设3:相较于其他周边城市,拥有政策要素的周边城市在高铁开通后与中心城市创新差距更小,即政策要素弱化了高铁开通后中心城市的创新虹吸效应。

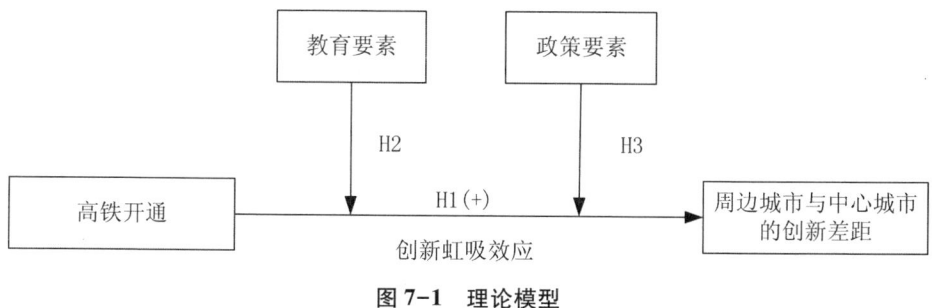

图 7-1　理论模型

第二节　高铁开通对城市创新的实证分析

本章实证研究的主要目标是将2008—2018年周边城市开通高铁作为准自然实验,通过考察周边城市开通高铁后其与中心城市创新差距的变化来揭示高铁开通的创新要素虹吸效应。自2008年京津城际高速铁路开通运营,我国高速铁路建设进入规模和运输能力快速发展阶段,为本章的实证研究提供了天然的准自然实验条件,有助于排除内生性问题的干扰。

一、数据来源与样本选择

本书采用的专利数据来源于国家知识产权局,城市高铁开通数据来自国家铁路局,经济、基础设施、政府科学支出等相关数据均来源于2004—2018年

---

① CZARNITZKI D, HOTTENROTT H. R&D investment and financing constraints of small and medium-sized firms [J]. Small business economics, 2011 (36): 65-83.
② HALL B H, LERNER J. The financing of R&D and innovation [M]. Amsterdam Handbook of the Economics of Innovation, 2010: 609-639.

《中国区域经济统计年鉴》《中国城市统计年鉴》以及各省份的统计年鉴。对于未在统计年鉴中披露的个别缺失数据,通过查询相应城市的《国民经济与社会发展统计公报》予以补充;对于极少数在官方文件中无法获得的数据,通过插值法予以补充。城市样本中,由于新疆、西藏、青海、海南的数据缺失较多,北京、上海、天津和重庆为直辖市,因此将这些城市排除在样本选择范围之内,最终选定了247个周边城市及其对应的23个中心城市的15年的面板数据进行分析。由于行政区划调整,部分城市(如贵州省毕节市、铜仁市)在成为地级市之前相关统计数据缺失,构成了非平衡样本。

二、研究方法

我国高铁网络的建设整体上是一个渐进的过程,为了分离出高铁开通对周边城市与中心城市创新产出差距的"政策处理效应",本书采用"渐进式"双重差分模型(Time-varing DID)进行研究,将城市样本分为两组:一组是2008—2018年间开通高铁的周边城市(记为处理组);另一组是2018年前没有开通高铁的周边城市(记为对照组)。本书构造二元虚拟变量 TREAT=(0,1),当城市为高铁周边城市时,TREAT取1,否则取值为0;同时以高铁开通年份为界,样本期可以划分为实验期前后,构造二元虚拟变量 POST=(0,1),进入实验期之后,POST取值为1,实验期之前,POST取值为0。如果周边城市在样本期有多条高铁线路开通,则认为其进入实验期的年份为最早的高铁线路开通年份。考虑部分高铁是7—12月份开通,以及高铁开通对城市创新产出影响的滞后性,本书统一将城市高铁开通时间滞后一年。定义交互项 TREAT * POST 来刻画城市开通高铁的"政策处理效应"。

DID方法要求两组样本的考察变量具有"共同趋势",避免处理组和对照组在选择过程中可能存在的"选择性偏误"。故本书首先采用倾向得分匹配方法(PSM)对处理组和对照组样本进行匹配,以缓解样本选择偏差以及由此所产生的内生性问题。具体方法为通过选取若干特征变量X,构建如式7-(1)的城市高铁开通的概率估计模型:

$$P = P_r\{TREAT_{it} = 1\} = \Phi\{X_{it}\} \qquad 式7-(1)$$

其中,X_{it}是影响周边城市创新产出的控制变量,同时也是影响周边城市高铁开通的特征变量。之后根据倾向得分值,选择具体的匹配原则,对每个处理组的城市i,从对照组中寻找与其倾向得分最接近的若干城市作为其对照组。基于倾向得分匹配基础上的双重差分模型(PSM-DID)能够更准确地估计高铁开通的创新虹吸效应，基本假设模型为：

$$\text{DINNO}_{it} = \alpha_0 + \alpha_1 \text{TREAT} \times \text{POST}_{it} + \beta \times \sum X_{it} + \mu_i + \tau_t + \varepsilon_{it}$$

式7-（2）

其中，DINNOit 为城市 i 在 t 期与其对应的中心城市创新产出的差距，是本书所关注的结果变量。TREAT×POST 即为处理效应，表示高铁开通对处理组和对照组的影响差异，即高铁开通对周边城市与中心城市创新差距的影响效应。X 表示本书所选取的控制变量，μ_i 为个体固定效应项，τ_t 为时间固定效应项，ε 为随机误差项。

三、变量说明和描述性分析

（一）因变量：周边城市与中心城市创新差距（DINNO）

使用年度发明专利申请量衡量城市的创新产出，使用对应中心城市与周边城市创新产出差距的自然对数值，衡量周边城市与中心城市的创新差距。

（二）自变量：高铁开通（TP）

本书采用准自然实验的方法，选取了 2004—2018 年中国 247 个周边城市是否开通高铁的虚拟变量，即分组虚拟变量（TREAT）和时间虚拟变量（POST）的交互项作为解释变量。在实际处理过程中，由于部分地级市开通了多条高铁，我们以最早的年份作为该城市开通高铁的日期；且考虑部分高铁线路的开通在 7—12 月份以及高铁开通对创新产出影响的滞后性，我们对其所经停周边城市的高铁开通年份进行了滞后一年处理。

（三）调节变量：

1. 教育要素（EDU）

对于周边城市是否有教育要素的判断，本研究采用是否有高等学校作为代理变量，根据 2019 年教育部《全国高等学校名单》，如果城市有一所及以上本科高等学校，EDU = 1，否则 EDU = 0。

2. 政策要素（POL）

对于周边城市是否有政策要素的判断，本研究采用该城市是否被支持开展创新型城市建设作为代理变量。创新型城市是为加快实施创新驱动发展战略、完善国家创新体系和建设创新型国家而被政策支持建设为具有强大带动力的区域创新中心[①]，为促进创新型城市发展，国家和地方政府会给予城市更多的政策支持。在2008—2018年间被支持开展创新型城市建设的周边城市赋值为INNO=1，否则赋值为0。

（四）控制变量：

参考已有研究，本书控制了其他可能影响区域创新产出的变量，包括地区经济发展水平（PGDP），采用人均地区生产总值来衡量，地区经济发展为区域创新提供了必备的资金、人力和技术等创新要素等；政府科技支出（SE），使用各市地方财政科学支出额来衡量；公路客运量（PA），使用公路客运量衡量；城市信息化水平，使用移动电话年末用户数（MOB）、邮政业务总量（POS）衡量；城市贸易总额（SALE），使用限额以上批发零售贸易业商品销售总额衡量。

表7-1 变量定义与测度

变量名称	符号	定义与测度
因变量		
周边城市与中心城市创新产出差距	DINNO	中心城市发明专利申请量与周边城市发明专利申请量差值的自然对数值
自变量		
高铁开通	TP	分组虚拟变量（TREAT）和时间虚拟变量（POST）的交互项
调节变量		
教育要素	EDU	哑变量，如果城市有一所以上本科高校则取值为1，否则为0
政策要素	POL	哑变量，如果为创新型城市则取值为1，否则为0
控制变量		
地区经济发展水平	PGDP	人均GDP的自然对数值
政府科技支出	SE	科学支出的自然对数值
公路客运量	PA	公路客运量的自然对数值
移动电话年末用户数	MOB	移动电话年末用户数的自然对数值

---

① 科技部.国家发展改革委关于印发建设创新型城市工作指引的通知国科发创〔2016〕370号[A/OL].(2016-12-13)[2021.11.30].

续表

变量名称	符号	定义与测度
邮政业务总量	POS	邮政业务总量的自然对数值
城市贸易总额	SALE	限额以上批发零售贸易业商品销售总额的自然对数值

变量的描述性统计和相关性分析如表7-2和表7-3所示,从变量之间的相关系数及VIF值来看,变量之间不存在严重的多重共线性。

表7-2 变量的描述性统计

变量	观测值	算术平均值	标准差	最小值	最大值
DINNO	3345	7.84	1.43	2.40	10.82
TP	3345	0.19	0.39	0	1
PGDP	3345	10.10	0.75	4.61	12.28
SE	3331	9.02	1.60	3.56	13.30
PA	3331	8.28	0.85	4.36	12.57
MOB	3331	5.15	0.81	1.755	7.29
POS	3331	9.86	0.92	6.99	13.46
SALE	3331	14.29	1.30	5.34	18.58

表7-3 变量的相关性分析

	1	2	3	4	5	6	7	8
DIINNO	1							
TP	0.41*	1.31						
PGDP	0.53*	0.38*	2.85					
SE	0.63*	0.41*	0.71*	4.15				
PA	0.17*	0.07*	0.00	0.30*	1.44			
MOB	0.56*	0.38*	0.54*	0.80*	0.44*	5.06		
POSTAL	0.58*	0.43*	0.45*	0.67*	0.37*	0.79*	2.97	
SALE	0.53*	0.39*	0.68*	0.76*	0.35*	0.81*	0.72*	4.16

注:*$p<0.05$,对角线数值为方差膨胀因子

四、估计结果与分析

（一）样本匹配情况

对样本匹配的过程如下：1. 获得2008—2018年间每年的处理组和对照组样本，因为本书使用的是"渐进式"DID方法，所以需要将样本按照进入年份逐年进行匹配。2. 选择某年份新开通高铁城市的分组变量和特征变量作为匹配数据。3. 使用logit模型来估计倾向得分。4. 匹配，采用k近邻匹配（k=3）方法，采用人均地区经济发展（PGDP）、政府科技支出（SE）、公路客运量（PA）、移动电话年末用户数（MOB）、邮政业务总量（POS）、城市贸易总额（SALE）作为匹配的特征变量。

最终获得处理组样本139个城市和对照组样本84个城市。为了检验倾向得分匹配结果的准确性，需要检验特征变量在处理组和对照组之间是否存在显著差异，即平行趋势检验。表7-4汇报了不同年份倾向得分匹配后各协变量的平行检验结果。[①]

表7-4 倾向得分匹配后特征变量检验结果

	2009年	2010年	2011年	2012年	2013年	2014年	2015年	2016年	2017年	2018年
PGDP	0.49	-0.30	0.05	-0.90	-0.67	-0.59	0.12	0.69	-0.10	-0.29
SE	0.29	0.39	0.89	0.23	-0.69	-0.34	-0.33	0.33	0.44	0.77
PA	-0.13	0.18	-0.23	0.12	-0.46	0.25	-1.07	0.05	0.53	1.13
MOB	0.34	0.76	0.74	0.10	-0.28	-0.17	-1.01	0.25	0.33	1.25
POS	0.37	0.71	1.27	0.41	-0.62	-0.24	-0.98	0.18	0.19	1.27
SALE	0.24	0.47	1.05	-0.48	-0.21	-0.35	-0.85	0.17	-0.41	0.53

注：（1）表中数值为t统计量；（2）***、**和*分别表示在1%、5%和10%水平上显著

由表7-4可知，在倾向得分匹配后，t检验结果无法拒绝处理组和对照组之间无系统性差异的原假设，这说明在进行倾向得分匹配之后，各城市在特征变量上没有显著差异，样本选择性偏差进一步降低，符合共同趋势假设。

---

① 因为2008年的对照组样本和处理组样本不满足common support条件，所以未匹配成功。

(二)基准回归结果与分析

表 7-5 报告了根据式 7-(2)进行全样本估计的结果。模型 1 只加入了影响周边城市创新产出的控制变量。模型 2 在模型 1 的基础上加入高铁开通解释变量,在控制其他变量对周边城市创新产出影响的条件下,高铁开通对周边城市与中心城市的创新产出差距有显著的正向影响。由此可见,高铁开通会增强中心城市对周边城市的创新虹吸效应,验证了本章的假设 1。

表 7-5 基准模型估计结果

	编号	
	模型 1	模型 2
TP		0.087**
		(0.043)
PGDP	0.294***	0.304***
	(0.096)	(0.098)
SE	0.159***	0.153***
	(0.026)	(0.026)
PA	−0.0230	−0.0220
	(0.027)	(0.027)
MOB	0.114**	0.113**
	(0.050)	(0.050)
POS	0.0390	0.0350
	(0.027)	(0.026)
SALE	0.00600	0.00400
	(0.017)	(0.017)
cons	3.609***	3.694***
		(0.980)
时间效应	是	是
个体效应	是	是
N	3331	3331
R2	0.920	0.921

续表

	编号	
	模型1	模型2
r2_a	0.920	0.920
F	661.7	633.1

注：$^*p<0.1$，$^{**}p<0.05$，$^{***}p<0.01$

（三）要素禀赋的调节作用

本书的教育要素和政策要素都是哑变量，为此，在调节效应检验中，本书采用分组回归的方式进行假设检验，检验结果如表7-6所示。

模型3和模型4检验了教育要素的调节效应，分组回归的结果表明：在有教育要素的城市样本中，高铁开通的创新虹吸效应不显著；而在没有教育要素的城市样本中，高铁开通的创新虹吸效应仍然存在。因此，周边城市拥有一定的教育要素可以弱化高铁开通后中心城市的创新虹吸效应，假设2得到验证。

模型5和模型6检验了政策要素的调节效应，分组回归的结果表明：在有政策要素的城市样本中，高铁开通的创新虹吸效应不显著；而在没有政策要素的城市样本中，高铁开通的创新虹吸效应仍然存在。因此，周边城市拥有一定的政策要素可以弱化高铁开通后中心城市的创新虹吸效应，假设3得到验证。

表7-6 要素禀赋的分组估计结果

	模型3	模型4	模型5	模型6
	EDU=1	EDU=0	POL=1	POL=0
TP	0.0690	0.208**	−0.0750	0.104**
	(0.048)	(0.099)	(0.090)	(0.046)
PGDP	0.408***	0.137	−0.300	0.332***
	(0.113)	(0.086)	(0.298)	(0.108)
SE	0.140***	0.176***	0.0480	0.171***
	(0.031)	(0.054)	(0.105)	(0.028)
PA	−0.00500	−0.063*	0.154**	−0.051**
	(0.037)	(0.034)	(0.066)	(0.024)
MOB	0.122**	0.0680	0.306	0.089*

续表

	模型 3 EDU=1	模型 4 EDU=0	模型 5 POL=1	模型 6 POL=0
	(0.057)	(0.093)	(0.255)	(0.049)
POS	0.0220	0.0790	0.250	0.0140
	(0.029)	(0.069)	(0.153)	(0.025)
SALE	−0.00500	0.0330	0.125	0.00300
	(0.019)	(0.042)	(0.106)	(0.017)
个体效应	是	是	是	是
时间效应	是	是	是	是
cons	2.665**	4.996***	4.263	3.733***
	(1.155)	(1.194)	(4.180)	(1.026)
N	2701	630	375	2956
R^2	0.917	0.942	0.888	0.928
R^2_a	0.916	0.940	0.882	0.927
F	511.1	418.1	2846	654.2

注：* $p<0.1$，** $p<0.05$，*** $p<0.01$

（四）稳健性检验

上文使用倾向得分匹配基础上的双重差分（PSM-DID）方法尽可能获取可靠的估计结果。为了保证回归结果的稳健性，本书还进行了如下的稳健性检验：

1. 替换被解释变量。使用发明专利授权量作为城市创新产出的测度，被解释变量为中心城市与周边城市发明专利授权量的差值。表 7-7 模型 7 结果显示：总体上，高铁开通仍然显著正向影响周边城市与中心城市的创新产出差距。这表明，本书核心结论不受被解释变量测度方法的影响。

2. 使用上一年的特征变量进行匹配。为了避免倾向得分匹配过程中使用的特征变量受到政策的影响，进而造成对政策效果的错误估计，本书借鉴的研究，选取各特征变量滞后 1 期的数据进行匹配，仍然采用"k 近邻匹配"（k=3）方法，最终得到 145 座处理组城市和 84 座对照组城市样本。基于此倾向得分匹配后的双重差分估计结果如模型 8 所示，总体上，高铁开通仍然显著正向影响周边城市与中心城市的创新产出差距。

3. 改变PSM的匹配方法。使用Kernel匹配，最终得到226座城市组成的样本，基于此倾向得分匹配后的双重差分估计结果如模型9所示，总体上，高铁开通仍然显著正向影响周边城市与中心城市的创新产出差距。

表7-7 稳健性检验

	模型7	模型8	模型9
TP	0.064**	0.102**	0.082*
	(0.030)	(0.043)	(0.043)
PGDP	0.232***	0.275***	0.309***
	(0.079)	(0.093)	(0.098)
SE	0.127***	0.151***	0.153***
	(0.019)	(0.026)	(0.026)
PA	-0.0270	-0.0220	-0.0130
	(0.023)	(0.027)	(0.026)
MOB	0.0410	0.079*	0.101**
	(0.036)	(0.048)	(0.050)
POS	0.0190	0.043*	0.0380
	(0.021)	(0.026)	(0.028)
SALE	-0.00400	0.00700	0.00300
	(0.013)	(0.017)	(0.018)
cons	3.849***	3.953***	3.499***
	(0.878)	(0.992)	(0.992)
时间效应	是	是	是
个体效应	是	是	是
N	3331	3421	3376
R2	0.928	0.918	0.917
r2_a	0.927	0.917	0.917
F	609.6	649.8	607.1

注：*p<0.1，**p<0.05，***p<0.01

4. 反事实检验。借鉴的研究，本书通过改变城市高铁开通时间来进行反事实检验。假设处理组样本高铁开通的年份都提前一年或者两年，如果"政策处理效应"依旧显著,则说明周边城市与中心城市创新差距的变化可能来自其他政策变化或者随机因素。回归结果如表7-8所示,假设的高铁开通对中心城市与周边城市间创新差距的变化作用并不显著,因此,说明处理组与对照组的周边城市与中心城市的创新差距不是其他因素导致的,而是来源于高铁开通。

表7-8 反事实检验

	模型10	模型11
TP	0.096**	0.094**
	(0.039)	(0.037)
F1.TP	0.00800	
	(0.039)	
F2.TP		0.0140
		(0.036)
PGDP	0.275***	0.276***
	(0.094)	(0.094)
SE	0.151***	0.151***
	(0.026)	(0.026)
PA	−0.0220	−0.0220
	(0.027)	(0.027)
MOB	0.079*	0.079*
	(0.048)	(0.048)
POS	0.043*	0.043*
	(0.026)	(0.026)
SALE	0.00700	0.00700
	(0.017)	(0.017)
时间效应	是	是
个体效应	是	是
cons	3.950***	3.947***
	(0.993)	(0.995)
N	3421	3421
R2	0.918	0.918

续表

	模型 10	模型 11
r2_a	0.917	0.917
F	618.9	624.5

注：* p<0.1，** p<0.05，*** p<0.01

5. 使用三重差分法检验调节效应。为了进一步验证政策要素的调节效应，我们改变分组回归的估计方法，以周边城市是否为创新型城市作为第二分类变量，采用三重差分（DDD）方法进行回归，TP∗POL 变量前的系数为本次回归所关注的三重差分回归系数，回归结果表明，周边城市用于政策要素能够缓解虹吸效应，结果具有稳健性。

表 7-9 三重差分估计结果

	模型 12
TP ∗ POL	−0.221 **
	(0.107)
TP	0.115 **
	(0.046)
PGDP	0.290 ***
	(0.096)
SE	0.159 ***
	(0.026)
PA	−0.0320
	(0.027)
MOB	0.114 **
	(0.050)
POS	0.0360
	(0.028)
SALE	0.00400
	(0.017)
时间效应	是

续表

个体效应	模型12
个体效应	是
cons	3.756***
	(0.967)
N	3277
R2	0.921
r2_a	0.921
F	528.3

注：* p<0.1，** p<0.05，*** p<0.01

第三节 主要结论

本书利用我国247座周边城市及其对应23座中心城市的创新和社会发展数据，构建了高铁开通的创新虹吸效应模型，分析了高铁沿线城市中中心城市对周边城市的虹吸效应和影响因素，得到的结论如下：

首先，高铁开通强化了中心城市对周边城市的创新虹吸效应。已有研究已经证明了高铁开通加大了区域间的创新差距[①]，而本书从虹吸效应的视角，实证研究了周边城市在高铁开通后与中心城市创新差距的变化。在中国实施创新驱动发展战略的过程中，中心城市成为承载创新要素的主要空间形式，形成了"核心—边缘"的区域创新结构，高铁开通后，创新要素的快速流动及创新增长效应的不均衡分配，进一步扩大了中心城市的创新要素集聚优势，表现为中心城市对高铁周边城市的创新虹吸效应的进一步增强。其次，从要素禀赋视角来说，周边城市拥有一定的教育要素和政策要素，能够缓解高铁开通带来的中心城市虹吸效应。城市的资源禀赋等特征是影响其创新的重要因素，城市要素禀赋一方面具有地区特异性，不随高铁开通进行快速流动和转移；另一方面能够促进城市创新能力的发展，增强城市对创新要素的吸引和保留能力。因此相较

---

① 王春杨，兰宗敏，张超，侯新烁. 高铁建设、人力资本迁移与区域创新［J］. 中国工业经济，2020（12）：102-120.

于具有特定要素的周边城市，中心城市对不具有特定要素的周边城市的创新虹吸效应更强。

第四节　本章小结

在加快实施创新驱动发展战略的背景下，我国区域创新发展已经呈现"核心—外围"的空间结构，中心城市与周边城市的创新发展互动关系需要进一步探究。基于创新地理学和新经济学地理理论，本书构建了创新虹吸效应测度模型，以2004—2018年全国247个周边城市及其对应23个中心城市统计数据为样本，对高铁沿线城市的创新虹吸效应进行实证分析。研究结果表明，周边城市开通高铁后与中心城市的创新差距进一步加大，高铁开通强化了中心城市的创新虹吸效应。进一步研究发现，周边城市的特定要素禀赋能够弱化高铁开通后中心城市的创新虹吸效应，即拥有教育要素或政策要素的周边城市在高铁开通后与中心城市的创新差距更小。

第三篇 区域创新的未来展望和共同富裕

创新是引领发展的第一动力,是建设现代化经济体系的战略支撑,区域创新作为支撑国家创新发展的重要基础,区域创新能力一直是政府和学术界关注的重点。《"十四五"规划和2035年远景目标纲要》提出,"十四五"时期中国将实现常住人口城镇化率①达到65%的目标,继续深入推进以人为核心的新型城镇化战略,以城市群、都市圈为依托促进大中小城市和小城镇协调联动、特色化发展,使更多的人民群众享有更高品质的城市生活。中国城镇化率超过60%,城镇化进程迈入下半场,城镇化在促进经济高质量发展、提升人民群众生活品质中依然扮演重要角色。如何更好地推进区域创新,依然是未来一段时间内的重要课题。

Marshall最早从产业的空间集聚来分析区域的经济和创新发展,认为产业在某一特定地区的集聚而产生的外部性和规模经济是促进地区发展的重要动力②,新经济地理学通过规模报酬递增和不完全竞争假设,进一步为产业集聚提供理论支持。但是产业集聚理论将区域内的创新主体视为无差别的"质点",忽略了创新主体的特征和相互联系,之后,区域创新网络理论的出现开始关注区域内创新主体之间的互动关系。区域创新网络强调各主体之间的合作关系,关注主

---

① "城镇化"和"城市化"都是对"Urbanization"一词的翻译,国际上一般称为"城市化",在中国相关政策中一般采用"城镇化",现有文献并未对两者进行区分。本书主要对城市创新开展分析,文中大多采用"城市化",但是涉及相关政策等表述时也采用"城镇化",并不对两者做严格区分。
② Marshall A. Principles of economics (Revised ed.) [M]. London: Macmillan, 1920.

体之间的网络变化以及核心企业对区域创新的促进作用,而区域创新网络缺少对区域创新参与者的系统分析,也未将地区的制度文化的影响考虑在内。20世纪90年代,Freeman等人提出国家创新系统的概念,强调用系统观的思维,分析一个国家政府、高校和企业等创新主体在制度环境下的互动关系[1]。随后,Cooke[2]和柳卸林、胡志坚[3]等人又将国家创新系统拓展到区域层面,提出区域创新系统。然而,区域创新系统的研究只从静态角度来分析区域的创新和发展,忽略了区域系统的动态演化[4][5]。

现阶段,区域创新的研究呈现出一些新的发展趋势。首先,对创新极化的关注度提高,不少学者意识到区域的创新发展,特别是在城市化过程中,创新极化已经成为推动城市化的重要动力。其次,创新生态系统理念在区域创新中的应用,从创新生态系统提出以来,生态系统理念已经被不断拓展,部分学者开始探索区域创新生态系统的概念和应用。再次,数字化对区域创新的影响,数字技术的发展引发了管理方式和商业模式的重大变革,创新要素集聚方式也发生了变化,并对区域创新产生影响。最后,区域创新与共同富裕、要素集聚和创新极化在一定程度上促进了区域创新能力,但是长期的不均衡发展会衍生出部分社会问题,而共同富裕则是创新驱动发展的最终目标。因此,区域创新对共同富裕的支撑也成为近期研究的重要课题。

综上所述,本篇聚焦区域创新的最新研究动态以及对共同富裕的支撑,本篇包括五章内容:第八章工业化、城市化,创新极化与中国区域的未来,第九章区域创新生态系统,第十章数字化与区域创新,第十一章国际科创中心建设:深圳的创新实践,第十二章区域创新与共同富裕:浙江的做法与经验。

---

[1] FREEMAN C. Technology Policy and Economic Performance: Lessons from Japan [M]. London: Pinter Publishers, 1987.
[2] COOKE P, URANGA M G, ETXEBARRIA G. Regional innovation systems: Institutional and organizational dimensions [J]. Research policy, 1997, 26 (4-5): 475-491.
[3] 柳卸林,胡志坚. 中国区域创新能力的分布与成因 [J]. 科学学研究, 2002 (05): 550-556.
[4] RONG K, LIN Y, YU J, et al. Exploring regional innovation ecosystems: an empirical study in China [J]. Industry and Innovation, 2021, 28 (5): 545-569.
[5] 曾国屏,苟尤钊,刘磊. 从"创新系统"到"创新生态系统" [J]. 科学学研究, 2013, 31 (01): 4-12.

第八章

工业化、城市化、创新极化与中国区域的未来

城市是工业化的载体,其劳动生产率要高于非城市化地区,从经济地理学的角度来看,城市通过将劳动、技术和资本等要素集聚,不断提升其规模和竞争力。城市化是农村人口向城市转移,并推动经济增长和产业升级的过程,广义的城市化包括人口城市化、土地城市化和生活方式城市化等。1949—2019 年间,中国城镇化率从 10.64% 提高到 60.6%,中国的城市化模式、主导产业和要素聚集等不断发生变化。在中国城市化的进程中,不仅包含传统工业化的过程,还包括创新形态的变化过程[1]。改革开放以前,中国经济处于恢复阶段,对城市创新发展和工业化要求相对较低;随后,依托地方特色不断发展乡镇企业,并开始工业化,城市的创新意识不断增强;再之后,通过引进外资开始大规模的工业化,创新要素在大城市集聚,形成创新极化。未来,打造城市创新生态系统,集聚高端创新要素,将成为城市化发展的主要方向。在城市化过程中,不同地区城市化程度不同,其工业化和创新极化程度也不一样[2]。从这个角度讲,中国的城市化与科技要素的聚集群落密切相关,所以现在东部包括京津冀、粤港澳、长三角,是科技要素最活跃的地方。

为厘清在中国城市化过程中,城市创新模式、产业分布和要素集聚的时空演化,本书在已有研究的基础上,基于创新地理学理论框架,将创新极化纳入城市化发展的研究中,分析中国城市化在不同阶段的创新模式和主要特征,区分工业化和创新极化在不同阶段的作用,并进一步分析现阶段城市创新的地理特征和面临的主要挑战,继而提出中国城市创新的未来发展方向。最后,分析

---

[1] LYU L, SUN F, HUANG R. Innovation-based urbanization: Evidence from 270 cities at the prefecture level or above in China [J]. Journal of Geographical Sciences, 2019, 29 (8): 1283-1299.
[2] 陈彦光,罗静. 城市化水平与城市化速度的关系探讨——中国城市化速度和城市化水平饱和值的初步推断 [J]. 地理研究, 2006, 24 (06): 1063-1072.

了未来城市创新可能遇到的挑战以及战略选择。

第一节 城市化进程及其驱动力

已有研究对工业化和城市化之间的关系开展了一系列研究，并探讨了城市化与工业化之间的互动关系[1]。Davis 和 Henderson 从政策角度分析了在城市化过程中，城市化与工业化之间的互动关系[2]。Gollin 等分析了生产型城市和消费型城市的城市化进程与工业化之间的关系[3]。中国社会科学院"工业化与城市化协调发展研究"课题组通过对城市化与工业化的国际比较和实证分析指出，中国城市化与工业化发展基本保持同步，但是从国际经验来看，在不同发展阶段，城市化与工业化之间的关系存在不同程度的偏差。钱纳里[4]的实证研究指出，随着城市化的发展，工业化和城市化之间的关系变得相对松弛。这也就是说，随着工业化和城市化的不断发展，工业化并不能完全解释城市化的进程，有必要从文化、制度等软环境因素对城市化进行分析。Feldman 提出创新地理学，将创新纳入经济发展的地理空间研究中，扩展了经济地理学的研究内容。[5]在城市化过程中，创新制度、创意文化和高端人才等要素的空间集聚形成创新极化，为城市化发展提供内生驱动力。

一、城市化与工业化的相互促进

在很长一段时间里，学者们认为工业化与城市化之间存在相互促进的关系，工业化高于农业化的效率优势，是推动城市化发展的重要驱动力；城市的规模效应和集聚效应，则为工业化发展提供了条件。关于城市化与工业化产生与发展的理论研究大体经历了三个阶段，第一阶段的主流理论是劳动力分工作用于城市的产生和工业化发展的解释，强调城市产生的内生性，即劳动分工使得部

---

[1] CHENERY H B, SRINIVASAN T N, SCHULTZ T P, et al. Handbook of development economics [M]. Elsevier, 1988.
[2] DAVIS J C, HENDERSON J V. Evidence on the political economy of the urbanization process [J]. Journal of Urban Economics, 2003, 53 (1): 98-125.
[3] GOLLIN D, JEDWAB R, VOLLRATH D. Urbanization with and without industrialization [J]. Journal of Economic Growth, 2016, 21 (1): 35-70.
[4] 钱纳里. 工业化和经济增长的比较研究 [M]. 上海：上海三联书店, 1989.
[5] Feldman M P. The Geography of Innovation [M]. Berlin: Springer. 1994.

分工人离开农村并在城市集聚从事非农工作，进而产生了城市和工业。第二阶段的主流理论是古典区位理论和新城市经济学，这一阶段强调城市化和工业化形成的外生性。古典区位理论基于完全竞争假设，认为企业基于最优成本选择合适的区位进行集聚而形成城市，新城市经济学则强调围绕单一商业中心的资源均等配置。第三阶段的主流理论是新古典经济理论和新经济地理学，新古典经济理论利用超边际分析，重新将城市化和工业化发展归结于劳动分工。新经济地理学通过规模报酬递增、不完全竞争和运输成本的基本假设提出，城市化与工业化通过集聚经济实现相互促进和协调发展。

然而，工业化和城市化的进程也并非完全一致，在不同阶段表现出超前、同步和滞后等关系。在欧美等发达国家城市化发展的早期，工业化与城市化呈现同步增长，但随着工业化逐渐成熟，城市化与工业化之间的关系相对脱离。部分资源依赖型国家，则会出现城市化发展超前的现象，如中东和非洲部分国家长期依赖资源出口，在没有工业化支持的情况下实现超前城市化，并表现为"荷兰病"。此外，苏联和东欧由于对城市人口的限制政策、东南亚国家工业的过度分散等原因，会导致城市化发展落后于工业化。

因此，对于大部分国家而言，城市化的早期会表现出与工业化同步发展，但是工业化的影响会随城市化进程减弱的态势。因此，工业化并不能完全解释城市化进程，需要进一步考虑文化、制度和人力资本等非经济因素对城市化的促进作用，特别是人才、技术、资本等创新要素的集聚，对城市化的发展作用越来越大[1]。

二、创新极化成为城市化的新动力

20世纪50年代，法国经济学家Perroux[2]最早提出了"增长极理论"，用来解释产业发展的不平衡现象。Boundville[3]将空间地理维度引入增长极理论，提出区域发展极的概念。Hirschman[4]在增长极概念中引进了空间度量，并提出了

---

[1] 吕拉昌，赵彩云. 中国城市创新地理研究述评与展望 [J]. 经济地理，2021, 41 (03): 16-27.

[2] Perroux F. A note on the notion of growth pole [J]. Applied Economy, 1955. 1 (2): 307-320.

[3] Hirschman A O. The Strategy of Economic Development [M]. New Haven: Yale University Press. 1958.

[4] Boudville J R. Problems of Regional Economic Plan [M]. Edinburgh: Edinburgh University Press. 1996.

173

"极化—涓滴效应假说",用来解释国家经济发展不平衡现象。Friedmann[①]将创新理论与增长极理论进行结合提出了"中心—外围理论",并指出发展可以看作一种由基本创新群最终汇成大规模创新系统的不连续过程。城市的创新极化则是指在城市化发展过程中,创新资源向发达城市集聚,并表现出较高的创新产出,对城市发展形成强有力的推动力。

在工业化后期,知识经济和数字经济的崛起进一步改变了城市发展的驱动力,城市依托区位、交通和基础设施等优势,不断积聚人才、资本和技术要素,并在中心城市形成创新极化。创新资源在城市的集聚也为企业家、科研工作者等提供了近距离相互交流和思想碰撞的机会,带动城市创新网络的形成和演化,促进城市创新创业和技术进步,引致城市空间结构产生革命性变化。与此同时,由于创新创意型人才更加偏向休闲设施完善、文化氛围良好的城市,在后工业时代,城市化的发展通过优化创新空间的教育、科技和娱乐等资源,吸引并集聚高端人才,不断驱动城市化进程。

因此,城市化是工业化和创新极化共同推动发展的结果,工业化通过产业升级和基础设施建设,为城市化发展提供必要的硬环境;而城市创新极化通过集聚创新要素、营造创新创业等软环境,吸引城市化发展中的各种创新型人才。

在城市化的不同阶段,工业化和创新极化的作用有所不同。在城市化发展的早期,城市主要依靠工业化的高生产效率和规模效应实现发展,但是受到经济发展水平和技术水平的限制,城市并不需要太多高技能人才,大规模农民涌进城市,为工业化发展提供了充足劳动力,工业化成为城市化最主要的推动力。随着城市化的不断推进,城市经济水平也在不断提升,城市开始淘汰部分劳动密集型工业,进而转向发展资本密集和知识密集型产业,这使得城市需要依靠更多具备一定教育水平和技术能力的创新型人才。也就是说,在城市化初期,工业化是推动城市化发展的主要动力,而随着城市化进程不断推进,创新极化的作用不断提升。

工业化和创新极化驱动城市化发展的理论模型如图 8-1 所示。

---

① Friedmann J. Regional Development Policy: A Case Study of Venezuela [M]. Cambridge: MIT Press. 1966.

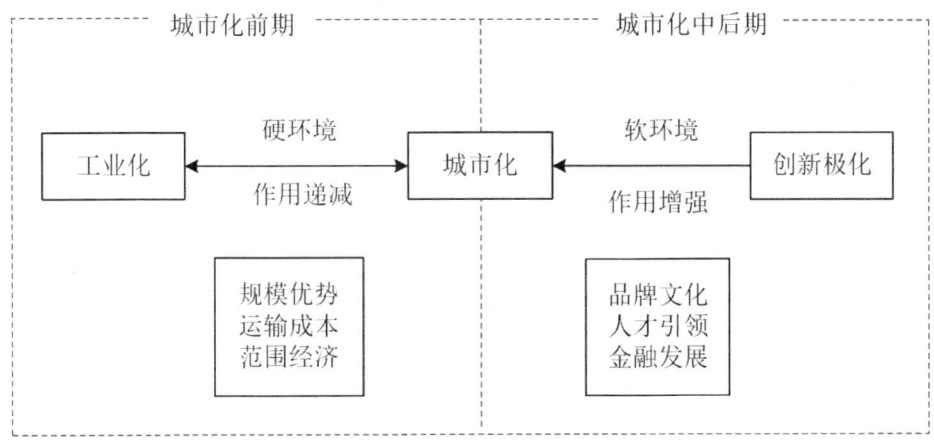

图 8-1　工业化和创新极化对城市化的驱动示意图

综上所述，城市化起源于社会分工，城市化过程一般遵循 S 曲线，具有明显的阶段性特征，整个城市化过程是工业化和创新极化共同推动的结果，在城市化不同阶段，工业化和创新极化对城市化的驱动作用也存在差异。

第二节　城市化的历史变迁

一、城市化的阶段划分

城市化的过程具有明显的阶段特性，Northam 最早提出城市化发展的 S 曲线，将城市化进程分为初始阶段、加速阶段和最终阶段，三个阶段对应的城市化水平分别为低于 25%、25% 到 60% 之间和高于 60%[1]。焦秀琦[2]利用 Logistic 模型计算了英国等 8 个国家城市化发展的 S 曲线，并将城市化发展的临界值设定为 30% 和 70%。陈彦光和罗静[3]利用 Logistics 模型对中国城市化进程进行分析，并指出中国城市化率 50% 是一个重要拐点，此时的城市化速度最快，之后进入减速阶段。为此，本书选择城市化率的 30%、50% 和 60% 作为临界点，分

---

[1] Northam R. Urban geography [M]. New York: John Wiley & Sons, 1979.
[2] 焦秀琦. 1987. 世界城市化发展的 S 型曲线 [J]. 城市规划, 10 (2): 34-38.
[3] 陈彦光, 罗静. 2006. 城市化水平与城市化速度的关系探讨：中国城市化速度和城市化水平饱和值的初步推断 [J]. 地理研究, 24 (6): 1063-1072.

析我国城市化各阶段的主要特点。

图 8-2 展示了中国城市化进程以及城市化增长率。从图中可以看出，中国城市化率在 1978 年以前提升非常缓慢，从 1978 年开始，城市化率开始稳步提升，并在 1995 年首次超过 30%。之后，城市化率继续稳步提升，并在 2010 年和 2019 年超过 50% 和 60%。截至 2019 年，中国已经经历了城市化发展的四个阶段。城市化 1.0 阶段（1949—1977 年），改革开放以前，中国处于经济恢复和城市化探索阶段，城市化意识相对淡薄；城市化 2.0 阶段（1978—1995 年），改革开放以后，依靠大规模工业化促进城市发展，形成技术引进和本地技术相结合的创新模式；城市化 3.0 阶段（1996—2010 年），通过产业集聚培育大城市，创新极化的作用逐渐显现，依托高新技术产业和外资引进形成创新要素集聚；城市化 4.0 阶段（2011—2018 年），以省会为代表的中心城市不断壮大，城市创新能力增强，并形成明显的创新极化。

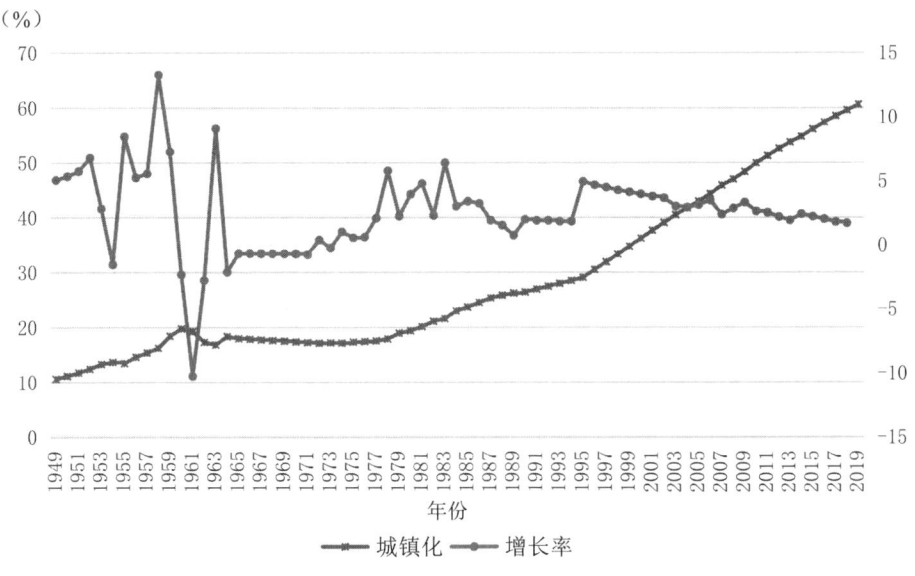

图 8-2　中华人民共和国成立以来城市化发展趋势图

资料来源：国家统计局

二、城市化1.0：计划经济时期的初步探索

中华人民共和国成立初期，为了恢复全国经济发展水平，中国实行计划经济，因此并没有强调城市化、工业化和创新极化的发展。工业化发展依赖于当地的资源禀赋和交通优势，进而形成一些资源型城市。以苏联援助的156个项目为例，绝大多数是资源采掘和化工等重工业项目，而这些项目主要分布在东北和中西部矿产资源比较丰富的城市，相当多的工业设施安置在一些中小城市。将钢铁企业、有色金属冶炼企业、化工企业等选在矿产资源丰富及能源供应充足的中西部地区；将机械加工企业设置在原材料生产基地附近，如哈大铁路沿线的沈阳、鞍山、哈尔滨等。当时的东北占苏联援助投资比重44%左右，中西部占比53%，东部并不是工业化的重心。

从城市化发展水平来看，城市化1.0阶段城市化进展缓慢，近30年的时间从10.64%提升到17.55%，同时，城市化增长率并不稳定，大体呈现先上升后下降再平稳的过程。可以说，在改革开放之前，城市化并不是这一阶段中国的主要任务，城市化和工业化、创新极化的关联相对较弱，城市化发展并不需要高技能人才，农民工进城基本可以满足城市化对劳动力的需求；工业化的重点是为了加快重工业的发展，而非促进城市化进程。

此外，在城市化1.0阶段，在确立实行计划经济制度的同时，也形成了城乡二元体制。为了尽快摆脱贫穷落后的现状，尽早建立国家工业体系，政府效仿苏联的做法，通过国家"统购统销"制度，筹集重工业所需资金，将医疗、教育、住房等福利优先供给城市。1955年，《关于城乡划分标准的规定》的出台标志着城乡二元结构初步建立；1977年，《公安部关于处理户口迁徙的规定》获批，其中严格控制"农转非"，标志着城乡二元制度完全确立。从历史发展来看，城乡二元体制对于当时发展工业化、建立完善的工业体系具有一定的推动作用。

综合来看，在城市化1.0阶段，由于国家正处于恢复经济和初步建立工业化体系阶段，城市并不重视创新，而是依托城市的资源禀赋，在一些有基础的中小城市发展工业化。同时，为了促进城市的创新要素集聚，国家实行城乡二元制度，在促进工业化发展的同时，一定程度上限制了城市化发展。

三、城市化2.0：工业化与城市化的相互促进

从改革开放以后，城市化进入新的发展阶段，城市化水平从1978年的17.92%提高到1995年的29.04%。城市发展逐渐迈入工业化和城市化相互推进

的阶段，工业化和城市化步伐明显加快，工业化成为城市化的主要驱动力。首先是我国大幅加快了工业化的步伐，主要的方法是从国外引进重大工程项目，其中钢铁、化工和通信是重点。宝钢的建设是一个里程碑事件，依托工程建设，将创新资源集聚到大型城市，发挥城市的规模优势。随后，大众汽车、上海石化等当时工业化最高水平的企业，都纷纷落户上海。在城市化2.0阶段，国家已经意识到在一些如上海一样的大城市，工业化能力远高于一些中等城市。一方面，工业化是城市化的主要动力，工业化的劳动生产率明显高于农业，可以推动城市建设、增加城镇就业岗位，进而促进城市化发展；另一方面，城市是工业化的载体，可以承载更加有创造性、更有活力的各种要素，劳动的人力资本、技术等大规模工业生产的要素，城市化带来的消费需求增长和消费升级，能够带动工业化创新和发展。

  从城市创新能力发展的角度来看，这一阶段的技术提升主要依靠技术引进和消化吸收，强调的是规模经济。同时，政府也开始强调科技的作用，具体表现为两个方面：其一，1985—1992年，建立高新技术产业开发试验区；其二，通过支持和鼓励民营科技企业发展，加快科技成果的产业化。在一些中小城市，乡镇和民营企业不断出现，民营经济决定了其对市场化资源配置的强烈需求，推动了中小城市的工业化和城市化进程。以温州模式为例，在发展民营经济过程中，城乡二元化治理模式导致城乡要素难以自由流动和配置，城乡人口集聚失调，严重束缚了其城市化进程。因此，从20世纪90年代开始，经国务院农村改革试验区办公室批准，温州开展了小城镇体制改革，市政府出台相关文件，开始对户籍制度、工商制度、外商管理和技术创新等方面进行改革。通过一系列改革，温州工业化水平不断提升，技术能力不断增强。

  因此，从20世纪80年代开始，城市化表现为多元化的进展，并不是以大城市为核心。城市空间开始萌芽，国家开始重视高技术，进行高新区试验。在产业分布上，工业化的重点依然在重工业，而轻工业则是民营企业乡镇企业发展的主要产业领域。城市产业转移至周边，分布在中小城市。国家也发布一系列的科技支持计划，如星火计划等。民营企业的发展使产业集群的作用显现，如广东的佛山、江苏的张家港、浙江的温州等。在很大程度上，产业集群推进了中等城市的快速发展。

四、城市化3.0：外资引进助力城市创新

  随着城市化进程的不断推进，创新对城市化的推动作用不断增强。鉴于中

国当时落后的技术水平，国家开始通过大规模引进外资，提升科技创新能力。1995年下半年对外商投资政策的重大调整，原国家计委、经贸委、外经贸部联合颁布了第一部《外商投资产业指导目录》和《指导外商投资方向暂行规定》，引导外商在高新技术产业等领域开展投资。这一政策的调整带动外资企业的快速发展，1996年中国大陆出口增长率只有1.5%，但外资企业出口增长率却为23.79%。

在城市化3.0阶段，城市国际化和对外开放水平不断提升，外资引进和货物出口量都稳步上升。一方面，20世纪90年代中后期正处于国际产业转移时期，发达国家将劳动密集型和资源密集型产业和产品生产向发展中国家转移。借助中国土地和人口方面的优势，通过大规模引进外资，提升本国技术水平，从而促进工业化和城市化发展。图8-3展示了在商务部《中国外资统计公报》中，关于中国外商投资实际利用额及其占全社会固定资产投资的比重，在1996—2010年间，中国实际使用外资金额由417.3亿美元增长到1147.3亿美元，增长近三倍。外资企业在上海、天津、宁波等东部沿海地区集聚，促进了城市基础设施建设、房地产行业、钢铁行业等投资力度。同时城市逐渐集聚人才、技术和资本创新要素，并逐渐演化成城市创新极化，为城市化提供动力。

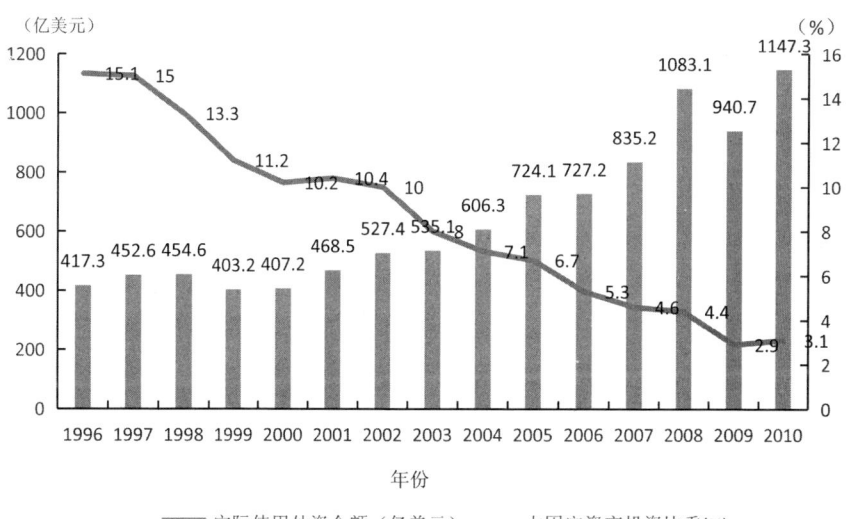

图8-3 城市化3.0阶段全国实际使用外资金额及其占固定资产投资比重

资料来源：《中国外资统计公报》

另一方面，中国货物出口总额和服务出口总额不断提升。图8-4展示了商务部中国服务进出口统计结果，货物出口总额和服务出口总额，分别从1996年的1510亿美元和206亿美元，增长到2010年的15778亿美元和1702亿美元。同时，这一时期的出口主要是以外资企业产品为主，一是因为国内技术相对落后，无法达到发达国家的要求；二是保护国内市场，避免受到外资企业产品的干扰。

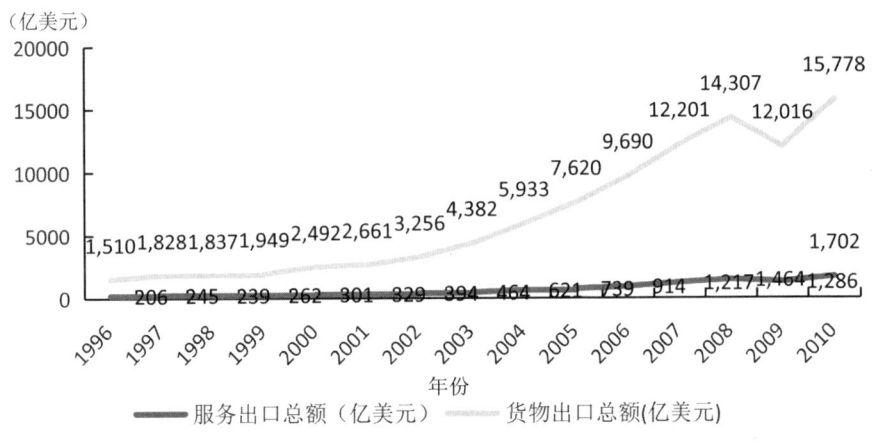

图8-4 城市化3.0阶段全国货物和服务出口总额

资料来源：《中国统计年鉴》

从城市化发展水平来看，1996—2010年间，城市化水平从30.48%提升到49.95%。在此期间，上海、深圳、天津、宁波等具有地理优势的大城市得到了很大发展，大城市创新极化开始形成，并成为科技和创新发展的引擎。在城市化3.0阶段，上海和深圳是比较具有代表性的城市，上海最先成为中国对外开放的窗口，并承载大量的大规模工业、企业，在全国城市中的地位不断提升。1995年，上海浦东海关和外高桥保税区海关正式开放，浦东成为对外贸易的窗口。随后，日本富士银行、西门子、日立、英特尔等外资企业陆续入驻上海，使上海逐渐成为创新增长极，推动了上海城市化发展进程。1996年9月，深圳市高新技术产业园开工建设，深圳开始布局高新技术产业。1999年，举办首届"中国国际高新技术成果交易会"，标志着深圳以高新技术产业为主导的城市化道路进一步推进。目前，深圳也是中国完全城市化的唯一城市。

因此，在城市化3.0阶段，城市化进程不断加速，城市创新不再单纯依靠大规模工业化的线性创新，而是转向依靠高新技术产业和吸引外资为主的开放式创新模式。创新极化的作用进一步明显,大城市开始出现,上海、天津等东部沿海城市依托优越的地理优势,不断吸引外商投资、集聚创新要素实现快速发展,形成具有巨大带动力的创新增长极,成为科技和创新发展的主要动力。

五、城市化 4.0:核心城市的极化发展

中国城市化水平在 2011 年首次超过 50%,城市化进入新的发展阶段。2011 年政府工作报告中"创新"出现 30 余次,创新被政府提到新的高度。2012 年,全国科技创新大会发布《关于深化科技体制改革加快国家创新体系建设的决定》,彻底拉开了中国中心城市创新极化的序幕。2012 年 11 月,党的十八大报告正式确立了创新驱动发展战略,强调深化科技体制改革,加快建设国家创新体系,创新极化成为推动城市化进程的主要力量。在城市化 4.0 阶段,中心城市工业化发展开始转型,通过将重工业向周边城市转移,工业化对城市化驱动效应减弱。通过发展高技术产业实现城市产业升级,集聚高端创新要素提升创新能力,并使之成为城市化发展增长极。图 8-5 展示了在城市化 4.0 阶段中国高新技术产业企业的数量变化,在 2011—2018 年间,企业数量从 21682 家增加到 33573 家,年复合增长率为 6.45%。

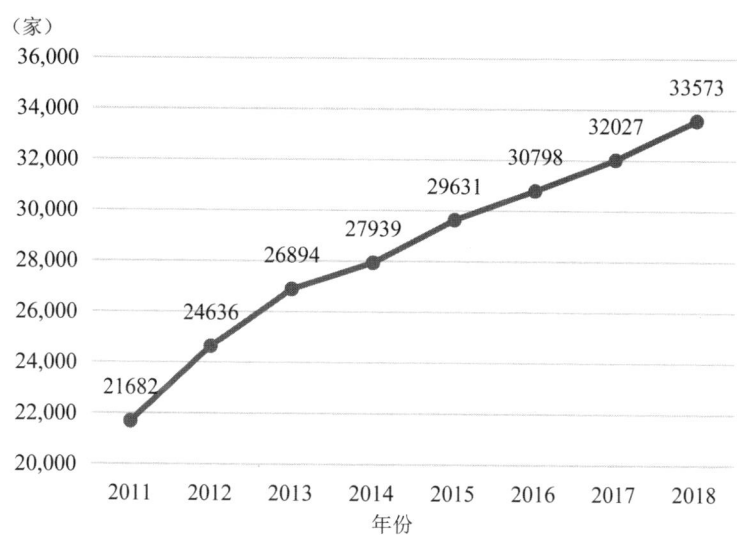

图 8-5　全国高技术产业企业数

资料来源:《中国高技术产业统计年鉴》、国家统计局

城市化 4.0 阶段,城市的显著特征表现为城市等级意识的加强,教育、医

疗和人才等资源加速在大城市集中，城市创新能力不断提升。由于中国城市采取"整建制"模式，这导致在城市的行政级别与政治地位、创新要素等方面存在明显不同。在这一阶段中国城市的行政中心偏向被进一步放大，部分地区"举全省之力"将土地、资金等资源和优惠政策向省会等中心城市倾斜，导致省会城市在规模和发展速度上明显优于低级别的中小城市。省会城市更容易获得创新资源，创新极化得到自我强化。

然而，各省的"造城"运动进一步加速了城市极化的同时，也引发了中心城市的"大城市病"，在北京、上海、深圳等城市引发了交通拥挤、房价飙升和资源紧张等现象，一定程度上对城市化带来了危害。极光大数据发布的《2018年中国城市通勤研究报告》显示（图8-6），2017年全国主要大型城市的平均通勤时间均超过40分钟，通勤距离均超过8.2千米，其中北京、上海和重庆的通勤距离则超过12千米。国家统计局关于数据显示超大城市2011—2018年间平均房价增长情况（图8-7），北上广深房价增长为全国平均房价的2~5倍，其中深圳平均房价最高，2018年高达54132元，是全国平均房价的6.2倍之多。

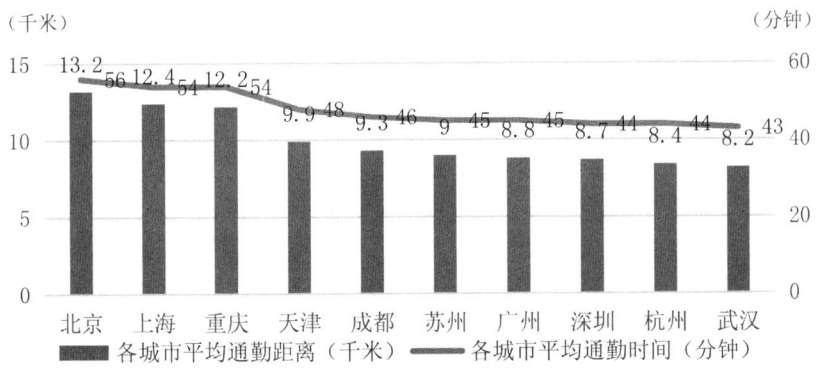

图8-6　2017年度主要大型城市平均通勤距离和时间

资料来源：《2018年中国城市通勤研究报告》

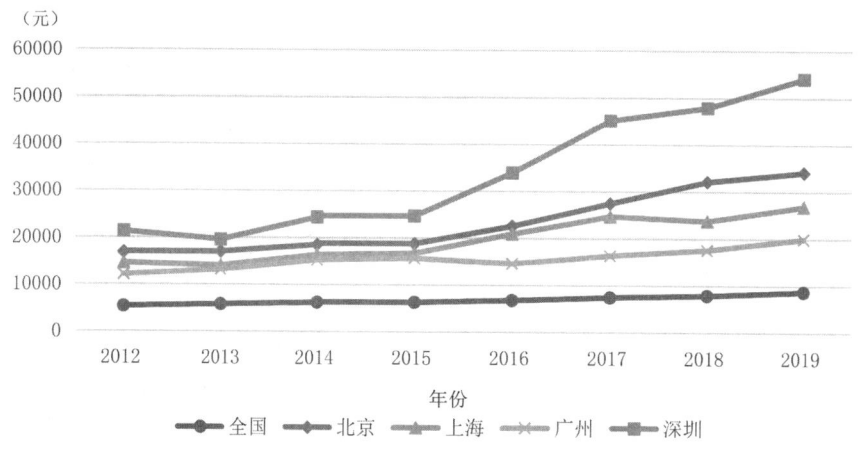

图 8-7 主要大型城市商品房平均销售价格

资料来源：国家统计局

随着城市化进程的提升，不少地区已经开始关注极化对城市发展带来的危害，一方面，大规模城市开始向新产业引领的方面转移，开展服务业创新和商业模式创新，将劳动密集型的工业企业向周边城市转移。另一方面，通过城市治理实现城市间均衡发展，《北京城市总体规划（2016—2035 年）》中明确提出推进职住平衡发展，《杭州市城市总体规划（2001—2020 年）》指出构建都市 1 小时通勤网络。

城市化 4.0 阶段，城市计划的推动作用进一步彰显，一方面，工业化作用弱化而创新极化作用增强，中心城市产业升级，以高新技术产业为代表的知识密集型和创新密集型产业迅速增加，重工业向周边转移。另一方面，城市等级意识增强，各省通过将资源向省会城市倾斜来促进省会城市创新能力提升，极化现象不断得到强化。与此同时，超大规模城市的形成也导致交通拥挤、房价上升等城市问题，部分省份和城市开始注重城市均衡发展，降低极化带来的不利影响。表 8-1 呈现了城市化发展不同阶段的主要特征、要素集聚和具有典型代表的城市发展模式。

表 8-1 城市化发展阶段的特征比较

阶段	城市化 1.0	城市化 2.0	城市化 3.0	城市化 4.0
驱动方式	依靠城市资源禀赋，发展重工业	以大规模工业化为主导的要素驱动	依靠技术引进和吸引外资的投资驱动	土地政策等要素向省会城市集聚

续表

阶段	城市化1.0	城市化2.0	城市化3.0	城市化4.0
驱动力	工业化和创新极化意识薄弱	工业化意识增强，创新极化开始萌芽	工业化和创新极化共同推动	工业化作用减弱，创新极化增强
要素集聚	依靠城市资源禀赋，发展重工业	以大规模工业化为主导的要素驱动	依靠技术引进和吸引外资的投资驱动	土地政策等要素向省会城市集聚
城市发展	将资源向城市倾斜，优先发展城市	工业化带动城市化，城市化促进工业化发展	以若干个大城市为中心，逐步提升城市化	城市等级意识强化，省会等中心城市得到快速发展
发展效应	具有资源和地理优势的城市得到优先发展	依靠重工业工厂的集聚形成规模效应	以高新技术产业引领，形成多产业集聚的规模效应和范围效应	城市极化不断强化，超大规模城市成本不断上升
典型城市	沈阳、鞍山	温州模式、苏南模式	上海浦东、广东、深圳	北京、上海、广东、深圳

第三节 创新极化带来的挑战

新中国成立以来，特别是改革开放以后，中国城市化取得了显著成就，在城市化速度上创造了中国奇迹。但是，在中国快速城市化过程中，依然存在诸多困难和挑战。已有学者从人口学和经济地理学的角度提出了中国城镇化发展中的不足，如人口市民化滞后、城乡二元分割结构失调、资源环境代价过大等。从创新地理学的角度来看，城市化进程中也存在城市创新协调和对城市化驱动方面的挑战，包括创新极化导致区域创新不协调、数字化加剧导致创新要素分布不均衡、行政区划壁垒影响创新要素流动等。

一、创新极化导致区域创新不协调

创新极化为城市化发展提供了驱动力，在创新极化过程中，中心城市不断地把人才、资本等活跃的创新要素集中在一起，进而实现城市的规模经济和范围经济[①]。然而，城市创新生态系统要求主体之间形成协调的有机统一，创新极化的形成导致创新要素不断流向中心城市，并在中心城市形成"创新高原"，由于创新增长极与周边城市之间存在较大的"势差"，中心城市对周边的扩散和带动效应并不明显。在未来城市创新生态系统构建中，如何协调不同城市之间的城市化进程，实现城市创新生态系统的错位协调发展将会成为一大挑战。

城市化进程的地区差异明显。根据本书提出的"工业化—城市化—创新极化"模型，在城市化的不同阶段，工业化和创新极化对城市化的驱动作用存在异质性。中国在城市化进程中，由于不同城市之间的资源禀赋和政策倾向的不同，不同地区的城市化进程存在差异。从全国范围来看，2019年，全国城镇化率为60.6%，其中东部地区城镇化率明显领先达到68.42%，而中部和西部地区相对滞后，分别为56.77%和54.09%。从区域层面来看，邻近城市之间的城市化进程不一致，导致城市创新生态系统的协调发展难以实现。如京津冀协同发展作为国家战略，是中国推动城市创新生态建设的典型代表，但是由于北京、天津和河北下辖城市之间在城市化驱动方式、产业机构方面存在重大差异，很难在协同方面实现重大突破。

创新增长极无法实现与周边城市的互补和协调。从中国各城市发展现状来看，几乎每一个省会城市边界都在扩大，把更活跃的因素集中，并把城市打造成一个创业型的、创新型的空间载体，最终导致创新要素配置不均衡不合理现象加剧。各种人才、资本等高端创新要素主要集中在北京、上海、深圳等几个大型城市，周边城市的发展明显落后，无法形成产业互补和人才互动。因此，在创新极化驱动城市化发展的同时，如何通过创新增长极带动周边城市发展，形成协调统一的创新生态系统也是各城市面临的一个重大挑战。

二、数字化加剧导致创新要素分布不均衡

数字化是指以大数据、云计算和人工智能等新兴数字化技术对现有产业形态、产业结构和组织方式等引发的重大变革，并进一步引致创新过程和结果的内在变化。数字化的发展在一定程度上消除了地理空间对产业发展和城市发展的限制，同时也对于城市化进程存在诸多潜在影响。一方面，数字化可能加剧

[①] KRUGMAN P. Increasing returns and economic geography [J]. Journal of Political Economy, 1991, 99 (3): 483-499.

城市化发展差距。数字化具有典型的自生长性和融合性的特点[1]，自生长性是指数字化在动态中实现重塑和自我加强，融合性是指数字化可以打破传统产业边界，实现不同产业的跨界融合。数字化相关产业最早出现在相对发达的中心城市，由于数字化自生长性特点，数字化产业会通过不断吸引周边创新要素，实现产业的自我强化。数字化的融合性则使其很容易与不同产业进行交叉融合，特别是与高新技术产业的融合有助于产业的创新发展。因此，数字化自生长和融合性特点会在一定程度上强化现有创新极化格局，使更多具有高创新能力和高成长性的企业向中心城市集聚，不利于城市之间的协调发展。《2020胡润全球独角兽排行榜》中，中国有227家企业上榜，其中北京、上海、深圳和杭州四个城市就有190家，占比超过80%，而这些独角兽公司超过80%均是与数字化相关的产业。

另一方面，数字化加速了新兴产业创新极化的过程。数字化催生了诸多新兴产业，为城市的发展提供了机会，部分城市可以依托数字化产业快速形成集聚优势，缩短创新极化形成的时间。例如，贵阳依托其地理位置和气候优势，从2014年开始发展大数据产业，并于2015年建成贵阳大数据交易所，成为国内首个以大数据命名的交易所。随后，围绕大数据产业，形成了数据中心、电子信息制造、软件和信息技术服务三个千亿级产业集群，不断带动城市创新发展。同时，围绕大数据建成互联网数据专用通道、颁布大数据相关法规等[2]，逐渐构建起相对完善的创新生态系统，带动城市的全面发展。这就是说，贵州从数字产业的兴起到相对完善的创新生态构建，仅用了6年左右的时间。

因此，数字化时代的到来加剧了创新极化，进一步强化了城市之间的发展不平衡。一方面，数字产业和数字要素依然倾向于北京、上海等大型城市，城市之间的要素分配不均衡现象正在加剧；另一方面，数字化新兴产业能够在短时间内形成规模优势，形成新的数字创新增长极。因此，如何正确应对数字化对城市化带来的机遇和挑战，将成为未来城市发展的一个重要话题。

三、行政区划壁垒影响创新要素流动

城市创新生态系统要求创新要素不受政府干预，实现区域间低成本甚至无

---

[1] YOO Y, BOLAND Jr R J, Lyytinen K, et al. Organizing for innovation in the digitized world [J]. Organization Science, 2012, 23 (5): 1398-1408.

[2] 张伟. 贵州贵阳大数据发展实现"三级跳"计划打造三个千亿级产业集群 [A/OL]. 中国新闻网, 2021-02-25.

成本的自由流动，进而促进创新要素在一个更大的空间内活跃，承载更多的创新型企业。然而，行政区划的级别、管辖范围等在一定程度上对城市化进程具有重要影响，同时也对城市创新生态系统的构建产生影响。其一，由于行政区划像一面"看不见的墙"，约束了创新要素的跨区域流动，并导致行政区域边界经济衰竭。其二，行政区划导致城市之间的管理和协调无法顺利进行，城市很难进行政策协调和资源共享。其三，中国现行的户籍制度对人才的自由流动产生了束缚，人才的跨城市流动后，医疗、教育等社会服务难以得到保障。

以长三角协同创新和创新系统构建为例，长三角是基于市场化需求，利用地理临近优势，发挥产业协同而形成的城市创新系统。但是在城市创新系统不断完善过程中，依然面临行政区划不协调的挑战。首先，长三角三省一市之间的创新合作与交流，政策缺乏一致性，专项优惠政策仅针对本地科创企业，地方保护和市场分割问题依然存在。其次，由于行政壁垒和户籍制度，企业和人才的区域间的自由流动受到阻碍，部分人才由于无法取得上海户口，无法解决子女入学和社会医疗等问题。即使在省域内部，行政区划壁垒也依然存在，不同市（县）之间并未实现良好的互动和统一，如上海科创企业分散在张江、杨浦、徐汇等多个区域，并没有形成很好的产业集聚。最后，"科创飞地"模式依然受到行政区划壁垒的限制。"科创飞地"是三四线城市为引进高端创新要素，提升创新能力，在一线城市设立研发平台，进而形成嵌入式区域创新合作的模式，目前长三角依托G60科创走廊广泛开展"科创飞地"合作模式[1]。然而，"科创飞地"并没有很好突破行政区划壁垒，"科创飞地"的科研人员无法享受上海、杭州等地的社保、教育资源等，飞地内企业税收缴纳问题也很难在两个城市之间达成一致。

第四节　城市化发展的未来展望

新中国成立以来，工业化和创新极化不断驱动城市化水平的提升，同时，城市化的发展，特别是省会等核心城市的极化发展也导致了城市间发展不协调等问题。在加速构建"双循环"新发展格局，促进我国科技创新的全面追赶和超越的背景下，面对城市创新的挑战，未来城市创新的战略选择有以下几点

---

[1] 查志强．打造"科创型飞地"实现两地双赢［N］．安徽日报，2021-01-26.

可能。

一、基于生态位打造城市错位发展

随着城市化进程的不断推进，北京、上海和深圳等大城市的问题也不断暴露，用某一个行政单元的城市来管理一个企业的发展，已经慢慢产生了制约，跨城市的创新生态系统构建成为未来城市发展的主要方向，而城市之间基于生态位的错位发展将是创新生态系统协同演进的关键。生态位来源于对生物在生态系统中生存所需阈值的描述，在生态系统中，不同生态位的物种之间存在共生和竞争关系，并维持生态系统的平衡状态。在城市创新生态系统中，每个城市也可以视为一个物种，并在对创新要素的竞争中，逐渐形成相对稳定的状态。因此，城市生态位可以概括为，在城市创新生态系统中，单个城市可以获得的自然资源、人力、技术和资本等各种资源要素的多维空间形态，并表现为城市在创新生态系统中所处地位和功能。主要通过以下三点实现：一是发挥创新增长极在创新生态系统中的主导和引领作用。创新增长极作为创新生态系统的主导者，是创新能力最强、创新要素最集聚的地区。创新增长极承担着对整个创新生态系统设计的任务，通过培育主导产业，提高自身的知识和技术的溢出能力，带领生态系统参与者实现价值主张，提升创新生态系统的竞争力。二是降低城市生态位重叠，促进城市间良性竞争。生态位重叠将会导致城市之间对资源的激烈竞争，基于自身资源禀赋和经济基础，构建与创新生态系统整体环境相匹配的生态位，实现创新生态系统内部良性竞争，有利于城市创新生态系统内部的协同演进。三是提升城市创新生态系统内产业互补能力，实现产业链优化升级。创新生态系统强调互补产业和上下游企业之间的互动关系，在中心城市优势产业的引领下，周边城市发展互补性产业，优化生态系统内部产业链。

二、基于产业集群打造创新集群

中国城镇化率已经超过60%，传统的工业化对城市化的推动作用已经逐渐降低，依托创新极化实现中国新型城市化发展将成为新态势。传统的产业集群对城市化发展的带动作用趋于下降，具有科技知识、包容性和天赋的创新阶层集聚，可以通过相互交流碰撞营造出城市创新的环境。从传统的"产业集群"向具有高培育能力和演化能力的"创新集群"转变，将会成为未来城市发展的重要趋势。创新集群是一定区域内，企业、大学和研究机构等主体共同参与，通过正式和非正式的合作关系而形成的基于地理接近且相对稳定的协作系统。

创新集群是产业集群的高级形式，不仅具有普通产业集群的一般优势，而且具有更强的创新能力。创新集群通过创新主体之间的技术合作、战略联盟等方式，以高强度的研发投入谋求更多的创新成果，并伴随大量知识溢出，对城市的发展具有重要推动作用。因此，通过创新集群带动城市发展将是未来的一大趋势。具体做法包括：推动现有产业集群的高端化升级，优化产业结构，大力发展电子信息、生物医药等高新技术产业，对传统重工业进行淘汰和疏解；加大基础研发投入力度，基础研发是原始创新的重要来源，各级政府对具有基础研发能力的企业提供补助和税收优惠，推动"揭榜挂帅"制度改革，强化关键核心技术攻关能力；集聚创新型人才，依托现有硬件和软件优势，集聚医疗、教育和文体等服务性产业资源，优化城市生活场景和文化品质，满足人们对消遣娱乐的需求，以此来吸引并留住创新型人才，强化创新极化对城市化的驱动作用。

三、基于数字技术加速融合创新

随着数字化时代的到来，创新迭代速度明显加快，创新极化对城市的推动作用也不断强化。数字创新的自成长性和融合性特点，为城市发展提供了技术、制度和市场等方面的机会创新，数字创新可能会进一步强化创新极化对城市发展的带动作用。为此，数字创新将可能成为城市竞争的主战场，把握数字创新机会窗口，才能不断提升城市竞争力。一方面，把握新技术革命机遇，推动产业与创新深度融合。依托区块链、人工智能和5G技术发展机遇，建设新型智慧城市，加大对城市数字新基建投资，探索城市数字孪生技术，提高数字技术在民生、金融、交通等不同领域的应用水平。推动数字化对传统产业的赋能和变革，培育世界级先进制造业集群，提升城市数字化竞争力。另一方面，完善数字创新的监管制度，保障数字创新健康发展。数字创新不仅引发技术变革，同时也对现有制度形成挑战，城市数字基础设施的构建积累了大量居民数据，如何保护居民隐私数据的同时对数据进行合理开发，在数据使用过程中如何进行监管等问题亟须各级政府部门的政策规范。

四、基于自身优势应对虹吸效应

大城市的创新极化和城市化发展在带动自身发展的同时，也对周边城市产生虹吸效应，大量创新要素流向中心城市。现阶段，中国创新要素配置不均衡不合理的现象已经比较普遍，集聚各种创新资源流向中心城市发展，而周边城市的发展受到限制。二三线城市的创新认清发展形势，并积极采取应对措施。

第一，各级政府引导要素的合理配置，推动城市创新的均衡发展，做好顶层设计，以全局观优化和提升中心城市和周边城市产业结构，提升城市之间政策相容度。强化二三线城市的自主权，鼓励二三线城市在人才、教育和资本等创新要素方面的引进和配置。第二，二三线城市积极融入核心城市创新生态系统，加强与中心城市之间的合作关系，利用自身在人工成本与土地成本优势，与中心城市共同培育创新集群；提高对产业的承接能力，引进具有高创新能力的企业入驻，并带动当地产业发展。第三，把握城市化发展规律，强化城市化、工业化和创新极化的相互促进关系。目前，中国二三线城市的城市化水平存在差异，对于城市化发展相对落后地区，工业化依然对城市化具有较强的驱动力，而城市化水平较高的城市则需要依靠创新极化来促进城市化发展。第四，培育"专精特新"小巨人企业，在创新极化背景下，大企业都集聚在北京、上海和深圳等创新增长极，二三线城市很难培育或引进大型企业，因此，培育与核心城市高度互补的"小巨人"企业，发展特色产业集群，将成为二三线城市应对创新极化的重要方式。

第五节 本章小结

深入推进新型城镇化战略，依托城市创新生态系统促进城市协调发展是中国"十四五"期间重大战略举措。基于创新生态系统和创新地理学理论，文章构建了"工业化—城市化—创新极化"的理论模型，深入分析自新中国成立以来城市化的主要特征、驱动方式和典型模式。研究发现，中国城市化历经了计划经济的初步探索、工业化与城市化的相互促进、外资引进助力城市创新和核心城市的创新极化发展四个阶段。现阶段中国城市创新仍然面临诸多挑战，包括区域创新不协调、创新要素分布不均衡以及行政区划壁垒等问题。在全面构建"双循环"发展新格局背景下，中国未来城市创新的战略选择包括：基于生态位打造城市错位发展，基于产业集群打造创新集群，基于数字技术加速融合创新，基于城市自身优势应对虹吸效应。

第九章

区域创新生态系统

自 Moore 提出商业生态系统以来，生态系统的概念受到经济管理领域的广泛关注[1]，部分学者也开始探索生态系统在区域层面的应用，并成为区域创新系统研究的重要方向。然而，现有关于区域创新生态系统的研究并不完善，大多学者将区域创新生态系统作为一种研究视角或者方法，探索不同创新主体在区域创新系统内的作用和行为。Radziwon 等人分析了中小企业（SMEs）如何参与区域创新生态系统中的商业模式发展，以及在一个创新的自动化项目中与竞争对手和互补者相互作用[2]。Pierrakis 和 Saridakis 实证研究了区域创新生态系统中私人和公共风险投资家与其他专业人士之间社会网络的发展[3]。Vlaisavljevic 在开放创新和集群文献的基础上，研究了创新政策如何促进生物技术集群中开放创新动力的发展[4]。唐开翼等人基于创新生态观，应用模糊集定性比较分析方法，探讨区域创新生态系统驱动创新绩效的协同机制以及创新要素之间的互动关系[5]。虽然部分学者已经在区域创新生态系统的研究方面开展了一些探索和尝试，但是关于区域创新生态系统的概念界定、理论模型和主要特征等相关理论

---

[1] 柳卸林，王倩. 创新管理研究的新范式：创新生态系统管理 [J]. 科学学与科学技术管理，2021，42（10）：20-33.

[2] RADZIWON A, BOGERS M, BILBERG A. Creating and capturing value in a regional innovation ecosystem: A study of how manufacturing SMEs develop collaborative solutions [J]. International Journal of Technology Management, 2017, 75 (1-4): 73-96.

[3] PIERRAKIS Y, SARIDAKIS G. The role of venture capitalists in the regional innovation ecosystem: a comparison of networking patterns between private and publicly backed venture capital funds [J]. The Journal of Technology Transfer, 2019, 44 (3): 850-73.

[4] VLAISAVLJEVIC V, MEDINA C C, VAN LOOY B. The role of policies and the contribution of cluster agency in the development of biotech open innovation ecosystem [J]. Technological Forecasting and Social Change, 2020, 155: 119987.

[5] 唐开翼，欧阳娟，甄杰，任浩. 区域创新生态系统如何驱动创新绩效？——基于31个省市的模糊集定性比较分析 [J]. 科学学与科学技术管理，2021，42（07）：53-72.

研究并不完善。

基于以上分析，本书尝试从区域创新生态系统的理论演变过程入手，在文献综述的基础上，提出区域创新生态系统的基本定义、构建理论模型，分析区域创新生态系统的主要特征和理论边界，为区域创新生态系统的研究奠定理论基础。

第一节　从产业集聚到创新生态的理论演化

随着创新地理学的兴起，区域创新的研究范式先后经历了产业集聚、区域创新网络和区域创新系统三个阶段，随着创新生态系统的兴起，区域创新生态系统逐渐成为区域创新系统研究的新方向，区域创新生态系统在区域创新系统的基础上，强调区域内不同主体之间的互动关系和动态演化，是对区域创新系统研究的深化和拓展。

一、产业集聚

关于产业集聚的最早研究可以追溯到 Marshal[1] 关于产业区（industrial distinct）的研究，她将产业区定义为某类企业在特定区域形成的集群，并用外部性和规模经济来解释产业集聚的经济动因，这对经济地理学、创新地理学等的发展奠定了理论基础。Weber[2] 从微观工业企业的区位分布来研究产业集聚，并指出运输成本和劳动成本是导致企业在特定区域集聚的主要原因，产业集聚是由低级阶段向高级阶段演化的过程，低级阶段主要通过企业扩张形成生产优势，而高级阶段则伴随着同类企业的出现而产生企业之间的相互关联。Hoover[3] 在Weber 的研究基础上，进一步提出区域单位最佳规模及具体最佳规模等概念。

随着福特的规模化生产方式的推广，马歇尔的产业区理论受到挑战。与此同时，产业集聚的研究也发展成新产业区位理论，包括"新产业区"和"新产业空间"两个学派。新产业区学派将本地网络和嵌入性纳入产业集聚的研究内容，拓展了空间经济的历史文化分析，新产业空间学派则通过交易成本理论探

---

[1] Marshall A. The principles of economics [M]. London: Macmillan, 1890.
[2] Weber A. Theory of the location of industries [M]. Chicago: The University of Chicago Press, 1909.
[3] Hoover E M. Location of economic activity [M]. New York: McGraw-Hill Book Company, Inc., 1948.

讨论了产业集聚的形成机理，认为集聚是降低交易成本的结果。

与此同时，Krugman 和 Potter 的研究也在很大程度上促进了产业集聚的发展。Krugman[①] 通过新贸易理论进一步对产业集聚理论进行了拓展，他以规模报酬递增为基础，证明了工业活动的地理集聚趋势。同时，他还指出某些特定区域的空间集聚"路径依赖"的结果，同时这种路径依赖也导致了区域经济发展的"锁定"效应[②]。Potter 将产业集聚定义为特定区域内相互联系、地理位置集中的公司和机构的集合，并从竞争优势的角度对产业集聚进行了解释。他认为，产业集聚是国家或地区竞争的结果，并以此提出"钻石模型"，钻石模型由市场需求、相关产业、要素禀赋和企业竞争四个基本要素构成，机会和政府则是两个附加条件。

集聚是经济活动最典型的地理特征，而这种空间效应却一直被主流经济学研究所忽视，直到 20 世纪 90 年代，随着 Krugman，Fujita 和 Venables 等为代表的新经济地理学的出现，将经济学的空间因素纳入研究框架，产业集聚理论才得到了进一步发展。新经济地理学将经济学的空间因素纳入研究框架，通过分析经济活动的空间规律，来解释生产活动的空间分布和发展规律。新经济地理学以规模报酬递增和不完全竞争为假设，认为产业集聚通过知识溢出效应、人力资源流动和基础设施共享等方式形成规模报酬递增效应，通过不完全竞争为区域创新提供充足的资金来源。因此，规模报酬递增只有通过企业在特定地区的集聚才能凸显。

围绕产业集聚对经济发展和区域创新的影响，形成了专业化集聚和多元化集聚两个学派[③]，其中，专业化集聚以 Marshall，Arrow，Romer 为代表（也被称为 MAR 外部性），主张特定区域内相似产业的集聚通过共享劳动力、基础设施等，降低企业交易成本，产业技术的溢出效应促进技术创新，进而带动当地经济发展。多元化则以 Jacobs 为代表，认为区域内不同产业的集聚更有利于地区的经济发展，因为不同产业异质性知识之间的交叉和融合，有助于地区技术创新，避免产业技术的路径依赖。关于两种集聚外部性，学术界并未形成一致的

---

① Krugman P R. Geography and trade [M]. Boston：MIT press，1991.
② KRUGMAN P R. Geography and trade [M]. Cambridge：MIT press，1991.
③ BEAUDRY C，SCHIFFAUEROVA A. Who's right，Marshall or Jacobs? The localization versus urbanization debate [J]. Research Policy，2009，38（2）：318-337.

观点，Feldman 和 Audretsch 指出，相对于专业化集聚，多元化集聚更有利于创新[1]。De Lucio 等人的研究结果则认为，专业化集聚比多元化集聚的外部性更显著[2]。Beaudry 和 Schiffauerova 通过梳理产业多元化和专业化集聚的相关研究发现，整体而言，65%的研究支持 Jacobs 外部性，而 54%的研究支持 MAR 外部性；但是从微观层面的研究来看 MAR 外部性高于 Jacobs 外部性[3]。柳卸林和杨博旭基于空间分布的研究发现，多元化集聚和专业化集聚均有利于本地区域创新能力的提升，周边地区的专业化集聚也能促进区域创新绩效，而周边地区的多元化集聚则不利于本地区域创新绩效提升[4]。

从 Marshall 提出用集聚的外部性来解释产业区的形成[5]，到新经济地理学将空间因素纳入产业集聚的研究，产业集聚相关理论得到极大的丰富和发展，并成为主流经济学解释经济现象的重要理论基础。然而，产业集聚主要从宏观层面来解释集聚外部性对区域创新和经济发展的影响，忽略了区域内部微观企业之间的互动和协同关系，缺少关于企业关系的动态演化分析。特别是区域内龙头企业对产业的带动作用以及企业间正式和非正式网络的作用。

二、区域创新网络

产业集群实际上是区域内企业产业链的进一步延伸，是特定产业中互有联系的公司或者机构集聚在特定地理位置的自发现象。不同于此，创新网络则更加强调知识、技术等创新要素的聚集，网络作为一种介于市场和科层制之间的组织形式，被广泛用于管理学和经济学的研究。Freeman 正式提出"创新网络"的概念，他认为创新网络是一种有效应对系统性创新的基本制度安排，企业间的合作创新关系是网络的基本联结机制[6]。区域创新网络理论则是在创新网络理

---

[1] Audretsch D, Feldman M. Innovation in Cities: Science–based Diversity, Specialization and Localized Competition [J]. European Economic Review. 1999, 43 (2): 409-429.

[2] De Lucio J J, Herce J A, Goicolea A. The effects of externalities on productivity growth in Spanish industry [J]. Regional Science and Urban Economics, 2002, 32 (2): 241-258.

[3] BEAUDRY C, SCHIFFAUEROVA A. Who's right, Marshall or Jacobs? The localization versus urbanization debate [J]. Research Policy, 2009, 38 (2): 318-337.

[4] 柳卸林，杨博旭. 多元化还是专业化？产业集聚对区域创新绩效的影响机制研究 [J]. 中国软科学，2020 (09): 141-161.

[5] Marshall A. The Principles of Economics [J]. Political Science Quarterly, 1920, 77 (2): 519-524.

[6] FREEMAN C. Networks of innovators: a synthesis of research issues [J]. Research policy, 1991, 20 (5): 499-514.

论、演化经济学以及区域经济学等理论基础上演化发展而来的,Saxenian 基于社会网络和创新文化共享视角分析了硅谷的形成与发展,并强调区域创新网络是硅谷成功的关键,创新网络包含产业合作网络、社会网络、人际关系网络等多种类型[1]。Andersen 和 Lundvall(1997)从生产与交互的角度,提出"区域创新网络的运行过程是一种学习、研究和社会选择的过程"[2],这一观点在一定程度上揭示了创新网络的内在发展规律,成为后来学者们探究区域创新网络中的知识、学习、社会资本以及技术创新机制的重要基础。随着研究的深入,越来越多的学者开始关注新兴经济体国家的区域创新网络构建及发展,并同时考虑区域内外部创新网络构建对区域创新产生的影响。

区域创新网络是指一定地域范围内,不同创新主体基于本地化的社会资本形成的以实现创新产出为根本目的的空间关系网络系统。从结构特征来看,区域创新网络主要由节点以及节点之间的关系链条构成。节点是构成网络最为基本的要素,主要包括企业、大学、科研院所、政府、中介机构等创新主体。区域创新网络中各个节点之间的联结关系构成了关系链条,它是信息、知识等要素传递的关键渠道,包括正式关系、非正式关系等类型。正式关系是区域创新网络的主要形式,区域中的创新主体选择性地与其他行为主体建立起长期稳定的合作关系,以满足自身的创新需求,如市场交易关系、研发关系、服务关系等。非正式关系是在长期互动交往中形成的社会性关系,如公共关系以及个人关系等。

区域创新网络基于社会网络分析,从微观视角剖析了企业之间的互动与协调机制,并通过网络结构的变化来分析区域内部的协同演进过程,是对产业集聚的进一步发展和拓展。然而,区域创新网络研究依然存在一定的不足。首先,区域创新网络在很大程度上忽略了政府的作用,诸多研究表明,政府在地区产业集聚和网络演化方面存在重要作用,虽然部分区域创新网络研究也分析了产学研之间的协同网络,但依然是将政府或相关主体作为创新参与者,忽略了政府的主导作用。其次,区域创新网络仍未将制度因素纳入分析,创新网络侧重主体之间的互动关系,但是忽略了地区特殊的正式和非正式制度因素的影响。

---

[1] Saxenian A. High-tech dynamics. (book reviews: Regional advantage. Culture and competition in silicon valley and route 128.) [J]. Science, 1994, 264 (5165): 1614-1615.
[2] ANDERSEN E S, LUNDVALL B. National innovation systems and the dynamics of the division of labor [J]. Systems of Innovation: Technologies, Institutions and Organizations, Pinter, London, 1997: 242-265.

三、区域创新系统

国家创新系统最初是为了解决古典经济学理论无法解释技术、知识和创新在经济发展中的作用而被提出的，国家创新系统是指由公共和私有部门组成的制度网络，其活动是为了创造、改进和扩散新的知识和技术。其中政府政策、企业、科研机构和高校是这一体系中最重要的要素。由于各国的政治制度、历史背景和经济体制不一，从而有着不同的国家创新体系。其主要功能包括研发、应用、最终用途、教育和连接[1]，是对创新网络的进一步拓展和深化。

由于在国家创新体系中，不同参与者之间的复杂性、规模以及非线性关系，国家层面的研究很难把握各主体之间的关系，区域创新体系则可以更加清晰地呈现出主体之间的相互作用。为此，Cooke将创新系统的概念拓展到区域层面，认为区域创新系统是地理上邻近且关联的企业、机构和高校等主体互动形成的区域性组织，区域创新体系的研究也引起了许多学者的共鸣[2]。柳卸林将区域创新体系定义为：由各类创新主体形成的制度、机构网络，其目的是推动新技术的产生、使用[3]。作为国家创新体系的重要组成部分，区域创新体系建设是深入实施国家重大区域发展战略、建设创新型国家的重要支撑。

关于区域创新体系的研究有两个重要分支，一是"三螺旋"理论，二是区域创新生态。受到DNA双螺旋结构的启发，Etzkowitz和Leydesdorff提出了三螺旋创新理论，创新体系的演化方向主要由大学、产业、政府三者间的关系决定，三者都是创新的重要主体，且三者之间不是一个稳定的关系，而是会随着社会形态和市场组织形式的变化[4]。三螺旋理论为区域创新体系的研究提供了良好的思路，由于区域知识型发展并不存在普遍适用的模型，三螺旋理论通过探讨不同主体与区域环境之间的相互作用，进而构建了更好的区域创新体系。

---

[1] LIU X, WHITE S. Comparing innovation systems: a framework and application to China's transitional context [J]. Research policy, 2001, 30 (7): 1091-1114.

[2] Cooke P, Uranga M G, Etxebarria G. Regional innovation systems: Institutional and organisational dimensions [J]. Research policy, 1997, 26 (4-5): 475-491.

[3] 柳卸林. 区域创新体系成立的条件和建设的关键因素 [J]. 中国科技论坛, 2003 (01): 18-22.

[4] Etzkowitz H, Leydesdorff L. The Dynamics of Innovation: From National Systems and "Mode 2" to a Triple Helix of University–Industry–Government Relations [J]. Research Policy, 2000, 29 (2): 109-123.

四、区域创新生态系统

近年来，随着创新生态系统研究的兴起，创新生态系统的理念也被引入区域创新体系的研究，作为区域创新生态系统的一个分支，区域创新生态系统研究的动态性和演化性，在很大程度上拓展和深化了区域创新系统的研究，并将区域创新系统研究推向一个新的高度。区域创新生态系统最早见于美国的相关研究报告，2004年，美国总统技术顾问委员会发布的《维护国家的创新生态系统、信息技术制造和竞争力》指出，创新生态系统在国家创新和技术进步中扮演重要角色，通过创新生态系统内各要素的动态互动，实现技术进步和经济发展，并强调精心构建的创新生态系统是美国维持经济繁荣和保持全球领导地位的基础。黄鲁成首次从生态学的视角对区域技术创新生态系统进行了分析，并概括了区域技术创新生态系统的主要特征和运行规律[1]。

区域创新生态体系是一个跨组织、政治、经济和技术的系统，强调各要素的整体契合性以及对经济、社会和技术发展的促进作用。区域创新生态系统是超越产业集聚和区域网络的组织结构，具有复杂、动态和自适应等特点。区域创新体系在一定程度上突破了地理边界的限制，虽然硅谷等特定区域对于创新生态系统的形成具有重要影响，但是在全球化背景下，产业之间的互动和共生关系在很大程度上依赖跨区域甚至是跨国家的联系。Oh等人指出，与早期的科技园、创新集群、区域创新系统和科学城等概念相比，创新系统具有6个典型特征：更明确的系统性、数字化、开放创新、名称的隐喻、差异化的角色（利基）以及更强调市场作用[2]。Rong等人提出区域创新生态系统的4C模型，包括结构（construct）、合作（cooperation）、配置（configuration）和能力（capability）[3]。

综上分析，关于区域创新的研究先后经历了产业集聚、创新网络和创新系统，而区域创新生态系统则是区域创新系统的新方向，随着区域创新生态系统研究的不断深入，将进一步引领区域创新的相关研究。本书将产业集聚、区域创新网络、区域创新系统和区域创新生态系统进行了对比总结，如表9-1所示：

---

[1] 黄鲁成. 区域技术创新系统研究：生态学的思考 [J]. 科学学研究, 2003, (02): 215-219.
[2] OH D-S, PHILLIPS F, PARK S, et al. Innovation ecosystems: A critical examination [J]. Technovation, 2016 (54): 1-6.
[3] RONG K, LIN Y, YU J, et al. Exploring regional innovation ecosystems: an empirical study in China [J]. Industry and Innovation, 2021, 28 (5): 545-569.

表 9-1　产业集群、创新网络、创新系统和创新生态系统的对比

特点	产业集聚	区域创新网络	区域创新系统	区域创新生态系统
参与者	单一主体，如生产商	多主体	政府、高校和企业等	生产方和需求方等各利益相关者
形成原因	外部性	风险共担、利益共享	政府引导和市场作用	自组织
经济效益	规模效应、范围经济	网络效应	三螺旋互动	价值共创
互动方式	竞争	合作	竞合	共生
组成要素	企业	企业、高校和研究机构等创新主体	多创新主体与环境	物种、群落、种群和环境
演化过程	优胜劣汰	合作共赢	静态互动	动态共演

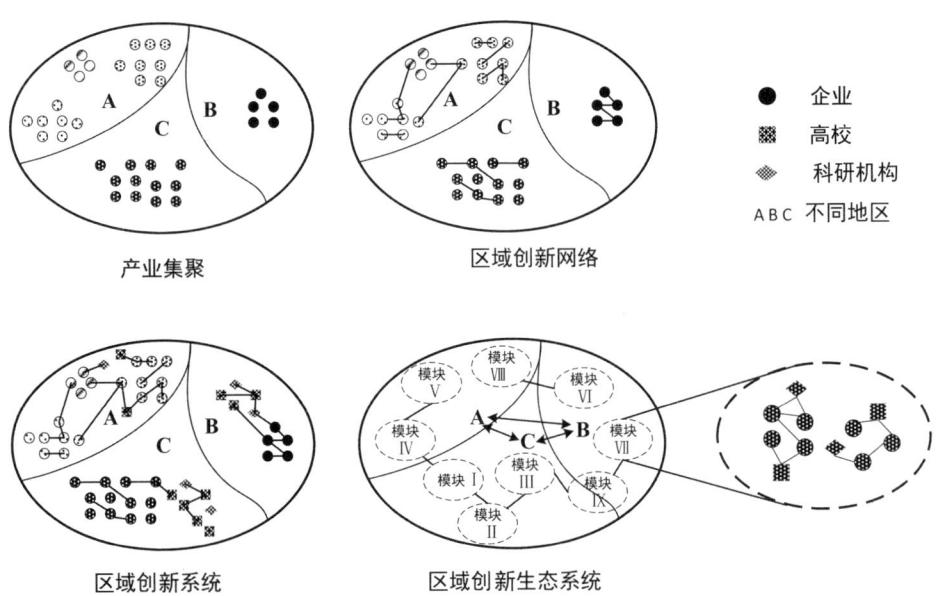

图 9-1　区域创新的研究方向

第二节　区域创新生态系统理论模型

创新生态系统作为创新管理研究的新范式，引发了产业界和学术界的诸多关注，并形成了一系列研究成果。现有关于创新生态系统的研究主要集中在企业层面，然而，以动态和共演为核心的创新生态系统也是区域发展的重要驱动力，创新生态系统首先应该是一个成功的创新区域，其次才有创新平台、新产业以及来自世界各地的企业家和风险投资。吴金希强调了创新生态系统的本质是创新主体之间的接近和集聚，且创新生态系统中存在地理上的路径依赖[1]。因此，地理上的邻近依然是创新生态系统产生的重要条件，创新生态系统可以视为产业集聚和创新网络的延伸或升级，对区域创新生态系统的研究不仅是将生态系统的概念拓展到区域层面，而且也为生态系统的相关研究奠定了理论基础。

目前正处于创新系统到创新生态系统交叠阶段，创新生态系统尚处于理论形成的早期阶段，缺少对区域创新生态系统的明确界定，关于创新生态系统的定义也存在诸多争议，大多数研究将区域创新生态系统作为一个视角（而不是理论）去开展研究。如何在创新生态系统的基础上，将创新生态的概念拓展到区域层面，梳理区域创新生态系统的构成要素、互动关系、相关分类等内容，依然需要更多的理论和实证研究。

一、区域创新生态系统的定义

区域创新生态系统是创新生态系统这一概念在区域层面的延伸，为了正确定义区域创新生态系统，本书首先对创新生态系统的内涵和外延进行分析。"生态系统（ecosystem）"最早由 Tansley 提出，用来形容有机体和环境之间的互动而构成的复杂物理系统[2]。20 世纪 90 年代，生态系统被引入经济管理的研究[3]，

---

[1] 吴金希. 创新生态体系的内涵、特征及其政策含义［J］. 科学学研究，2014，32（01）：44-51+91.

[2] Tansley A G. The use and abuse of vegetational concepts and terms［J］. Ecology，1935，16（3）：284-307.

[3] MOORE J F. Predators and prey：a new ecology of competition［J］. Harvard business review，1993，71（3）：75-86.

隐喻经济主体之间及其与环境之间的动态互动关系，并逐渐形成了三类主流研究：商业生态系统、创新生态系统和平台生态系统。Jacobides 等人指出，模块化是创新生态系统出现的前提，模块化允许一组不同但相互依赖的组织在没有完全等级命令的情况下进行协调，生态系统的核心在于非共性的互补性，以及面对相似规则的角色集的创建[①]。Granstrand 和 Holgersson 通过对 21 个创新生态系统的经典定义分析指出，"参与者（actor）"是在所有定义中都出现的词语，其次是"协作/互补（collaboration/complements）"出现了 16 次，再次是"活动（activities）"出现了 15 次，最后是"共演/共同专业化（co-evolution/co-specialization）"出现了 7 次[②]。

基于生态学理论，借鉴区域创新系统和生态系统的界定，区域创新生态系统是指一定地理空间范围内，不同创新物种、种群和群落基于共同价值主张，通过与创新环境之间的物质、知识和信息等交换，实现价值共创的具有共生竞合、动态演化等特点的自组织系统。创新物种是生态系统中最小的单元，也被称为创新主体，单个创新主体难以直接影响生态系统的整体结构及特征，但是主体自身的生命周期以及进入、成长、退出等行为最终会反映创新生态系统的联动关系，作用于生态系统中已有种群、群落、环境的演化与互动。创新种群是指相似功能和性质的创新物种的集合，创新种群之间及其与创新环境的交互作用是生态系统演化的驱动力，在产业或技术层面上具有关联，且地理位置接近的创新种群能够有机会集结而形成创新群落。创新群落是生态系统动态演化的功能性种群集合，在区域创新生态系统中，围绕用户价值共创，形成研究、开发和应用三大关键群落，其中研究群落主要负责新技术的研发，促进生态系统的技术变异；开发群落则是将新技术应用于产品和服务的开发与升级；应用群落则主要负责新产品和技术的市场推广。

图 9-2 展示了区域创新生态系统的结构，区域创新生态系统的研究、开发和应用三大种群以用户为中心，通过相互作用、有机融合实现动态演化，三大群落嵌入区域的政策、制度、文化和历史等生态环境，整个区域创新生态系统与外部生态之间进行知识、技术、信息和人才等创新要素的交互传递。

---

① JACOBIDES M G, CENNAMO C, GAWER A. Towards a theory of ecosystems [J]. Strategic management journal, 2018, 39 (8): 2255-2276.
② GRANSTRAND O, HOLGERSSON M. Innovation ecosystems: A conceptual review and a new definition [J]. Technovation, 2020, (90): 102098.

<<< 第三篇　区域创新的未来展望和共同富裕

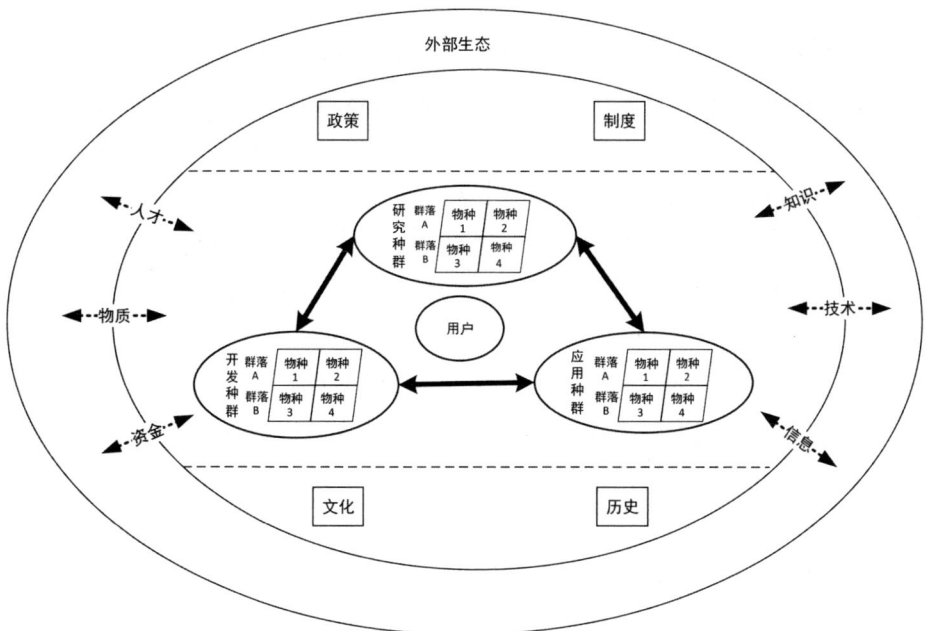

图9-2　区域创新生态系统结构图

二、区域创新生态系统的主要特点

区域创新生态系统作为不同创新种群之间实现价值共创的自组织系统，在动态演化过程中呈现以下特征：邻近性、多样性、自组织、开放性。

（一）邻近性

邻近性是指创新生态系统内部不同主体和群落之间在地理空间、文化认知、制度规范等方面的相似性，邻近性是促进创新的重要因素。区域创新生态系统的邻近性主要包括地理临近和认知邻近，首先，区域创新生态系统依然强调地理临近性，地理空间是一切经济活动的载体，也是培育和促进各类生态系统演化的关键要素。从创新生态系统的起源来看，其最初也是用于对某一国家和地区维持创新能力和竞争力的分析，硅谷、128公路等地区对高新技术企业的培育也都是源于其区域创新生态系统的构建。虽然在创新生态系统中存在部分超越地理边界的虚拟联系，但是特定地理空间的区域创新生态系统依然存在。特定区域内不同创新主体和种群的集聚有利于知识、信息和技术的快速扩散，降低企业的交易成本，即使在数字经济时代，地理集聚也是实现技术溢出和隐性知

201

识扩散的重要方式。其次,认知临近强调创新主体对区域内正式与非正式制度环境具有一致性的认知,倾向于遵守当地制度规范,认同并嵌入当地的经济、历史和文化中,以此实现与当地资源的互动。认知邻近与创新生态系统强调的共同价值主张是一致的。共同价值主张是不同生态参与者对"达成共识目标"的资源共享承诺,是形成并维持创新生态系统运转的必要条件,区域创新生态系统中的不同参与者基于共同价值主张的地理集聚,可以实现创新过程中的动态演化。特定区域内的主体集聚,有助于实现主体之间的共同价值主张。

(二) 多样性

在自然生态系统中,生物多样性是维持生态系统平衡,促进生态系统动态演化的重要基础。在区域创新生态系统中,创新主体的数量级和多样化是创新生态系统内部创新主体合作创新的前提,这表现为区域创新生态系统创新物种的多样性和有机融合。创新物种多样性是指区域创新生态系统参与者具有特定知识和能力,在系统中扮演不同角色,他们之间相互协同,共同促进区域创新。从参与者类型上看,主要包括企业、高校、研究机构、风险投资、中介机构、金融机构等物种;从参与者功能来看,主要包括核心企业、互补者、竞争、政府和用户等。一方面,多样化的生物群落是技术创新和突变的重要来源,创新的本质是创新要素之间的组合和重组,不同创新物种之间掌握不同创新要素,创新物种的种类越多、异质性越高,创新生态系统内可能产生的创新组合也越多,进而激发区域创新生态系统的技术变异,加速区域创新生态系统的演化升级。另一方面,异质性的创新群落的有机融合,可以实现区域生态系统的整体演化。创新群落的有机融合是指不同群落基于自身功能,占据不同的生态位或利基市场,与其他群落形成共生共赢的关系,共同组成一条完整的创新链。创新群落之间的有机融合超越一般的市场关系,通过这种生态关系创造更大的增值空间。

(三) 自组织

自组织是指在没有等级命令和外界协调的情况下,区域创新生态系统可以通过不同物种和群落之间的相关作用和相互制约,实现整个生态系统的动态平衡,并促进优势物种的发展,实现自身能力的演化和超越。自组织生长性是创新生态系统的典型特征,这种动态性也是区域创新生态系统区别于区域创新系统的典型特征。Freeman利用创新体系解释了日本二战之后通过政府、企业、大学和研究机构等创新主体之间的协同作用,实现经济和科技等领域的快速崛起[①]。然而,面对经济危机,日本也遭遇了"失去的十年"。相对而言,美国的创新体系则具有生态特征,它的自组织、自调节和自生长特点,使得美国长期保持世界领先地位。模块化是创新生态系统实现自组织的重要前提,区域创新生态系统中标准化和可代替的模块使其自组织协调成为可能。在区域创新生态系统中,根据功能定位可以将群落分为制造商、供应商、用户等不同类型,而这些群落是由诸多功能相似的创新物种构成。从微观视角来看,各创新物种之间形成一条完整的创新链,在这条创新链上,任何一个创新物种都可以被其群落内的其他主体所代替,这种可替代的弱依赖关系,强化了区域创新生态系统的自组织性。创新物种在地理空间的集聚不仅可以共享劳动力、技术和市场等资源,也在彼此竞争中形成有效的学习能力和技术进步,促进区域创新生态系统的动态演化。

(四) 开放性

区域创新生态系统必定是一个开放的系统,与创新环境和外部生态之间存在物质和能量交换。欧盟在官方发布的《开放式创新2.0》报告中,将区域创新生态系统视为开放式创新的重要载体和表现形式。一方面,区域创新生态系统只有通过与外界生态之间的物质能量交换,才能维持生态系统的内部活力,满足各创新主体的资源需求,实现区域创新生态系统的动态演化。另一方面,区域创新生态系统在通过共同价值主张协调或编排创新主体的同时,不断从外部吸纳新成员,增强生态力量,推动区域创新生态系统的高阶演化。数字化技术使创新过程和结果呈现出更多动态性和不确定性,同时也改变着组织形式和社会关系,在数字化时代,区域创新生态系统超越地理的虚拟联系也不断增多,对开放性的需求更加迫切。数字创新呈现出的自生长性、结构性和去中介性等特点,不仅加快了技术创新的迭代步伐,同时也强化了创新主体的模块化和标准化,创新主体的可代替性进一步增强。开放性的区域创新生态系统通过吸收、迭代和淘汰创新物种甚至群落,实现自身的演化升级。

---

① FREEMAN C. Technology Policy and Economic Performance: Lessons from Japan [M]. London: Pinter Publishevs, 1987.

第三节　区域创新生态系统立体框架

基于现有关于区域创新生态系统内涵的诸多论述，本书认为，区域创新生态系统包括创新主体、内部建构以及外部嵌入（如图9-3所示）等三个层次。首先，创新主体是生态系统的基本构成单元，参与城市创新活动的全过程。创新主体的动力、能力和活力是创新生态系统建构的基础条件。其次，城市内部异质性创新要素的协同互动关系是生态系统建构的核心内容。最后，系统的开放性与创新活动的空间关联性，使得不同城市创新生态系统间存在生态嵌入关系，为生态系统的高阶演化提供了发展机遇。

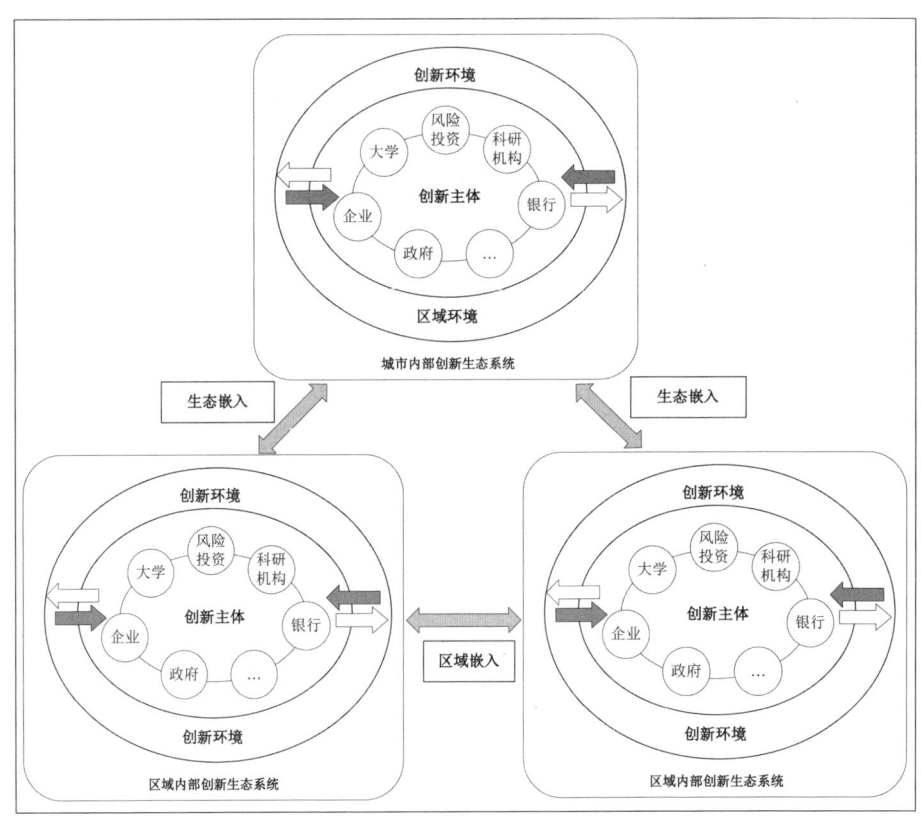

图9-3　区域创新生态系统立体框架

一、区域创新生态系统的创新主体

一个区域的创新动力由两个部分构成,一是市场的力量。它是激发创新主体开展探索性创新活动的关键力量,能够促进创新生态系统不断更迭以快速适应外部环境变化并保持持久创造力。创新的最终目的是为了使新产品和新服务能够面向市场,受到市场欢迎。因此,市场对主体的创新活动具有显著的促进作用。二是政府的力量。政府在分析和捕捉创新发展趋势方面的前瞻性与优势地位,使其能够及时调整政策规划,并制定有针对性的产业政策和规划等行动方针以引导创新主体,保障创新活动的有序开展[1]。

创新能力是指创新主体将知识转化为新产品、新技术与新工艺的能力,进而影响创新生态系统整体的创新能力与竞争力。创新不是空中楼阁,需要建立在一定的知识基础之上。因此,能力也由两个方面构成:一是产业科技基础,它是产业技术和产业知识的综合体,能够影响企业的创新绩效。二是知识技术基础,它是由高等院校和科研机构提供,既能够保障高校和科研院所直接开展创新活动,又能够为其他主体的创新活动提供知识基础。

创新活力是指创新主体的活跃程度,反映创新主体的创造力和积极性,有活力的创新主体是保障区域创新生态系统可持续发展的关键[2]。创新活力由两方面构成,一是创新企业成长性。高成长活力的创新主体能够在一次次成长中实现自我超越,并推动系统整体从低级向高级、从幼稚向成熟演化。二是新创企业不断涌现。富有活力和创造力的创业企业是促进创新生态系统可持续发展的新生力量。这些新兴的创业企业在一次次试错中摸索成功的技术路线和商业模式,能够有效促进新兴产业的诞生和发展。创业企业对市场需求和技术创新有较强的洞察力,能够摆脱传统产业的模式与规则束缚,建立起符合需求变化和创新规律的新的商业模式,具有实现行业颠覆性变革的巨大潜力。

因此,创新主体的动力、能力、活力等任何一个短板都可能影响创新生态系统的建构。增强创新动力能够激发主体的创新意愿,释放创新活力能够调动主体的创新积极性,提升创新能力能够保障主体的创新成功率。创新主体的动力、能力、活力之间还存在协同促进作用,主体的创新能力越强,越能够有效

---

[1] 高月姣,吴和成. 创新主体及其交互作用对区域创新能力的影响研究[J]. 科研管理,2015,36(10):51-57.

[2] 周文泳,熊晓萌. 中国10省市区域科技软实力的制约要素与提升对策[J]. 科研管理,2016,37(S1):281-288.

规避创新风险，调动更多的创新资源开展创新活动，表现出强大的创新动力和创新活力，主体的创新能力也能够在创新实践中得到进一步提升。

二、区域创新生态系统的内部构建

区域创新生态系统是由创新主体要素（企业、高等院校、科研院所）、创新支撑要素（金融机构、中介机构、创新平台）以及创新环境要素所构成的复杂系统。区域内部创新生态建构的核心内容是通过对多样化创新要素的合理编排与优化整合，形成一套面向系统整体创新目标的解决方案，进而实现系统成员的共同获益和创新的持续涌现。

多样性是创新要素的主要特征之一，其带来的资源和知识异质性是协同互动关系形成的重要前提。一方面，创新产生于新知识的利用或者现有知识的重新组合。系统内异质性的创新资源和知识越多，越能够增大知识重组概率，越能够提高创新活动的成功率。另一方面，多样化的创新要素也丰富了创新生态系统的资源库，使系统在应对创新环境的变化时，具有连续的适应能力与多样化的适应方式，提高创新生态系统的稳定性。

创新要素间的协同互动关系是促进创新涌现，推动创新生态系统演化发展的驱动力。在区域创新生态系统中，由于各创新主体的属性特征不同，产生了创新要素的需求和供给，创新主体间通过建立深度融合、互利互惠的协作关系，实现对互补性知识、技术和信息等创新资源的有效获取。例如，企业是知识要素的需求方，高等院校和科研机构是知识要素的提供方，产学研协同关系实现了知识要素在不同创新主体间的循环流动和有效整合，促进了新知识的产生和发展。另外，随着创新活动复杂性的不断提高，单个创新主体无法满足全部创新需求，需要与其他主体建立协同创新关系，才能真正创造出有价值且满足市场需求的产品和服务，实现创新生态系统的可持续发展。

创新平台是指能够为行业和地区科技创新提供基础设施和条件保障的重大公共科技创新平台，是区域创新生态系统中的支撑型要素。一方面，创新平台的建设能够吸纳、集聚各类创新资源，实现创新需求和创新供给的有效联结。例如，孵化器是创新要素联系的关键节点，能够有效联结企业、高等院校、科研机构、中介机构、政府等主体，实现各主体间知识、信息、技术等创新要素的有机联系以及协同作用。另一方面，创新平台为创新活动的顺利开展提供了优惠的政策条件以及场地、资金等配套设施。例如，国家高新技术产业开发区所享受的特殊优惠政策能够吸引高新技术企业进驻，同时园区内完备的配套基础设施能够支持创新活动的顺利开展。

创新生态环境是创新生态系统中各组成部分赖以生存的外部条件，为创新活动提供必要的物质、信息和技术支持。根据现有研究，影响区域创新的环境因素主要包括自然环境、生活环境、文化环境等。其中，生活环境是最基本的影响因素。周建中和施云燕在科研人员跨国流动的影响因素研究中发现，空气质量、房价等自然环境和生活环境是阻碍我国引进国际一流人才的关键因素。除此之外，创新活动也需要与之相适应的创新文化环境作为支撑条件，活跃的创新文化环境能够吸引人才、资金等创新要素集聚，提高创新要素的供给质量和效率，促进创新生态系统的演化发展[1]。

三、区域创新生态系统的外部嵌入

区域创新生态系统是一个开放性的系统，系统内部的创新主体在本地根植性不断强化的同时，还需要在更大范围、更高层次上嵌入外部创新生态系统，从而促使本地创新生态系统朝着更高级、更复杂的方向演化。

开放性是区域创新生态系统的关键结构特征，是生态嵌入关系形成的重要前提条件。一方面，系统开放性使得系统内外部创新主体能够建立起深度融合、互利互惠的协作关系，实现跨层次资源互补和信息交流，为生态系统演化发展注入强大的生命力。另一方面，系统的开放性也为外部创新要素流入提供了基本条件，使得创新要素在"优胜劣汰"的竞争格局中，促进创新生态系统的高阶演化。

外部可达性能够有效压缩区域间的空间距离，有利于创新主体在更大的空间范围内建立生态嵌入关系。基础交通设施是外部可达性最直接的反映。从创新要素流动视角看，发达的基础交通设施能够有效降低创新要素流动的时间和经济成本，实现要素跨区域、高密度、多频次的配置与流动，强化地区间创新合作关系。从知识传播视角看，隐性知识是创新的基础和源泉之一，获取隐性知识是合作创新的主要目的。发达的基础交通设施能够缩短区域之间的时空距离，降低人员流动障碍，有效促进以人才载体的隐性知识的传播和扩散，提高对生态系统外部资源的可得性。

生态嵌入的概念来自社会网络，包含关系嵌入和结构嵌入两个维度，关系

---

[1] 周建中，施云燕. 我国科研人员跨国流动的影响因素与问题研究[J]. 科学学研究，2017，35（02）：247-254.

嵌入深度和结构嵌入位置反映了创新主体对网络中信息、知识以及资源的获取、整合和利用能力，这种能力的大小将直接影响创新主体能否在更高层级上建立生态嵌入关系。其中，关系嵌入反映了主体间的信任关系与联系强度。一方面，高水平的关系嵌入能够培养主体间的信任关系，提高隐性知识分享意愿，实现创新主体对新知识的获取。而且关系嵌入程度越高，主体之间的信息交流越充分，对新知识的吸收能力也就越高。另一方面，与具有较高创新能力的主体建立嵌入关系可以获得更多的溢出效应与前沿知识，降低"低端锁定"风险，为系统的高阶演化提供机遇。结构嵌入是指创新主体的网络位置，不同网络位置代表不同的资源获取机会。社会网络分析技术越来越发达，为衡量创新主体的网络位置提供了便利，中介中心性、接近中心性以及特征向量中心性是常用的结构嵌入测度指标。在网络关系中，创新主体之间会通过中介点传递和获取知识，占据中介位置的创新主体通过缩短主体间知识传递的最短路径，保障创新主体间的协调性。接近中心性是指不依赖其他主体而实现知识传递的特性，接近中心性越高，表明主体对其他成员的依赖程度越小，受其他主体制约的可能性就越小。特征向量中心性是指一个主体的重要程度受与之相关联的其他主体的重要程度的影响。对一个主体而言，如果与之联系的主体的重要性很高，那么该节点自身也具有较高的重要性。

四、本章小结

本研究系统梳理了从产业集群到区域创新生态系统的理论演变过程，对比了产业集群、创新网络、区域创新系统和区域创新生态系统之间的区别，提出了区域创新生态系统将成为区域创新研究的新范式。基于创新生态的理论研究，提出了区域创新生态系统的基本定义、理论框架和主要特点。区域创新生态系统的研究、开发和应用三大种群以用户为中心，通过相互作用、有机融合实现动态演化，三大群落嵌入区域的政策、制度、文化和历史等生态环境，整个区域创新生态系统与外部生态之间进行知识、技术、信息和人才等创新要素的交互传递。作为不同创新种群之间实现价值共创的自组织系统，区域创新生态系统具有邻近性、多样性、自组织、演化性和开放性的特点。本章构建了区域创新生态系统立体模型，包括创新主体、内部构建和外部嵌入三个维度。

第十章

数字化与区域创新

党的十九大报告明确指出：要建设网络强国、数字中国、智慧社会，推动互联网、大数据、人工智能和实体经济深度融合，发展数字经济、共享经济，培育新增长点、形成新动能。中国要想建成创新型国家，解决中等收入国家向高收入国家过渡的难题，必须抓住新一轮技术变革所带来的机会窗口。

以大数据、云计算、人工智能、物联网等为代表的数字技术的发展，预示着第四次工业革命的兴起，并将从创新的过程和结果两方面改变创新的内在本质[①]。第四次工业革命是指"信息技术扩散到第一产业、第二产业和第三产业所产生的变革，是信息技术横向扩张的结果"。第四次工业革命代表着一种范式转变，是以商业、社会的数字化为特征的新一轮创新浪潮，将数据与信息纳入产业发展所依赖的基本要素中。前三次工业革命，中国一直处于追赶的状态。而与以往不同，在数字化时代，中国与其他领先国家同时进入第四次工业革命的潮流，并且许多中国互联网企业已经走到世界前沿，如阿里巴巴、腾讯等企业，这将给中国带来前所未有的机遇。

第一节 数字化时代的特征、机遇与挑战

一、数字化时代的特征

在数字化时代，创新的组织形式和社会关系会发生改变，理解创新需要结

---

① NAMBISAN S, WRIGHT M, FELDMAN M. The Digital transformation of innovation and entrepreneurship: Progress, challenges and key themes [J]. Research Policy, 2019, 48 (8): 103773.

合数字技术自身的特点。为了将数字技术应用于更广泛的社会技术创新发展过程，已有研究分析了数字化时代背景下创新具有的新特征[1]。首先，数字技术本身具有可再编程性（reprogrammable），其赋予数字创新自生长性（generativity）和融合性（convergence）的特点。自生长性是指数字技术具有动态性和再塑造性，可以在产品完成后再增加新功能，如 APP 的迭代创新。融合性是指数字技术的应用可以打破产业边界，进行跨产业融合。Holmström 具有类似观点，认为数字创新具有可再结合性（recombination），可以将数字技术与传统产品进行结合[2]，如将数字技术嵌入汽车、摄像机、家电等产品。其次，Autio 等人在自生长性特点的基础上，认为数字创新还具有解耦性（decoupling）和去中介性（disinterme-diation）[3]。其解耦性可以让企业减少对专有性资产的依赖；去中介性是指企业可以减少对价值链中介的依赖，更便于向终端用户传递产品价值。此外，数字技术为创新增加两个重要的要素，分别是数字化平台和数字化基础设施。数字化平台是"由某一技术架构和治理机制构成的组织形式，用来管理互补者"。数字化平台可以帮助企业获取互补性资源，提高企业开放性程度。数字化平台有两方面特征：一方面是其技术架构具有模块化、接口标准化和扩展性的特点；另一方面是由独立的互补者构成，平台领导者围绕共同的价值主张来治理成员。数字化基础设施指云计算、网络媒体和 3D 打印等新数字技术。数字技术使得产业发展呈现"四化"新趋势，即价值链数字化、制造业服务化、价值链去中介化和生产定制化新特点。结合已有的文献回溯，本研究认为分析数字化创新需要关注三个核心特征［边界模糊性（融合性）、创新主体分散性（开放性）、创新过程和结果的互动性（自生长性）］以及两种要素（数字化平台和数字化基础设施）。数字创新最重要的要素是数据。数据是新工业革命的资本，能够掌握大数据的组织将成为创新的领导者。因此，数字创新将改变传统竞争力格局。主要体现在以下三个方面：

（一）数字技术改变了创新管理问题的基本假设：创新过程和结果不再是有界的，创新过程和创新结果是互动的、动态的。数字技术将创新的边界打破，

---

[1] YOO Y, BOLAND JR R J, LYYTINEN K, et al. Organizing for innovation in the digitized world [J]. Organization science, 2012, 23 (5)：1398-1408.

[2] HOLMSTRM J. Recombination in digital innovation：Challenges, opportunities, and the importance of a theoretical frame-work [J]. Information and Organization, 2018, 28 (2)：107-110.

[3] AUTIO E, NAMBISAN S, THOMAS L D W, et al. Digital affordances, spatial affordances, and the genesis of entrepre-neurial ecosystems [J]. Strategic Entrepreneurship Journal, 2018, 12 (1)：72-95.

扩大了创新的参与者的范围。在信息时代，大学、资本提供者和中介机构都被纳入创新体系中。而在数字化时代，由于数字平台的产生，创新变成一种集体行为。创新主体不再是集中的，而是具有分散与多样化的特点。数字化时代企业通过建立平台让外部伙伴参与其创新的过程，用户、供应商和竞争对手等都将成为重要的创新者。

（二）数字化基础设施带来的技术可供性（digital affordances）可以增加企业商业模式创新的机会。总体来说，一方面数字化平台和基础设施可以为创新主体赋能，促进创新成员间的沟通；另一方面可以为用户赋能，通过分析用户数据进行大规模定制。用户嵌入企业的创新过程，产品的个性化定制和模块化将是创新的重要形式。

（三）创新生态成为重要的创新组织形式。在数字化时代，平台的出现使得创新的组织从过去的正式合作形式向基于生态的方式转移。平台生态系统（platform ecosystem）关注参与者如何围绕技术平台进行组织。平台生态系统研究的焦点是平台本身，是一种核心技术，互补技术可以通过标准或开放接口将补充产品和服务连接到核心技术。当互补者接入技术平台后，他们可以使用共享的技术资产，产生互补性创新，并且可以接触平台用户。越多的互补者接入平台，就越能创造更多的价值。其次，创新生态的组织是一个非等级化的组织形式，基于价值的创造、获取和分享。

二、数字化时代的机遇

借鉴以往工业革命时期后发国家追赶与跳跃发展的启示，以数据为要素的新一轮的工业革命可以为后发国家打开机会窗口。Perez 和 Soete 首次提出机会窗口的概念，认为机会窗口来自一种新的技术范式的产生，可以利用新技术的机会窗口进行追赶和超越现有领导者[1]。此外，其他学者认为由于商业周期带来的市场环境的变化，以及政府的产业政策也可以为后发者带来机会窗口。因此，Lee 和 Maleba 扩展了机会窗口的概念[2]，将 Perez 和 Soete 所提出的以技术范式

---

[1] Perez C, Soete L. Catching-Up In Technology: Entry Barriers and Windows of Opportunity // Dosi G, Freeman C, Nelson R, et al. Technical Change and Economic Theory［M］. London: Pinter Publishers: 1988, 458-479.

[2] Lee K, Malerba F. Catch-up cycles and changes in industrial leadership: Windows of opportunity and responses of firms and countries in the evolution of sectoral systems［J］. Research Policy, 2017, 46（2）: 338-351.

转变为核心的机会窗口扩展为三种机会窗口，分别为技术、市场或需求、制度政策机会窗口[①]。

（一）技术机会窗口。许多研究认为成功的追赶往往发生在重大的突破性创新出现。因为突破性往往与新知识以及新技术轨道或范式产生有关，从而造成产业的兴衰交替，生产新的产品并且创造新的市场。如日本利用单镜头相机技术超越了美国的测距相机技术，成为这一产业的领导者。数字技术带来新的技术范式，产生不连续的突破性创新。这将导致未来核心技术的不确定性，后发国家可以利用这一契机从嵌入创新生态转为打造自己的创新生态。此外，数字创新呈现的新特征也会为后发国家的追赶带来机会窗口。

（二）市场或需求机会窗口。数字技术让生产者与用户的互动更加紧密，用户在第四次工业革命中扮演着重要的角色，如共享经济需要用户的深度参与，体现数字创新主体的分散性。同时，数字创新具有自生长性，企业可以将产品发布并获取用户产品使用反馈后，根据其需求对产品进行再完善。这种迭代创新的产品开发模式比传统的瀑布式模式更能满足用户的需求，发现潜在的市场机会。此外，数字创新可以重塑用户的消费需求。以往用户的需求更偏向被动接受的需求，而在大数据时代，企业可以利用平台和大数据分析技术对用户的需求进行主动探索，比用户提前获取其未来需求，从而发现新的市场需求，产生内生性的市场机会。

（三）制度政策机会窗口。每一次工业革命都会留下组织形式和制度发展的印记，称之为"组织基因"和"制度基因"。前三次工业革命推动了组织基因和制度基因的演化。由于数字创新具有融合性、开发性和自生长性，也将会带来新的组织形式和制度逻辑。前三次工业革命中，为了获得合法性，后发国家的组织形式和制度逐渐趋同于发达国家。而第四次工业革命的浪潮中，后发国家与发达国家的组织形式和制度会产生差异。因为数字创新具有高度的不确定性，并且会催生更多的商业模式创新。商业模式创新往往改变组织形式，并挑战现有的制度，即制度会滞后于商业模式创新。这种不对称的组织和制度演化发展将会为后发国家带来机会窗口。

---

① Perez C, Soete L. Catching-Up In Technology: Entry Barriers and Windows of Opportunity // Dosi G, Freeman C, Nelson R, et al. Technical Change and Economic Theory [M]. London: Pinter Publishers, 1988, 458-479.

三、数字化时代的挑战

如前文所述，数字创新具有一系列新特征，数字技术对创新的不确定性本质和解决不确定性的方式产生了变革。这些改变为传统的创新理论及其解释性也带来了挑战。首先，过去的创新结果是具有确定性的，而数字创新结果具有可扩展性、可再演化性。具体而言，数字创新的第一个挑战是基于自生长性的特点，即一个产品的完成不是限于生产和销售，而是从消费端有一个反向循环，产品可以不断进行扩展。例如，特斯拉（Tesla）将汽车销售给消费者后还可以为汽车引进新的功能和价值，而传统的汽车制造是难以实现这种方式的。以往的需求、设计、开发、验证四个阶段是清晰的，而数字时代创新在时间和空间上都将是非线性化的，设计和开发可能同时进行。例如，小米手机的设计、开发和验证可以同时进行。这种迭代创新的模式和传统瀑布式的创新有很大差别。传统的瀑布式创新要把一个产品设计得非常完美才会出厂，而基于大数据的迭代创新方式可以在产品并不完整的时候发布，之后再不断完善。因此，数字创新开始的节点和实现的空间变得更加不可预测，为传统线性创新过程的管理带来挑战。

第二个挑战是基于创新主体呈现分布式的特点。创新的主体不再仅仅集中于几个大企业，用户、创客、竞争对手等都可以参与创新。由于数字技术让信息的搜索和分享成本降低，让创新各主体的知识分享和合作变得更加高效，创新的参与者掌握的大量航空数据对航空公司产生的挑战；微信通信对传统移动、联通、电信产业的挑战。

第三个挑战是基于数字创新融合性的特点。跨界创新带来的产业边界不清晰。以往根据波特的产业竞争战略分析，可以在企业所在产业找到潜在的竞争对手。而现在竞争对手可能来自其他产业，难以预测。如小米公司家电生产对传统家电企业美的带来的挑战；携程公性和可扩展性，而不追求短期的利润最大化。如果按照传统利润最大化的方式来衡量，会产生错误的结论。衡量工业化时期创新的标准对于数字创新并不适用，需要探索新的评判标准。

最后一个挑战是创新创业成功的标准难以制定。很多数字创新的结果是在创新过程中创新主体之间的互动得出来的，可能会产生计划之外的效果，这种非目的性的结果并不能预先设定好。传统创新创业框架和模型通常是通过评估企业家对预先设计的商业计划执行的效果，来判断其是否成功。例如用专利和论文的数量代表创新的成功。但是新兴的创新模式如何进行衡量？如商业模式创更加多元化和复杂化。例如，VonHippe 创新的衡量[①]。商业模式创新更强调前期用户的黏滞提出的用户创新。同时，风险投资在创新中的作用也不断提高。更多的风险投资承担创新融资的角色，风险投资可以将大量资金投入某个企业或者产业，促使这个企业或者产业高速发展。这是以往仅仅靠政府的创新融资所做不到的。不难发现，数字化背景下的创新不仅需要个体的努力，而且更强调整个创新生态成员的共同发展。创新的流程更强调生态成员间的相互依赖性，强调共同实现的价值主张。因此，企业需要建立基于创新生态思维的全新管理机制，来管理分散的创新生态成员。

第二节 数字化时代的区域创新

一、中国数字化发展阶段

回顾中国数字化经济的发展，本研究按照时间顺序将中国数字化发展定义为三个阶段，即萌芽阶段、高速增长阶段及成熟阶段（如表 10-1 所示）。1994—2002 年期间，中国企业刚开始进入互联网产业，处于模仿和学习的萌芽阶段。这一阶段以新浪、搜狐为代表的门户网站，以阿里巴巴和京东为代表的消费平台，以百度和腾讯为代表的搜索引擎和社会媒体迅速兴起。这一阶段中国数字化企业的商业模式相对单一，主要是通过模仿国外领先企业而建立的，相对较少关注技术创新。2003—2012 年，中国数字化发展处于高速增长的阶段，这一阶段中国企业快速追赶并将数字创新本土化。中国互联网用户量级迅速扩大，互联网在逐步改变消费者的通信方式。例如，以腾讯 QQ 等社交媒体成为消费者通信的主流工具，这为中国互联网消费端的发展带来了巨大前景。此外，中国互联网企业极大地改变着用户的消费方式，吸引消费群体，形成一种用户与企业深度融合的商业模式。百度、腾讯和阿里巴巴三家中国企业迅速成为全球领先企业。因此，这一时期中国互联网企业的商业模式已经不再是简单的模仿，而是结合中国用户的习惯，将中国本土情景融入数字技术的发展。

从 2013 年开始，中国数字化发展逐渐进入成熟阶段，中国的数字技术跨越

---

① Von Hippel E. Democratizing innovation: The evolving phenomenon of user innovation [J]. Journal FürBetriebswirtschaft, 2005, 55 (1): 63-78.

式发展并处于世界领先地位。这一时期，智能手机的出现将传统互联网转向移动互联网时代。传统产业与互联网的结合成为未来的主流趋势。数字技术带来了平台的兴起，为传统产业赋能，商业模式变得复杂化。数字化平台可以实现跨企业、跨产业等创新形式。数字化发展由以往的"互联网+"的形式转变为"+互联网"的形式。因此，中国涌现出许多平台企业，如传统渔业与数字化结合的"渔联网"平台、传统制造业与数字化结合的"海尔COSMO平台"以及传统出行服务业与数字化结合的"滴滴出行平台"。从实践来看，这些数字化与传统产业的深度融合模式已经处于世界领先地位，进入了"无人区"，为中国的发展带来了机遇与挑战。

表10-1 中国数字化发展阶段

阶段	时间	战略	特点	商业模式
萌芽阶段	1994—2002年	模仿和学习	门户网站、消费平台、搜索引擎 社会媒体兴起	单一，模仿国外企业模式；不注重技术创新
高速增长	2003—2012年	追赶和本土化	互联网通信和消费方式改变 移动互联网	本土化；消费端变革
成熟阶段	2013年至今	跨越并成为世界前沿	平台企业	互联网用户深度融合；用户量级增长 复杂、融合；双边平台；风险投资增加

二、数字化与区域创新

根据内生经济增长理论，劳动力、资本以及知识聚集是经济增长的三大主要因素，由数字化加速产生和传播的知识能够缩小区域的知识距离。在过去的20余年中，由互联网以及移动通信的迅速普及为代表的"数字革命"创造了"数字红利"，成为新经济发展的动力[1]。20世纪90年代，我国固定电话和移动电话的发展均对经济增长产生显著的正向影响。2000年我国的互联网普及率

---

[1] 胡鞍钢，王蔚，周绍杰，鲁钰锋. 中国开创"新经济"——从缩小"数字鸿沟"到收获"数字红利"[J]. 国家行政学院学报，2016，000(3)：4-13.

（每百人中的互联网用户数）仅为1.8%，同期高收入国家的该项指标为26.1%。2020年我国互联网普及率达到70.4%，已达到同时期高收入国家的平均水平。进入21世纪，移动电话对经济增长的影响正在减弱，以互联网、宽带为主体的新的数字化工具成为经济发展新的驱动力[1]。随着我国的ICT革命，尤其是互联网在我国各个地区的迅速渗透和普及，我国在获取前沿知识和学习能力方面得到了跨越式的进步。以互联网为代表的数字化生产工具的出现以及快速普及给我国经济发展带来了重大影响。

Vu基于Gerschenkron的追赶理论通过研究163个国家在1996—2016年的相关数据，发现与发达国家相比，发展中国家在数字化普及方面获得的收益要大得多[2]。Dewan和Kraemer，Lee采用信息和通信技术（简称"ICT"）革命初期数据用来研究ICT对发展中国家经济增长的影响，发现并无显著的正向积极影响[3]。此外，Park发现仅对于发达国家而言，ICT与经济增长之间的联系是积极的，人力资本不发达以及落后的电信基础设施可能是阻碍欠发达地区获得ICT驱动引起增长效应的主要因素[4]。Niebel发现，发展中国家、新兴国家和发达国家子样本的回归并没有显示出这三组国家之间的ICT产出弹性存在显著差异[5]。因此，结果表明发展中国家和新兴国家在信息通信技术投资方面没有获得比发达经济体更多的收益，这不禁让人质疑这些国家是否能够通过ICT技术实现"跨越式"发展。

信息和通信技术（ICT）的革命，尤其是自1990年代以来互联网和移动技术在各个国家和地区的快速普及，使各个地区和企业能够快速地越过边界与世界各地建立起知识联系。这种多层次的知识联结，促进了创新并对全球的经济增长具有潜在的正向影响。由信息和通信技术革命带来的数字化革命，促进了数字经济的繁荣，也促进了中国各地区的产业升级。

---

[1] 郑世林，周黎安，何维达. 电信基础设施与中国经济增长[J]. 经济研究, 2014, 49 (05): 77-90.

[2] VU K, ASONGU S. Backwardness advantage and economic growth in the information age: A cross-country empirical study [J]. Technological Forecasting and Social Change, 2020, 159: 120197.

[3] Lee S, Gholami R, Tan Y T. Time series analysis in the assessment of ICT impact at the aggregate level-lessons and implications for the new economy [J]. Information & Management, 2005, 42 (7): 1009-1022.

[4] JUNGSOO PARK S K S, G. LAWRENCE SANDERS. Impact of International Information Technology Transfer on National Productivity [J]. Information System Research, 2007, 18 (1): 86-102.

[5] NIEBEL T. ICT and economic growth-Comparing developing, emerging and developed countries [J]. World Development, 2018 (104): 197-211.

数字化的不均衡发展给不同地区之间带来了数字鸿沟。数字鸿沟导致不同社会经济水平的个人、家庭、企业和地区在获取信息通信技术的机会以及使用互联网进行各种活动中存在差距。此外，国际上学者多以国家为单位，研究发达地区与欠发达地区信息时代的受益情况，而对于在一个国家内部，数字化对国家内部不同区域的影响情况的研究不多。目前国内学者对于数字化对社会的影响研究多聚焦于社会文化、管理制度层面，很少从社会经济发展层面来衡量数字化的作用，陈明明认为，数字时代需要去行政化来打破行政垄断和市场分割，以竞争中性的原则去允许分散的经济个体平等地参与市场自由竞争[①]。

基于以往大量的学术研究成果，我们认为数字化通过产业创新效应、关联效应和融合效应，摧毁现有的生产方式和组织形式，重新部署自由流动的劳动力，扩大市场品种多样性，提高市场竞争效率，降低交易成本，对区域经济进行信息化改造，实现产业结构调整和转型升级，从而产生规模经济和范围经济。数字化能够改变宏观资源配置边界，中观层面的市场结构与微观企业的盈利模式同时提高信息传播速度，将经济活动周边各个主体高度联通，使区域内的资源渗透、融合以及协同能力得到提升，降低市场交易和资源配置成本，引起广泛的资源重组与聚合。

第三节 数字化时代区域创新的战略选择

以大数据、云计算等为代表的新一轮科技革命和产业变革方兴未艾，数字化技术的飞速发展为区域创新带来了新的发展机遇和挑战。依托数字化技术，调整区域创新战略，实现区域创新追赶和均衡发展，将成为中国未来一段时间的重要任务。在数字化时代，区域创新可能面临以下战略选择。

首先，完善数字基础设施建设，加速区域数字转型速度。从现有研究结论不难看出，数字化在促进区域创新能力和经济增长中扮演着重要的角色，是推动区域经济增长的重要力量。数字化作为一种技术手段，能够加速知识的传播速度与广度。一百多年前的学者 Alfred Marshall 就曾断言"知识是增长的引擎"，数字化对经济和创新的正向作用在当今时代再一次证明了这个观点。数字化在未来的很长一段时间仍会为区域经济增长注入活力，数字基础设施是保障数字

---

① 陈明明，张文铖. 数字经济对经济增长的作用机制研究 [J]. 社会科学, 2021 (01): 44-53.

化转型和数字技术应用的重要条件。因此，需要加快宽带基站等数字化必要的硬件条件的建设，特别是地方政府，积极出台相关支持政策，对数字基础设施建设给予大力支持。数字基础设施不同于普通资产，其具有典型的规模效应、范围效应和网络效应，其边际成本低，越多人使用则可能创造越多的利润，因此，鼓励更多的企业机构实现数字化转型、居民个人学习相关技能，提升社会层面的数字化接纳度，提高数字基础设施的利用率，让数字基础设施惠及更广泛的大众。

其次，提高数字管理和治理能力，保障数字转型有序进行。随着数字技术的不断发展，以及数字化转型步伐的不断加快，全社会产生的结构化和非结构化数据越来越多，如何更好地管理和治理现有数据，并保障数字化技术的健康平稳发展，将成为一项重要课题。为此，各级政府有必要进一步针对数字管理和治理能力开展研究，联合大学和科研机构等相关专家，讨论出台关于数据保护、使用和处理等方面的法律法规，在保护数据隐私的前提下，提高数据使用效率，将相关数据转化为生产力。例如，2021年，银保监会发布《商业银行监管评级办法》（以下简称"办法"），对银行监管评级体系进行了全面升级。办法将"数据治理"及"机构差异化"两项全新要素纳入了评价体系。

再次，强化数字赋能的力量，让数据成为促进区域创新发展的驱动力。随着数据获取、存储、传输、分析和应用技术的不断提升，数据已经成为一项资产。2020年4月10日，《中共中央 国务院关于构建更加完善的要素市场化配置体制机制的意见》正式公布，将数据正式列为与土地、资本、劳动力、技术并列的第五大生产要素，数据要素市场化已成为建设数字中国不可或缺的一部分，数据资产时代已然来临。拓展数据要素在各个领域的应用范围，提高数据资产的赋能强度，加快"数据孪生"技术的开发和应用，利用数字技术提高社会创新效率和生产效率，为区域创新发展提供驱动力。

最后，提升数字技术在区域均衡发展中的作用，防止数字化带来的创新极化。由于数据资产不同于资源、设备等实体资产，其对地理空间的依存度角度，具有更强的流动性，这也导致数据资产更容易在某一地区集聚，并形成数据高地，进而促进数字创新的极化效应。针对5G、物联网等数字化的新技术，营造一个全国范围内公平、共享的发展环境，避免由于新技术的采纳而进一步扩大区域发展差距。同时，有必要提前对数字技术和数据资产进行全国性布局，依托数字技术，促进区域发展的均衡性和充分性。国家发展改革委等部门已经联合印发通知，同意在京津冀、长三角等地区启动建设国家算力枢纽节点，并规划了10个国家数据中心集群。这标志着继西气东输、西电东送、南水北调三大超级工程之后，第4个跨区域资源调配的超级工程——"东数西算"正式启动。通过构建数据中心、云计算、大数据一体化的新型算力网络体系，将东部算力需求有序引导到西部，优化数据中心建设布局，促进东西部协同联动。

第四节　本章小结

以数字化为主要特征的新一轮科技革命方兴未艾，数字化对区域创新的影响也逐渐显现。本章分析了数字化时代的特征、机遇和挑战，并在此基础上探讨了数字化时代的区域创新的战略选择。具体而言，数字技术改变了创新管理问题的基本假设，数字化基础设施带来了技术可供性，创新生态成为重要的创新组织形式。这导致区域创新面临一些新的挑战，一是数字创新结果具有可扩展性、可再演化性；二是基于创新主体呈现分布式的特点；三是创新创业成功的标准难以制定。中国数字化经历了三个阶段，即萌芽阶段、高速增长阶段及成熟阶段。依托数字化技术，调整区域创新战略，实现区域创新追赶和均衡发展，将成为中国未来一段时间的重要任务。在数字化时代，区域创新可能面临的战略选择包括：首先，完善数字基础设施建设，加速区域数字转型速度。其次，提高数字管理和治理能力，保障数字转型有序进行。再次，强化数字赋能的力量，让数据成为促进区域创新发展的驱动力。最后，提升数字技术在区域均衡发展中的作用，防止数字化带来的创新极化。

第十一章

国际科创中心建设：深圳的创新实践

中共中央在"十四五"规划《建议》中再次明确指出布局建设综合性国家科学中心和区域性创新高地，支持北京、上海、粤港澳大湾区形成国际科技创新中心。与北京、上海相比，粤港澳大湾区在建设国际科技创新中心的路途上虽然起步较晚，但正加速前进。2019 年《粤港澳大湾区发展规划纲要》提出建设具有全球影响力的国际科技创新中心以来，大湾区积极布局，推动协同创新，2019 年年底，广东科研项目财政资金跨境拨付已超过 1 亿元，广东已在新材料、人工智能等领域与港澳合作新建 10 家联合实验室；广州超算中心与大湾区各地共建"超级大脑"，构建了辐射粤港澳的超算资源集群，当前，"广州—深圳—香港—澳门"科技创新联动正开展得如火如荼。

在国际科创中心建设过程中，深圳的创新发展表现得可圈可点。深圳坚持把创新作为城市发展的主导战略，成为首个国家创新型城市、首个以城市为单元的国家自主创新示范区。近年来，建设粤港澳大湾区和建设中国特色社会主义先行示范区"双区驱动"的重大历史发展机遇，为深圳市创新能力发展提供了广阔空间。

为此，本章将对深圳区域创新实践进行分析，通过对比深圳创新能力在国内外的定位，探讨在深圳创新实践过程中的经验和不足。

第一节 深圳创新能力的基本情况

借助《中国区域创新能力评价报告》的研究方法和评价体系，将深圳纳入评价框架，分析深圳创新能力的全国定位与演变过程。

综合创新能力是地区各项创新能力的综合体现，涵盖了创新实力、效率和潜力，是各项基础指标的加权平均。2020年深圳创新能力综合得分为53.63分，全国排名第2位，远超过全国平均水平（26.39分）。2016—2020年间，除2017年排名跌落到第4位外，其他年份均保持在第2位，整体创新能力稳定，且优于北京（第2位）和上海（第5位）的排名。

强大的企业技术研发和良好的产业结构布局，帮助深圳在企业创新与创新绩效取得优异成绩；但是由于高等院校和科研机构的数量较少，国内和国际论文产出较低，深圳需要在知识创造和知识获取方面进一步发力。

一、综合创新能力全国排名

根据前文提到的创新能力计算方法①，利用全部基础指标，得到2020年全国创新能力综合指标得分如图11-1所示。全国综合指标的平均得分为26.39分，其中，广东、深圳、北京、江苏、上海、浙江、山东、陕西、安徽和湖北10个省份和地区的创新得分超过全国平均水平。深圳创新能力综合得分为53.63分，全国排名第二，远超全国平均水平。

二、创新实力仍有提升空间

创新实力主要是总量指标，反映了地区各项创新能力的总体存量，是各项存量相关基础指标的加权平均。2020年深圳创新实力得分为39.02分，远高于全国平均水平（21.33分），全国排名第5位。2016—2019年间深圳排名第7位，2020年上升到第5位，整体略低于北京（第3位）和上海（2016—2019年第5位，2020年第7位）排名。

得益于良好的产业国际竞争力与就业情况，深圳整体创新绩效表现突出，排在全国第3位。但是由于教育经费支出较低、大专以上学历占比不高等原因，深圳在创新环境特别是劳动者素质方面存在短板。

---

① 创新能力 = 0.15 * 知识创造 + 0.15 * 知识获取 + 0.25 * 企业创新 + 0.25 * 创新环境 + 0.2 * 创新绩效。

区域创新：极化、追赶与共同富裕　>>>

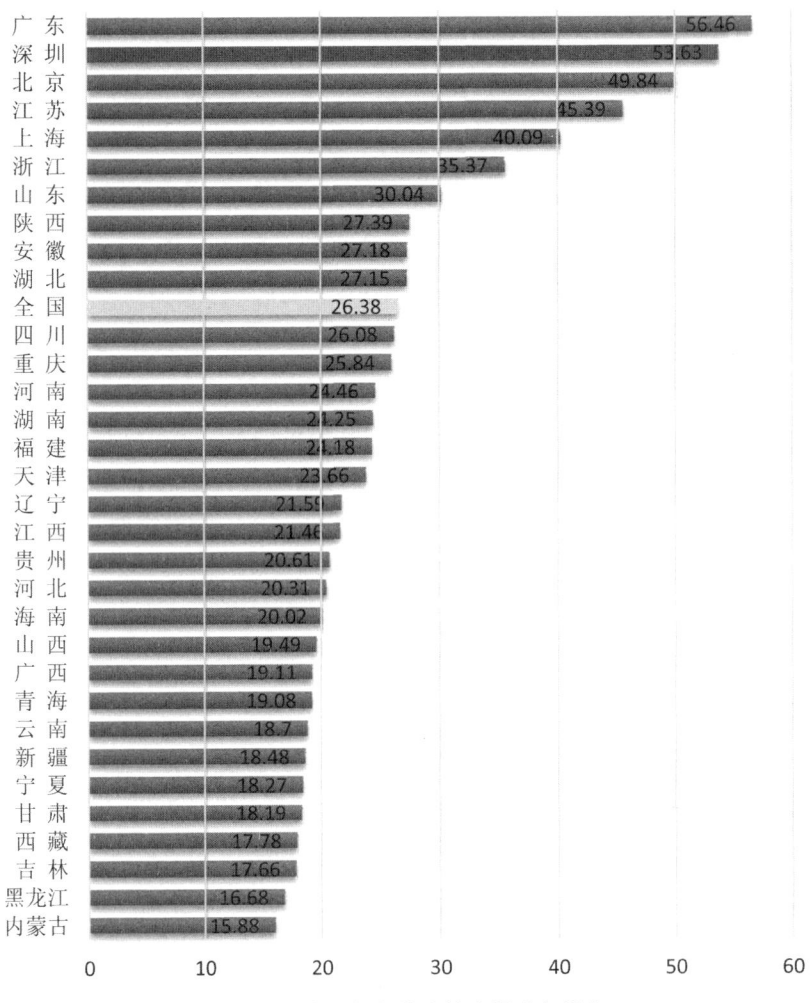

图 11-1　全国创新能力综合得分与排名

根据前文提到的创新能力计算方法①，选取实力存量相关的基础指标，得到 2020 年全国创新实力指标得分如图 11-2 所示。创新实力指标得分的平均得分为 21.33 分，其中，广东、江苏、北京、浙江、深圳、山东、上海、湖北、四川、安徽、河南 11 个省份和地区的创新实力得分超过全国平均水平。深圳创新实力得分为 39.02 分，全国排名第 5 位，超过全国平均水平，但与广东、江苏等地区仍有一定差距。

---

① 创新能力 = 0.15 * 知识创造 + 0.15 * 知识获取 + 0.25 * 企业创新 + 0.25 * 创新环境 + 0.2 * 创新绩效。

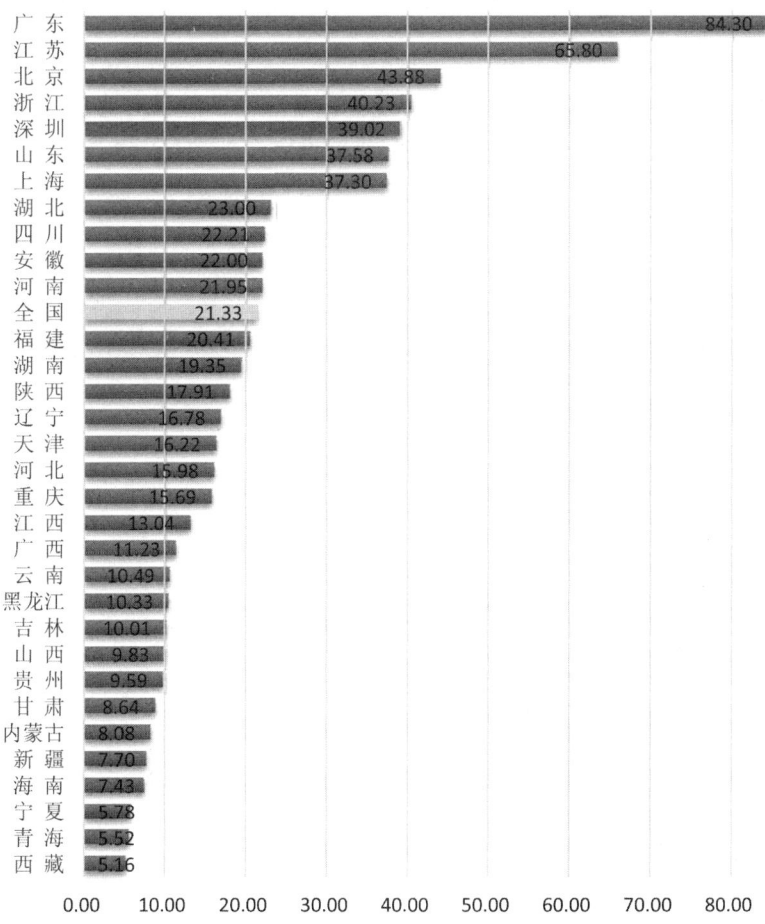

图 11-2 全国创新实力得分与排名

三、创新效率全国领先

创新效率主要是单位产出指标，反映了地区各项创新能力的投入产出效率，是各项效率相关基础指标的加权平均。根据前文提到的创新能力计算方法①，选择效率相关基础指标，得到 2020 年全国创新能力效率指标（图 11-3）。全国创新能力效率指标的平均得分为 26.42 分，其中，北京、深圳、上海、广东、天津、江苏、陕西、浙江、重庆、安徽 10 个省份和地区的创新得分超过全国平均

---

① 创新能力=0.15＊知识创造+0.15＊知识获取+0.25＊企业创新+0.25＊创新环境+0.2＊创新绩效。

水平。深圳创新能力综合得分为 65.52 分，全国排名第 2 位，远超过全国平均水平。

得益于深圳自身宏观经济与就业环境的优异成绩，以及当地企业在研发投入、专利产出和新产品销售的突出表现，深圳在企业创新与创新绩效表现突出，均排在全国第 1 位。与综合创新能力一致，由于在科研论文方面表现不够显著，深圳创新效率的短板依然是知识创造。

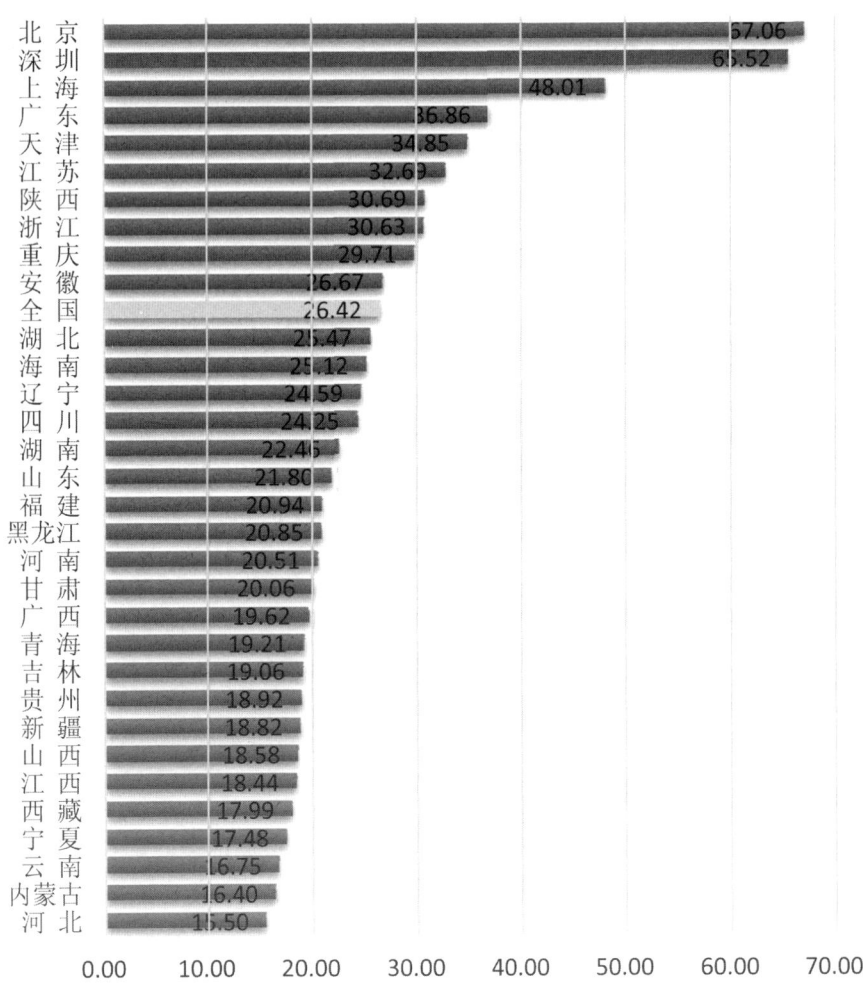

图 11-3　全国创新效率得分与排名

四、创新潜力全国第一

创新潜力主要是增速指标,反映了地区各项创新能力近年来的增长速度,是各项潜力相关基础指标的加权平均。根据前文提到的创新能力计算方法①,选择潜力相关基础指标,得到 2020 年全国创新潜力得分(图 11-4)。全国创新潜

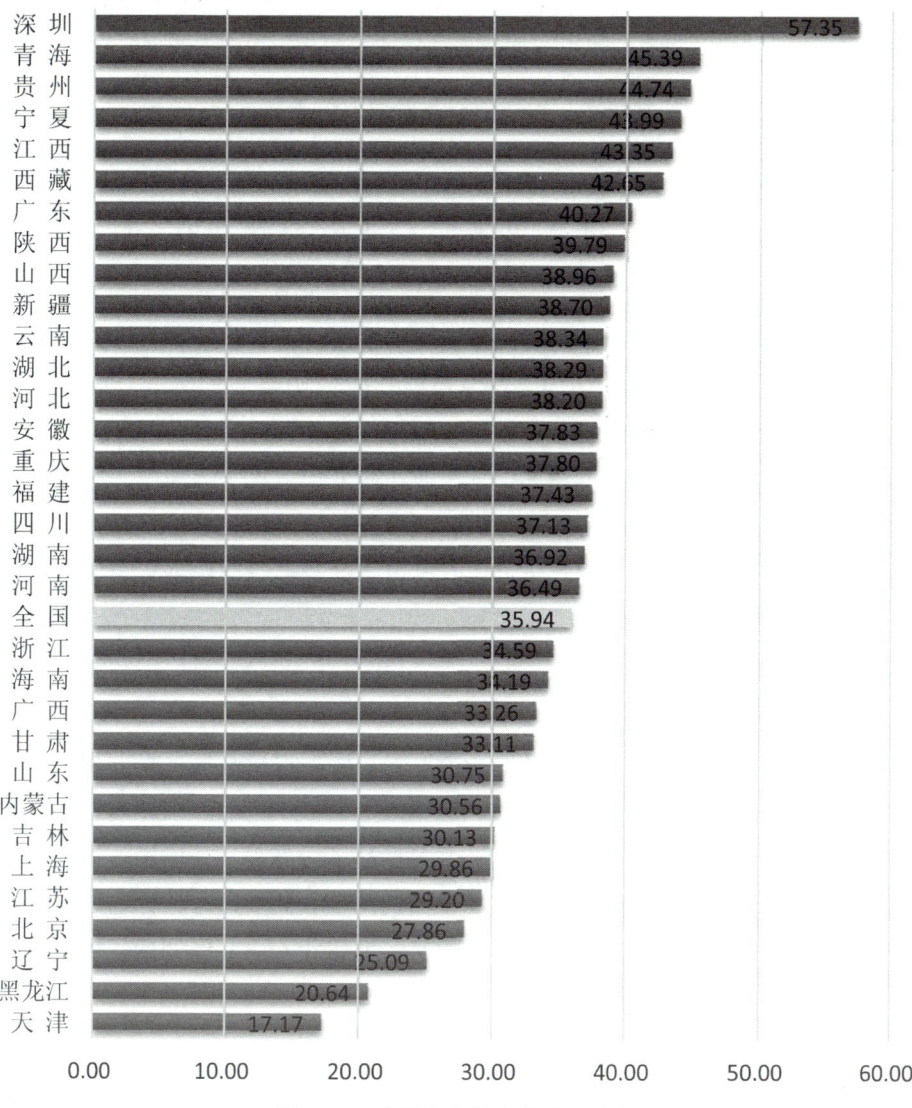

图 11-4 全国创新潜力得分与排名

---

① 创新能力=0.15＊知识创造+0.15＊知识获取+0.25＊企业创新+0.25＊创新环境+0.2＊创新绩效。

力的平均得分为35.94分。其中，深圳、青海、贵州、宁夏、江西、西藏、广东、陕西、山西、新疆、云南、湖北、河北、安徽、重庆、福建、四川、湖南、河南18个省份和地区的创新得分超过全国平均水平。深圳创新潜力得分为57.35分，深圳排名第1位，远超过全国平均水平。

得益于深圳对企业研发的重视，深圳研究开发投入增长迅速，深圳知识创造增长强劲；同时随着市场环境与劳动者素质的提升，深圳创新环境增长表现突出。但是，由于深圳前期迅速发展，在产业结构优化调整和可持续发展等指标方面的进一步提升遇到瓶颈，创新绩效发展潜力排名较低。

第二节 深圳创新能力关键指标分析

针对深圳近年来创新能力的迅速增长，本章选取影响创新能力的关键指标进行分析，结果发现，人均国内生产总值在2016—2020年连续五年内逐年攀升，居民消费水平也稳定增长，人口学历指标不断提升，为深圳奠定了良好的创新基础。深圳高度重视研发投入，且企业在研发中占据主体地位，远高于政府研发投入。专利数量、科技企业孵化和风险投资持续增长，但整体排名相对稳定。深圳产学研合作水平相对较低，引导和鼓励产学研合作将是深圳进一步提升创新能力的重要途径。

一、经济发展、居民消费和教育水平

一个地区的创新能力与该地区的经济发展、居民消费及教育水平有着密切关系。从表11-1和图11-5可以看出，反映经济发展水平的人均国内生产总值在2016—2020年连续五年内逐年攀升，且创新排名蝉联榜首；居民消费水平也在稳定增长，创新排名也较为稳定位居全国前两位。此外，反映教育水平的人口学历指标、深圳的创新能力连续五年的排名也在[2，4]区间内。可见，深圳的创新基础较好，且起点较高。这些因素在提升该区域创新能力中的作用有时甚至会高于科技的投入。

表 11-1　深圳 2016—2020 年经济发展、居民消费及教育水平

年份	人均GDP水平（元/人）		居民消费水平（元）		6岁及6岁以上人口中大专以上学历所占的比例（%）	
	指标值	排名	指标值	排名	指标值	排名
2016	153677	1	40948	2	22.71	4
2017	162599	1	44633.3	2	28.87	2
2018	172453	1	48695	1	32.22	2
2019	183544	1	52938	2	31.84	3
2020	189568	1	57543.6	1	26.71	4

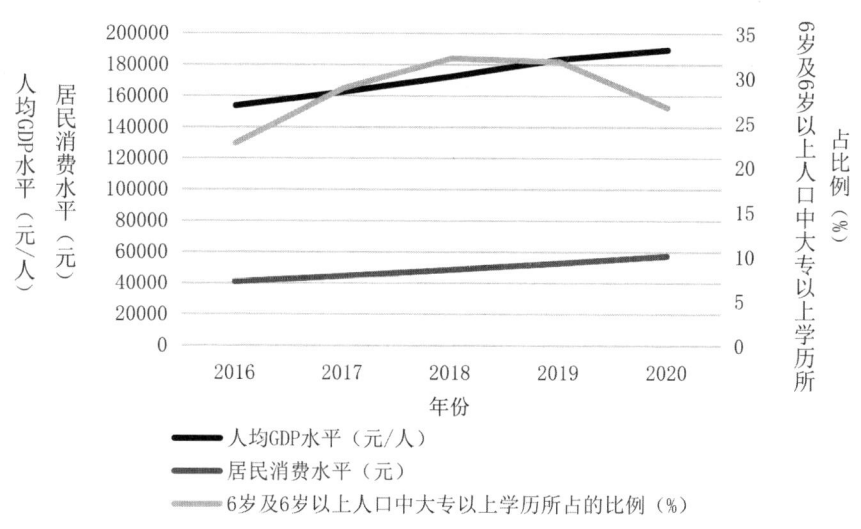

图 11-5　深圳 2016—2020 年经济发展、居民消费及教育水平

二、企业创新和研发投入形势向好

虽然一个地区的研发投入水平与创新能力之间的关系不是线性的，但二者之间有着密切联系。

（一）企业是深圳创新的"主角"

由图 11-6a、图 11-6b 和表 11-2a 可知，深圳地区在 2016—2020 年连续五年内政府研发投入以及企业研发投入不断增加。其中，企业研发投入占全国的

比重在 2016—2020 年均稳步增长，但 2019 年的增量出现了短暂的下滑。政府和企业是研发投入的两个重要主体，企业的研发投入高出政府研发投入一个数量级，不难看出，深圳地区对于研发的重视程度，特别是企业对于研发的重视。由于研发是创新的重要来源，深圳地区对于创新的重视程度可见一斑。进而可知，企业是深圳地区创新的主要动力源。

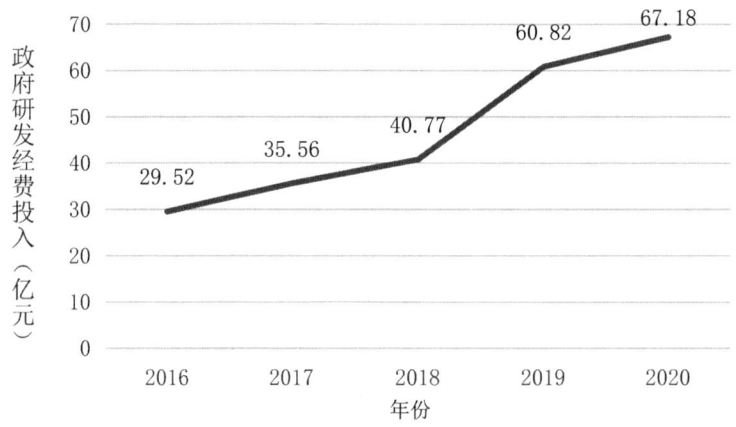

图 11-6a　深圳近五年政府研发经费投入情况

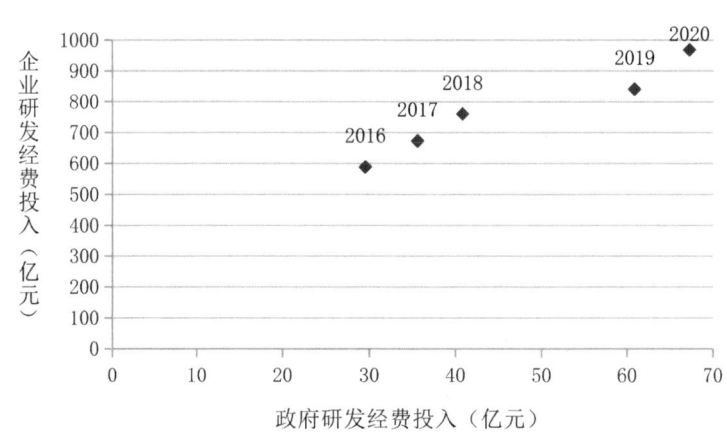

图 11-6b　研发活动经费投入水平及来源

表 11-2a　规模以上工业企业研发经费内部支出

年份	企业研发经费投入（亿元）	企业研发经费投入占全国比重（%）	与基期企业研发经费投入占比差值（%）
2016	588.35	5.85	基期
2017	672.65	6.18	0.33

续表

年份	企业研发经费投入（亿元）	企业研发经费投入占全国比重（%）	与基期企业研发经费投入占比差值（%）
2018	760.03	6.26	0.41
2019	841.1	6.16	0.31
2020	968.35	6.36	0.51

注：全国总量滞后两年。数据来源：全国科技经费投入统计公报

（二）研发投入强度是创新的充分不必要条件

从政府研发投入占GDP的比重及规模上工业企业研发经费内部支出总额占销售收入的比重来看，深圳地区的研发投入强度较上年均有所加大，总体变动幅度较小（如表11-2b所示）。当然，研发投入强度不是决定一个地区创新能力的唯一要素。创新能力的强弱与创新类型也有关系，创新类型不同，创新的驱动力也有差异。例如，产品创新需要较强的研发投入和研发合作能力，而组织创新则更强调组织内部的驱动。除此之外，创新能力还与当地的产业基础和结构、高技术人才占比、劳动力资源、制度环境、政策导向等因素相关。

表11-2b 政府与企业的研发投入强度

年份	政府研发投入占比（%）	规上企业R&D经费内部支出的销售占比（%）
2016	0.18	2.45
2017	0.2	2.69
2018	0.2	2.84
2019	0.27	2.73
2020	0.28	2.92

数据来源《深圳统计年鉴》

三、专利产出逐渐趋于稳定

创新能力领先的地区在专利申请数量方面也具有领先优势，如表11-3所示，深圳地区不论是三种专利（发明、实用新型、外观设计），还是仅发明专利的申请数量均逐年增加。其中，三种专利数量从2016年的103294件增长到2020年的230960件，发明专利从2016年的31077件增长到2020年的69969件。深圳地区作为一个地级市，其专利申请数量及占比可以达到该数值，可见该地

区的创新能力突出。

但是从专利的占比来看,深圳的增长速度趋于平稳。其中,三种专利在全国的比重约稳定于5%左右,发明专利在全国的比重约稳定在4.5%左右。特别是2020年深圳的发明专利数量稳步增加,而三种专利总数占比却略有下滑,出现这种情况的根本原因是全国三种专利申请数量的增量远大于深圳地区的增量。另外,虽然发明专利数量逐年稳步增长,但其在三种专利中的比重却基本保持在30%,变化幅度较小,发明专利的增长速度趋于平缓。

专利是技术创新的重要测度,而发明专利数量更是科技创新的一种表现形式,由此可见,深圳地区对于发明专利方面的知识产权保护还需继续发力,为国内其他地区做好示范引领,进而很好地起到对周边地区甚至全国范围内地区的辐射带动作用。

表11-3 专利申请情况

年份	三种专利 专利数(件)	占全国比重(%)	发明专利 专利数(件)	占全国比重(%)	发明专利在三种专利中的比重(%)
2016	103294	4.67	31077	3.88	30.09
2017	126042	4.78	40028	4.13	31.76
2018	164860	4.99	56336	4.68	34.17
2019	204919	5.79	60258	4.84	29.41
2020	230960	5.57	69969	5.02	30.29

注:全国数量滞后两年。数据来源:2018专利统计年报和IncoPat

四、产学研合作水平有待于进一步提升

产学研合作是指企业、科研院所和高等学校之间的合作,通常指以企业为技术需求方与以科研院所或高等学校为技术供给方之间的合作,其实质是促进技术创新所需各种生产要素的有效组合。在本次评价指标体系中具体表现为:高校和科研院所研发经费内部支出额中来自企业的资金、高校和科研院所研发经费内部支出额中来自企业资金的比例、高校和科研院所研发经费内部支出额中来自企业资金增长率,统计结果见图11-7a、图11-7b和图11-7c,具体分析如下:

不难看出,与其他31个省、直辖市、自治区相比,2016—2020年以来,深圳产学研合作水平相对较低,深圳地区在"高校和科研院所研发经费内部支出额中来自企业的资金"指标排名处于全国中等水平，低于北京、上海、天津、广东和江苏等地区，特别是北京地区高校和科研院所研发经费内部支出额中来自企业的资金近两年高达 80 多万，是深圳的 8 倍之多。

深圳地区在"高校和科研院所研发经费内部支出额中来自企业资金的比例"指标排名较为稳定，处于区间［8，10］内，且经费支出来自企业的资金比例约为 15% 左右，与黑龙江、浙江、辽宁和天津等地区有一定差距，领先地区的研发经费企业占比基本维持在 20% 以上，最高年份甚至高达 32.14%。

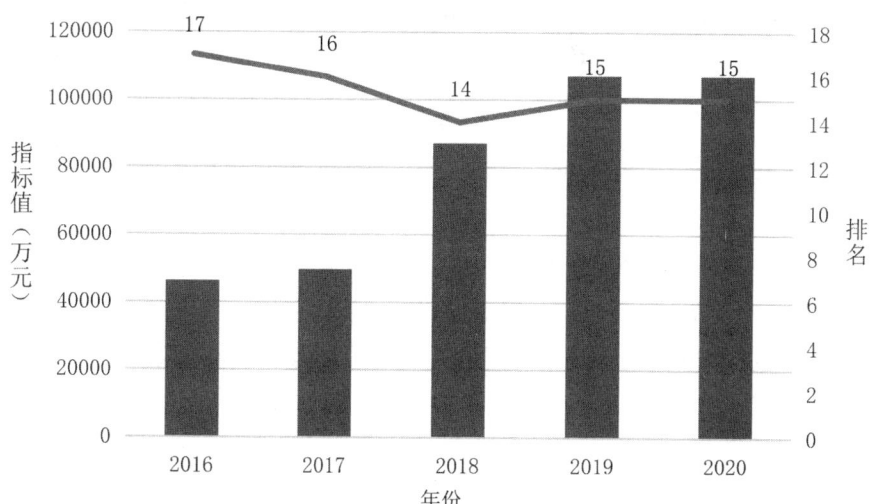

图 11-7a　高校和科研院所研发经费内部支出额中来自企业的资金

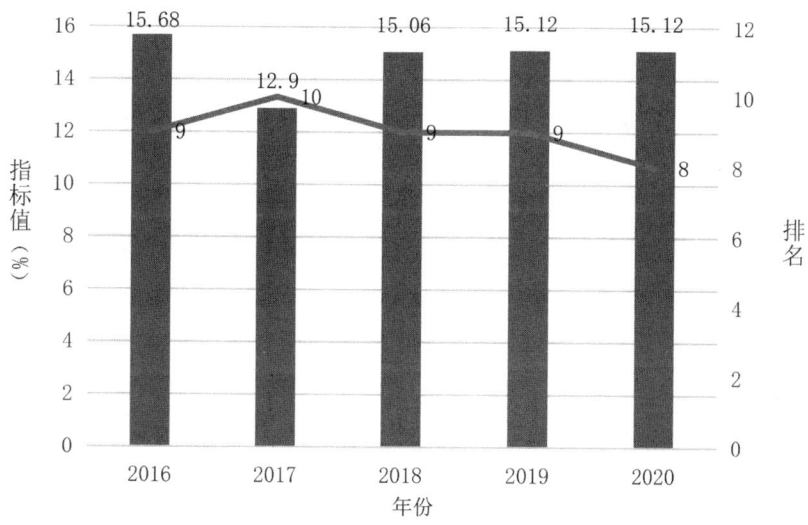

图 11-7b　高校和科研院所研发经费内部支出额中来自企业资金的比例

区域创新：极化、追赶与共同富裕 >>>

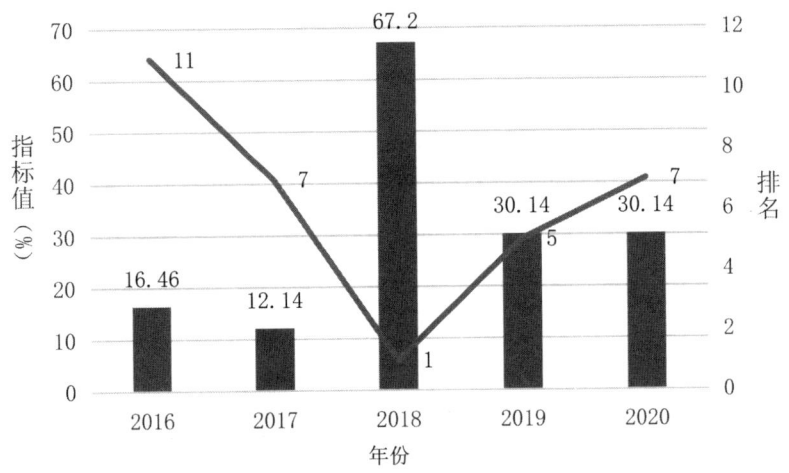

图 11-7c 高校和科研院所研发经费内部支出额中来自企业资金增长率

深圳地区在"高校和科研院所研发经费内部支出额中来自企业资金增长率"整体处于增长趋势，且排名处于全国前列。其中，2018年出现了激增，2019年、2020年较2016年、2017年均有增长，但相对2018年增速趋缓。综上，深圳地区产学研合作强度处于全国中上水平，但仍有进步空间。

五、研发经费来源需进一步拓展

研发经费对于区域创新具有非常重要的意义，前文分析已知企业、政府分别是研发经费的主要来源。此外，研发经费还有其他来源，如"规模以上工业企业研发经费内部支出额中获得金融机构贷款额"，具体相关指标及排名详见表11-4。由表可知，"规模以上企业研发经费支出额中获得金融机构贷款、规模以上工业企业研发经费内部支出额中平均获得金融机构贷款额、规模以上工业企业研发经费内部支出额中获得金融机构贷款额增长率"三个指标，在2017—2019年期间，指标值和排名整体处于下滑趋势，而2020年略有回升。其中，2018—2020年各指标值均低于全国平均水平（44501.93万元、2.62%和32.44%），且低于北京、广东和江苏三个发达地区，特别是江苏地区的规模以上工业企业研发经费内部支出额中获得金融机构贷款额是深圳地区的三倍，最高值达173760.2万元。可见，深圳地区在这方面急需加大重视程度，增强研发经费来源的多元化。

表 11-4 规模以上企业研发经费内部支出额中获得金融机构贷款

年份	贷款额（万元）		平均贷款额（万元/个）		贷款额增长率（%）	
	指标值	排名	指标值	排名	指标值	排名
2016	47569	7	7.49	2	27.08	14
2017	50608	7	7.74	2	6.39	26
2018	33299	10	5.02	3	-34.2	30
2019	19127	14	2.41	13	-42.56	31
2020	24018	11	3.02	10	25.57	12

六、科技企业孵化器水平中等偏上

科技企业孵化器（也称高新技术创业服务中心，以下简称创业中心）是以促进科技成果转化、培养高新技术企业和企业家为宗旨的科技创业服务机构。它不仅是国家创新体系的重要组成部分，也是区域创新体系的重要核心内容。本项目评价体系中相关指标数据及排名如表 11-5 所示。不难看出，自 2016—2020 年以来，深圳地区"科技企业孵化器的数量、孵化基金总额、当年获风险投资额"指标值均逐年增加，但排名相对较为稳定，其中，后两者排名均位列全国前列。其中，各指标值从 2017 年起均高于全国平均水平（94 个和 171080.19 万元、613 个和 101386.73 万元），但低于广东、江苏等地。而"科技企业孵化器当年毕业企业数"指标在 2017 年出现了激增，其后虽有所下降，但整体处于上升趋势。其中，该指标值从 2017 年起均高于全国平均水平。综上可知，这些指标值基本均高于全国平均水平，但深圳相比广东和江苏等地还存在一定差距，且不难看出，"科技企业孵化器数量"是区域创新能力的既不充分也不必要条件，而"科技企业孵化器当年毕业企业数"是区域创新能力的充分不必要条件。因此，课题组建议相比于对"科技企业孵化器数量"的关注，深圳地区更应该重视"科技企业孵化器当年毕业企业数"。

表 11-5 科技企业孵化器相关指标值及排名

年份	孵化器数量（个）		孵化基金总额（万元）		当年毕业企业数（个）		当年获风险投资额（万元）	
	指标值	排名	指标值	排名	指标值	排名	指标值	排名
2016	70	9	134334	6	394	6	44235	8
2017	70	14	273604	5	1654	2	154540	6

续表

年份	孵化器数量（个）		孵化基金总额（万元）		当年毕业企业数（个）		当年获风险投资额（万元）	
	指标值	排名	指标值	排名	指标值	排名	指标值	排名
2018	90	14	533477	5	997	5	314963	5
2019	116	12	533997	6	1195	6	395674	5
2020	130	14	571298	7	1195	6	619087	5

第三节 深圳创新系统构建的国际比较

借鉴 IESE city in motion、社科院全球城市竞争力报告和 2thinknow Innovation Cities Analysis 等权威城市评价报告，并搜集研发投入、专利论文产出、研究机构和科学家数量等数据，选择纽约、波士顿、旧金山、西雅图、东京和首尔等国际领先城市，对深圳创新能力和国际竞争力进行分析，得到以下结论：

从现有评价体系中来看，不同体系中深圳全球排名波动较大，但整体而言，现阶段深圳经济实力和科技实力等排名相对靠前，优于同等水平的城市；但是在城市包容、文化资产和城市治理方面仍有待于提升，缺少国际化大都市的文化氛围。

在创新能力关键指标方面，深圳经济实力不断提升，GDP 总量与国际城市差距不断缩小。深圳科技创新不断增强，研发投入强度和 PCT 专利申请方面表现优异。政府对知识产出给予大力支持，国际论文发表数量不断增长，外部合作比例也呈现上升趋势。企业具有较强创新活力，科研机构和顶尖科学家方面则有待提升。

一、国际排名综合分析

区域创新能力不仅局限于科技创新，而且是区域经济实力、科技实力、人文环境等多方面的综合反映。为了更加全面地反映深圳创新能力在国际竞争中的位置，并以此分析深圳创新能力的优势和劣势，本研究借鉴 IESE city in motion、社科院全球城市竞争力报告和 2thinknow Innovation Cities Analysis 等权威城市评价报告，对深圳创新能力和国际竞争力进行分析，深圳和国际主要城市在各评价体系中的排名如表 11-6 所示。

表 11-6 主要城市排名列表

评价报告	IESE city in motion（2019）	全球城市竞争力报告（2017—2018）	Innovation Cities Analysis（2019）
子维度	科技	科技创新	综合评价
城市与排名	香港 2	伦敦 1	纽约 1
	旧金山 3	纽约 2	东京 2
	首尔 6	东京 3	伦敦 3
	伦敦 8	波士顿 5	洛杉矶 4
	纽约 11	巴黎 9	波士顿 8
	巴黎 15	深圳 11	旧金山 9
	波士顿 19	首尔 12	首尔 14
	东京 20	洛杉矶 17	西雅图 16
	洛杉矶 21	香港>20	深圳 53
	深圳 133	旧金山>20	香港 56

基于 IESE city in motion 的创新能力分析

IESE city in motion 是依托于 IESE 商学院全球化与战略中心和 IESE 战略部的研究平台，将一个由城市专家和专业私营公司组成的全球网络与世界各地的地方行政部门联系起来，其目的是开发有价值的想法和创新工具，以便在地方一级创造智慧城市和促进变革。

该报告从经济、人力资本、社会凝聚力、环境、城市治理、城市规划、国际推广、技术发展、流动和交通等 9 个维度对全球 165 个城市进行评价和排名。Cities in Motion Index 2019 报告中纽约、伦敦、深圳、东京等国际主要城市在各维度上的得分和排名如表 11-7 所示。其中，深圳全球排名第 119 位，与伦敦、纽约、巴黎、东京等国际一流城市存在一定差距。从深圳各个维度排名来看，其经济和移动交通两个维度的排名较高，分别排名第 73 位和第 15 位，优于同层次城市水平。其中，经济方面的测量包括各种经济发展指标，包括区域 GDP、人均 GDP、生产率、工资水平、购买力等。移动交通是指市民交通的便利性和公共交通服务水平，包括在交通方面花费的时间、通勤效率、共享单车、航班数量、商用汽车数量等。而深圳在人力资本、社会凝聚力、城市治理和科技等维度则存在一定劣势，人力资本全球排名第137位，人力资本的评价侧重高等教育水平、500强大学数和人均剧院数量，深圳在高等教育和社会文化氛围方面依然有待于提升。

社会凝聚力全球排名第136位，社会凝聚力反映成员的共识度和归属感，是城市包容性的综合体现，如何通过营造更包容的城市氛围，吸引国内外人才也是深圳全球科创中心建设的努力方向。

城市环境全球排名第153位，城市环境是城市可持续发展的反映，深圳在各种污染物排放、城市污染和未来气候预测方面仍存在不足。

城市治理全球排名第158位，城市治理指地区干预的有效性和质量，深圳得分较低的原因在于城市储备金、人均储备金不足，同时该指标还包括政府建筑物数量、维权强度和开放数据平台等，均需在今后城市建设中引起重视。

科技全球排名第133位，导致这一结果的主要原因可能在于该报告的统计指标并非中国常用指标，如推特和领英等社交软件在中国占有份额相对较小，无法体现深圳科技方面的发展水平。在 Cities in Motion Index 2017 中，由于科技维度的测量主要通过宽带数量、人均IP地址、智能手机、Facebook和创新指标等值，排除了推特和领英国外社交软件注册数，深圳的科技排名为全球第27位，不难看出，深圳ICT相关产业的科技发展水平领先世界同水平的城市，在全球城市中具有一定优势。

表11-7 City in Motion 主要城市排名

城市	经济	人力资本	社会凝聚力	城市环境	城市治理	城市规划	国际推广	科技	移动和交通	总体排名
伦敦	12	1	45	34	7	9	1	8	3	1
纽约	1	3	137	78	26	2	8	11	5	2
巴黎	8	6	86	54	36	50	3	15	4	4
东京	2	9	49	6	71	24	35	20	29	6
香港	29	17	140	20	21	8	15	2	40	11
首尔	15	14	95	32	39	27	34	6	17	12
洛杉矶	2	2	82	152	4	14	33	21	134	16
旧金山	4	11	79	122	64	13	36	3	100	21
波士顿	9	4	84	115	15	31	69	19	131	25

续表

城市	经济	人力资本	社会凝聚力	城市环境	城市治理	城市规划	国际推广	科技	移动和交通	总体排名
西雅图	11	51	77	143	23	78	67	30	149	58
圣安东尼奥	27	37	63	135	57	44	103	51	99	62
曼彻斯特	115	19	53	101	76	101	74	77	52	78
深圳	73	137	136	153	158	100	126	133	15	119

综上所述，深圳在国际竞争中，其经济实力不断增强，已经高于同水平城市，与国际一流城市差距不断缩小，但是深圳在支持创新的整体环境方面，特别是人文环境等软实力方面略显不足，如整体的社会凝聚力、当地人才的培养、城市治理等。

基于全球城市竞争力报告的分析

全球城市竞争力报告由中国社会科学院（财经院）与联合国人居署共同发布，从全球城市的经济竞争力、可持续发展竞争力、城市评级等方面全方位评价城市发展。其中，全球城市经济竞争力是指城市当前创造价值、获取经济租金的能力，包括金融服务、科技创新、产业体系、营商成本等9个分项指标。可持续发展竞争力是城市的要素和环境状况，包括人力资本、经济活力、科技创新等8个分项指标。主要城市的经济竞争力、可持续发展竞争力、城市评级和部分分项指标如表11-8所示。

表11-8 全球城市竞争力主要城市排名[①]

城市	等级	经济竞争力	可持续竞争力	科技创新	金融服务	产业体系	经济活力	社会包容
纽约	A+	1	1	2	1	2	2	1
洛杉矶	A+	2	16	17	14	17	176	3
伦敦	A+	4	2	1	2	1	9	4

[①] 根据报告的可获取性，本研究选取《全球城市竞争力报告（2017—2018）》，通过对比近三年数据，各城市排名基本稳定，因此选取其中某一年报告的详细指标进行分析，可以很好地反映出各城市在不同维度的竞争力和创新力。

续表

城市	等级	经济竞争力	可持续竞争力	科技创新	金融服务	产业体系	经济活力	社会包容
旧金山	A+	5	14	—	25	33	41	12
深圳	B	6	35	11	40	11	7	63
东京	A-	7	3	3	3	3	1	2
首尔	A-	13	7	12	10	12	4	8
波士顿	A-	18	4	5	31	5	12	14
巴黎	A-	21	9	9	9	9	222	7
北京	A-	20	11	6	7	6	5	32
上海	A-	14	27	20	5	20	10	23
曼彻斯特	C+	84	34	—	115	64	135	78
圣安东尼奥	C+	112	141	—	123	83	428	62

从结果可知，深圳的城市等级为B，弱于纽约、洛杉矶、旧金山等国际发达城市。深圳经济竞争力整体排名第6，展现出强大的经济实力；而在可持续竞争力方面，深圳排名第35位，与经济实力存在不匹配现象。

在部分分指标中，科技创新从专利和论文两方面来衡量城市创新能力，深圳科技创新排名第11位，在国际竞争中有一定优势，优于洛杉矶、首尔和旧金山等城市，但是相对于纽约、伦敦、东京和波士顿等城市仍具有一定差距。金融服务从银行指数、银行分支机构数和交易所指数三方面来衡量，深圳金融服务排名第40位，在国际主要城市中处于相对劣势。产业体系是通过福布斯2000强企业中的生产性服务企业和科技企业指数进行加权衡量，深圳在产业体系指标中排名第11位，具有一定竞争优势，根据《福布斯》发布的2018年"全球上市公司2000强"排行榜，深圳有中国平安、招商银行、腾讯、恒大和万科等五家企业挺进前200强。社会包容是从犯罪率和基尼系数两方面进行反映，深圳的社会包容排名第63位，在全球竞争中处于相对劣势的地位，与深圳的经济实力明显不匹配，这也从一定程度上反映了深圳在城市文化和包容性等方面与国际一流城市存在差距，深圳未来发展需要在文化软实力的提升方面进一步发力。

基于 Innovation Cities Analysis Report 的分析

2thinknow 公司从文化、环境和设施等三个因子，全面地对城市创新进行评价。其中，文化资产是指可测量的思想来源（如设计师、美术馆、体育、博物馆、舞蹈、自然等），人力基础设施是指实施创新的软硬件基础设施（如交通、大学、商业、风险投资、办公空间、政府、技术等），网络市场是指创新的基本条件和联系（如位置、技术、军事、相关实体的经济等）以及创新的交流。

相对于其他创新评价而言，该报告对城市创新能力的评价更注重人文、文化等对创新具有启发意义的软实力指标。

在 Innovation Cities Analysis Report 2019 中，深圳和纽约、波士顿、东京等主要发达的城市在最新一期报告中的排名和各因子得分如表 11-9 所示。

表 11-9　Innovation Cities Analysis 主要城市排名和得分

城市	排名	得分		
		文化资产	人力基础设施	网络市场
纽约	1	20	20	19
东京	2	20	20	18
伦敦	3	20	20	17
洛杉矶	4	19	18	19
波士顿	8	19	19	17
旧金山	9	19	18	18
首尔	14	18	18	17
西雅图	16	18	18	17
深圳	53	15	15	16
曼彻斯特	57	16	17	13
圣安东尼奥	70	16	14	15

在评价结果中，深圳市在 500 个主要城市中排名第 53 位，具有一定竞争力，但是相对于纽约、东京、伦敦等发达城市，其创新能力依然存在一定差距，在文化资产、人力基础设施和网络市场方面，均具有一定提升空间。与其同水平城市相比，深圳在网络市场得分较高，表明深圳在过去一段时间，经济实力和科技实力已经取得了一定成就；但是在文化资产得分方面并不占优势，文化

资产重视城市历史建筑、文化氛围、文化交流和教育等方面，深圳在30年的时间内，由一个小渔村发展为大都市，虽然经济指标呈跨越式发展，但是文化积淀依然不足，缺少国际化大都市的文化氛围。在城市创新中，博物馆、美术馆等文化元素对于提升城市内涵和包容性，培养非线性的创新思维具有重要作用，这也是深圳进一步需要提升的方向。

二、创新能力与经济发展

区域创新能力与当地经济发展水平之间存在着密切关系，经济发展水平是区域创新的基础，也是创新驱动发展的成果。深圳、纽约、波士顿、洛杉矶和旧金山的GDP、人均GDP和GDP增长速度等发展变化趋势如表11-10和图11-8所示。

表11-10 主要城市经济发展状况

城市	年份	GDP/十亿美元	人均GDP/美元	GDP增长率（%）
深圳	2018	394.31	30860.19	7.6
纽约	2018	1772.32	91811.94	4.37
洛杉矶	2018	1047.66	78821.89	5.28
旧金山	2018	548.61	115753.1	7.7
波士顿	2018	463.57	95083.68	5.56
深圳	2017	361.09	29468.88	8.8
纽约	2017	1698.12	87868.5	3.91
洛杉矶	2017	995.11	74827.56	5.24
旧金山	2017	509.38	107903.7	8.5
波士顿	2017	439.14	90851.6	4.25
深圳	2016	302.3	25203.77	9
纽约	2016	1634.18	84471.99	3.59
洛杉矶	2016	945.6	71144.57	3.64
旧金山	2016	469.47	100118.7	5.18
波士顿	2016	421.23	87553.82	3.61
深圳	2015	266.8	23398.95	8.9
纽约	2015	1577.62	81616.48	4.36

续表

城市	年份	GDP/十亿美元	人均GDP/美元	GDP增长率（%）
洛杉矶	2015	912.38	68853.68	7.57
旧金山	2015	446.34	95996.61	7.94
波士顿	2015	406.54	85054.6	6.61

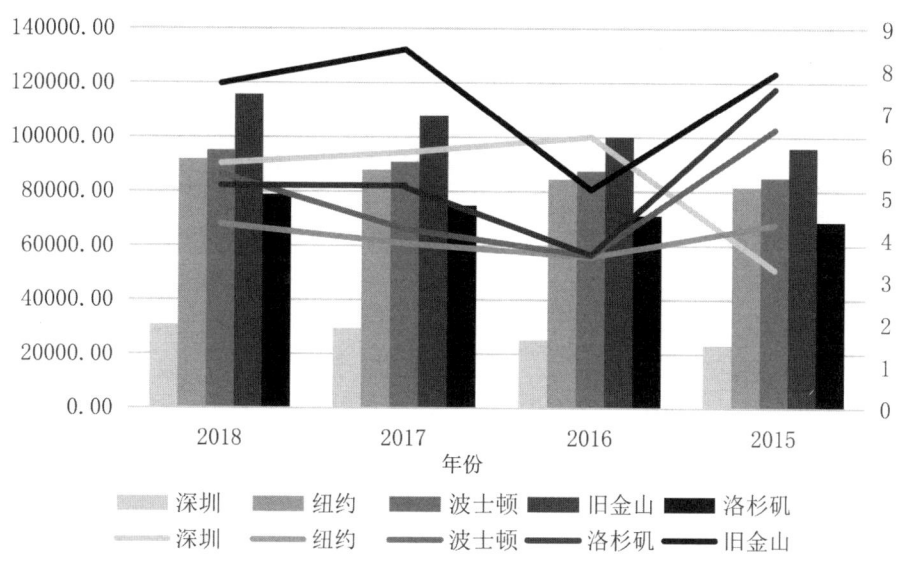

图 11-8 主要城市经济发展比较

从以上分析不难看出，深圳经济发展水平虽然在国内处于领先地位，但相对于纽约、波士顿、旧金山和洛杉矶，深圳的人均 GDP 依然相对较低，但深圳的经济发展速度并没有明显落后于其他城市。

三、从研发投入视角的解读

研发投入的总量和投入强度是地区创新驱动发展的重要标志，研发投入也能很好地反映区域创新投入的强度。为此，本研究整理了深圳和国际领先城市的研发投入和投入强度，据此解读和分析深圳创新能力。深圳、纽约、波士顿、洛杉矶和旧金山的研发投入、人均研发投入和投入强度等发展变化趋势如表 11-11 所示。

表 11-11 主要城市研发投入情况

城市	年份	研发投入/（美元）	人均研发投入（美元/人）	研发强度（%）
深圳	2018	18941.5	1454.06	4.8
纽约	2018	37420.58	1938.51	2.11
洛杉矶	2018	25753.26	1937.58	2.46
旧金山	2018	9956.83	2100.83	1.81
波士顿	2018	10688.81	2192.4	2.31
深圳	2017	15685.21	1251.98	4.34
纽约	2017	35156.66	1819.17	2.07
洛杉矶	2017	24224.53	1821.57	2.43
旧金山	2017	9347.93	1980.2	1.84
波士顿	2017	10093.98	2088.3	2.3
深圳	2016	12690.92	1065.71	4.2
纽约	2016	33707.71	1742.38	2.06
洛杉矶	2016	23248.07	1749.13	2.46
旧金山	2016	8898.88	1897.77	1.9
波士顿	2016	9655.26	2006.87	2.29
深圳	2015	10847.26	953.29	4.07
纽约	2015	31764.7	1643.31	2.01
洛杉矶	2015	21858.92	1649.61	2.4
旧金山	2015	8282.93	1781.45	1.86
波士顿	2015	9081.05	1899.9	2.23

通过比较深圳与纽约、波士顿、旧金山和洛杉矶等主要城市的研发投入情况不难发现，深圳研发投入在总量上高于波士顿和洛杉矶，但是在人均研发投入方面，明显落后于纽约、波士顿、洛杉矶和旧金山四个领先城市。在研发强度方面（研发投入占GDP比例），深圳研发投入强度保持在4%以上，而其他四个城市的研发强度在2%左右，较高的研发投入强度有助于深圳创新能力的不断提升，在未来继续引领中国创新发展的同时，不断提升国际竞争力。

四、从专利产出和效率分析

专利产出和效率是衡量地区创新产出的重要指标，诸多国际评价体系中也将专利作为科技创新能力的评价指标，为比较深圳与纽约、波士顿、洛杉矶和旧金山等国际领先城市之间的科技创新能力，本研究以PCT专利的产出在城市间进行比较。深圳、纽约、波士顿、洛杉矶和旧金山的PCT专利公开量和人均专利数量等发展变化趋势如表11-12所示。

表11-12 主要城市的PTC专利数量

城市	年份	PCT专利公开量（件）	人均PCT专利（件/万人）
深圳	2018	20292	15.58
纽约	2018	966	0.5
洛杉矶	2018	347	0.26
旧金山	2018	740	1.56
波士顿	2018	867	1.78
西雅图	2018	588	7.89
东京	2018	26041	27.06
首尔	2018	6394	6.36
巴黎	2018	2676	12.50
深圳	2017	16678	13.31
纽约	2017	1053	0.54
洛杉矶	2017	325	0.24
旧金山	2017	692	1.47
波士顿	2017	791	1.64
西雅图	2017	490	6.72
东京	2017	25414	26.80
首尔	2017	6422	6.29
巴黎	2017	2852	13.15
深圳	2016	12070	10.14
纽约	2016	1110	0.57
洛杉矶	2016	348	0.26

续表

城市	年份	PCT专利公开量（件）	人均PCT专利（件/万人）
旧金山	2016	767	1.64
波士顿	2016	737	1.53
西雅图	2016	480	6.76
东京	2016	25123	26.76
首尔	2016	5986	5.81
巴黎	2016	3162	14.37

从表中不难看出，深圳市的PCT专利公开量和人均专利数量在全球具有一定优势，整体来看，深圳的PCT专利申请方面仅次于东京，比纽约、首尔、波士顿等城市具有优势。这得益于国家创新驱动发展战略的指引和驱动以及深圳企业专利方面的支持。2019年8月23日，深圳市场监督管理局发布了《深圳市知识产权运营服务体系建设专项资金操作规程》，千万补贴政策助力知识产权。

虽然深圳市PCT专利公开量上占优绝对优势，但是在专利质量和专利合作的比例方面依然存在一定短板，表11-13展示了深圳和国际主要城市的专利质量和专利合作比例。从表中不难看出，深圳的专利质量有待进一步提升，其高被引专利的比例明显低于纽约、洛杉矶、波士顿和旧金山，但是优于东京、首尔和巴黎等城市。在专利合作方面，合作专利比例在5%左右，产学研合作比例则不足1%，在未来一段时间内，推动企业之间产学研合作将成为深圳科技创新的一大重点。

表11-13 主要城市专利质量情况

城市	年份	高被引专利比例（%）	合作专利比例（%）	产学研专利比例（%）
深圳	2018	1.1	5.1	0.6
纽约	2018	1.7	22.4	3.7
洛杉矶	2018	2.6	22.8	2.7
波士顿	2018	2.2	33.3	7.8
西雅图	2018	4.2	17.6	2.8
东京	2018	0.14	11.8	2.6
首尔	2018	0.54	9.4	4.0
巴黎	2018	0.24	49.5	9.1

五、论文产出和效率分析

论文产出和效率是衡量地区创新产出的重要指标，也是区域知识创新的重要方面，诸多国际评价体系也将专利作为科技创新能力的评价指标，为比较深圳与纽约、波士顿、洛杉矶和旧金山等国际领先城市之间的科技创新能力，本研究从 Web of Science 中获取重要英文论文的产出对城市进行比较。深圳、纽约、波士顿、洛杉矶和旧金山的国外重要论文发表、人均论文数量等发展变化趋势如表 11-14 所示。

表 11-14 主要城市的英文论文发表情况

城市	年份	英文论文（篇）	人均论文（篇/万人）
深圳	2018	13858	10.64
纽约	2018	39238	20.33
洛杉矶	2018	20403	15.35
旧金山	2018	13717	28.94
波士顿	2018	38213	78.38
西雅图	2018	16405	220.20
东京	2018	34175	35.51
首尔	2018	37490	37.29
巴黎	2018	27875	130.23
深圳	2017	11257	8.99
纽约	2017	37610	19.46
洛杉矶	2017	19892	14.96
旧金山	2017	13271	28.11
波士顿	2017	37113	76.78
西雅图	2017	15939	218.46
东京	2017	34029	35.89
首尔	2017	37513	36.76
巴黎	2017	28431	131.14
深圳	2016	8694	7.3
纽约	2016	37102	19.18
洛杉矶	2016	19759	14.87
旧金山	2016	13332	28.43

续表

城市	年份	英文论文（篇）	人均论文（篇/万人）
波士顿	2016	36187	75.22
西雅图	2016	15953	224.53
东京	2016	33211	35.37
首尔	2016	37196	36.12
巴黎	2016	28456	129.35

从上述图表中不难看出，深圳的英文论文发表数量并不占优势，而在人均论文发表数量方面则与纽约、波士顿、洛杉矶和东京等国际领先城市之间存在较大差距。除2018年每万人论文发表数量为10.64篇，其他年份每万人论文数发表均不超过10篇，而其余城市的每万人论文发表数量大多在20篇以上，特别是西雅图的每万人论文发表数量高达200余篇。与同在亚洲的非英语国家相比，深圳的英文论文发表数量和人均量，与东京和首尔也存在一定差距。

本章进一步分析了论文的政府资助、外部合作的数量和比例，结果如表11-15所示。结果显示，在深圳发表的英文论文中，获得政府资助的比例在86%以上，远高于纽约、波士顿、洛杉矶等城市，这表明深圳政府在论文产出方面的支持力度较大。在外部合作方面，深圳合作比例在30%左右，略低于纽约、波士顿、洛杉矶等城市的外部合作比例，这在一定程度上反映出深圳知识获取方面的相对劣势。

表11-15　论文外部合作数量和比例

城市	年份	政府资助论文数	资助比例（%）	外部合作数量（篇）	合作比例（%）
深圳	2018	11924	86	4588	33.11
纽约	2018	21780	55.5	16101	41.03
洛杉矶	2018	12588	61.7	8245	40.41
波士顿	2018	22399	58.6	16389	42.89
西雅图	2018	10542	64.3	6609	40.3
东京	2018	19345	56.6	9778	28.6
首尔	2018	26411	70.5	10377	27.7
巴黎	2018	15712	54.4	16526	59.3

六、科研机构和科学家数量

优秀的科研机构和顶尖科学家是创新和知识的主要来源，一个城市科研机构和顶尖科学家的数量也是其创新能力的重要反映，为此，本研究基于专利产出数量和论文产出数量来遴选科研机构，将城市中领先机构数量作为考察城市技术创新能力的一个视角，并将深圳科研机构数量与全球领先城市科研机构数量进行对比。首先，寻找公开的 PCT 专利数量领先的前 500 机构，将其总部与城市进行映射；其次，寻找高质量论文（ESI 数据库中）发表最多的前 500 机构，将这些机构总部与城市一一对应；最后，以科睿唯安《全球高被引科学家》中科学家为基础，按科学家所在机构映射城市，了解各城市的顶尖科学家数量[①]。表 11-16 呈现了论文和专利产出较高的科研机构和顶尖科学家的数量。

表 11-16 优秀科研机构和顶尖科学家数量

城市	专利产出（件）	论文产出（篇）	顶尖科学家（人）
东京	91	3	23
深圳	27	1	8
首尔	12	4	30
巴黎	11	7	95
伦敦	11	7	132
纽约	6	8	135
波士顿	5	11	104
西雅图	2	2	110

从专利产出的领先科研机构来看，日本东京以 91 家领先其他城市，深圳表现不凡，拥有 27 家，领先于首尔、巴黎、伦敦和纽约等城市，在专利产出方面，深圳拥有华为、中兴和大疆等优秀企业，为深圳创新注入活力。

从论文产出的领先科研机构来看，波士顿以 11 家领先于其他城市，纽约、巴黎和伦敦分别以 8 家、7 家和 7 家紧随其后，而深圳只有深圳大学入围。

在顶尖科学家数量方面，美国城市占明显优势，在全球城市拥有顶尖科学家数量前 20 排名中，美国以 12 个城市占据过半席位（共计 1272 位），充分展

---

① 数据统计年度为 2018 年。

现了美国对顶尖人才的吸引力。而深圳的顶尖科学家数量仅有 8 位，明显落后于国外先进城市，深圳在人才吸引和培养方面仍需要进一步提升。

综合对领先研究机构和顶尖科学家数量分析可以看出，相对于国际领先城市而言，深圳拥有华为、中兴等一系列产出高质量专利的企业机构，但是在基础研究方面仍有待于加强。从论文产出的角度来看，深圳高质量论文产出的研究机构只有 1 家，高被引学者只有 4 位，这表明深圳在顶尖科学家的培养和引进方面仍有待加强。

第四节 国际科创中心建设的战略选择

深圳是一座最富有改革开放创新基因的城市，从一个默默无闻的边陲小镇，到充满创新活力的创业之都，深圳已经奇迹般崛起。未来，深圳必将朝着具有国际影响力的现代化都市前进，而这也对深圳创新能力发展提出了更高的要求。主要表现在以下几点：

一是做好顶层设计，打造创新高地。依托"双区驱动"，做好顶层设计，全面提升深圳创新能力。以我国创新驱动发展战略为基准，对深圳创新驱动发展中的相关问题，制定中长期规划和经济与社会发展政策。深圳依托"一带一路"倡议，加强与全球城市之间的科技人文交流，对标国际一流城市，构建全球科技创新中心。依托深圳与"一带一路"沿线国家的科技人文交流，促进资本、人才、技术等创新要素的高度集聚。

二是加强科学研究投入，提升知识创造能力。深圳在科学研究方面存在一定劣势，这表现在高水平科研机构和顶尖科学家的缺乏、高质量专利产出能力相对较弱、产学研合作水平低于国内外领先城市、国内外科研论文产出数量严重不足等。为此，一方面，加快构建科学城，进一步引进顶尖高校，建设高水平科研机构，积极吸引国内外高端人才，提高深圳整体科学研究水平；另一方面，引导产学研深度合作，促进关键共性技术攻关，提升专利整体水平。

三是优化产业结构，促进城市高质量发展。深圳过去几年的高新技术产业以及第三产业增加值和占比不断增加，但是第三产业占 GDP 的比重依然低于北京和上海，制造业占比依然较高。严峻的国内外形势，将会倒逼深圳的产业结构调整和产业转型，进一步推动第三产业发展；依托基础研发、创意产业和产业标准等能力的提升，实现在全球价值链上的不断攀升；适度将一般制造业向外转移，保留企业核心部门，借助全球力量实现高质量发展。

四是加快国际化都市建设。经过几十年的发展，深圳整体创新能力在全国名列前茅，并在诸多方面超越北京和上海，成为国内最具创新能力的城市之一。但是，与波士顿、旧金山和东京等国际化大都市相比，深圳依然存在一定差距。未来一段时间，深圳需要加快国际化都市建设进程。一方面，塑造良好的城市形象，构建更加包容性的城市，打造良好的城市形象，提升居民幸福感和满意度，吸引更多具有国际视野的人才，借助全球力量，构建国际化科技创新生态体系；另一方面，提升城市艺术和文化水平，营造良好的创新、创意和创业氛围，提升文化环境软实力。

第五节 本章小结

本章以深圳为例，分析了在国际科创中心建设过程中，深圳提升区域创新能力所面临的机遇和挑战。现阶段，深圳区域创新能力全国领先，其综合创新能力已经超过了国内绝大部分的省市，特别是在创新效率和创新潜力方面名列前茅。与国际现有科创中心相比，深圳的经济实力增长速度较快，与国际发达城市之间的差距不断缩小；PCT专利保持一定优势，但人均专利数量依然不高；政府对知识产出给予大力支持，整体产出潜力巨大；企业具有较强创新活力，基础研究能力有待提升；科技创新能力不断提升，与国际发达城市之间的差距不断缩小，依然存在一些不足。从现有评价体系来看，不同体系中深圳全球排名波动较大，但整体而言，现阶段深圳经济实力和科技实力等排名相对靠前，优于同等水平的城市；但是在城市包容、文化资产和城市治理方面仍有待提升，缺少国际化大都市的文化氛围。

第十二章

区域创新与共同富裕：浙江的做法与经验

2006年，习近平同志在主政浙江期间，明确提出到2020年建成创新型省份的战略目标。2013年，浙江省被科技部确定为全国第一批创新型省份建设试点。2016年6月，科技部印发《建设创新型省份工作指引》强调，创新型省份研究与试验发展（R&D）经费支出占地区生产总值（GDP）比重达到2.5%以上，形成一批高端引领的创新型企业、人才团队，若干重点产业进入全球价值链中高端，基本实现创新驱动发展。

2021年5月20日，党中央、国务院印发《关于支持浙江高质量发展建设共同富裕示范区的意见》，将浙江省列为共同富裕示范区。2022年1月，科技部、浙江省人民政府印发《推动高质量发展建设共同富裕示范区科技创新行动方案》，并指出，到2020年年初步建成高水平创新型省份，实现"六倍增六提升"；到2035年，建成高水平创新型省份和科技强省，成为展示新型举国体制优越性的"中国创新之窗"。浙江在高水平创新型省份建设和建设共同富裕示范区过程中，不断创新体制机制，激活企业创新活力，不仅取得了一系列创新成果，也积累了部分可以复制的经验。

第一节 浙江创新能力的全国定位

一、综合创新能力稳居第一梯队

综合创新能力是一个集成概念，涵盖了创新实力、创新效率和创新潜力，不仅是地区各项创新能力的综合体现，更是衡量地区竞争能力和发展潜力的重要尺度。自2013年浙江入选国家创新型省份以来，在贯彻落实创新驱动发展战略、提升区域创新能力、推动创新型省份建设方面采取了积极举措。2013~2020年八年间,浙江省的综合创新能力始终保持在全国第五位,整体创新能力稳定(如图12-1所示)。

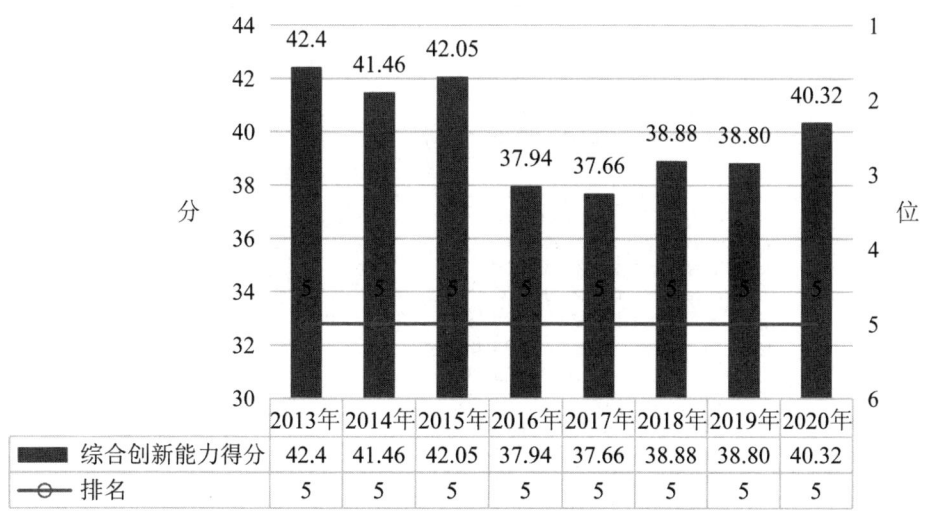

图12-1　2013—2020年浙江省综合创新能力得分和排名变化

2020年浙江省的综合创新能力得分为40.32分,全国排名第五位,远超全国平均水平（28.54分）,与广东（第一位）、北京（第二位）、江苏（第三位）、上海（第四位）共同位于全国创新城市第一梯队（如图12-2所示）。

图12-3展示了安徽、北京、广东、江苏、上海、浙江和山东七个省市2013—2020年间综合创新能力指标得分和排名的变化趋势。从图中可知,2016年及以前,各省的综合创新能力排名无明显波动,浙江省排全国第5位,高于同期的安徽（第9位）和山东（第6位）,低于上海（第4位）、江苏（第1位）、广东（第2位）和北京（第3位）。2017—2018年间,江苏和安徽省的综合创新能力全国排名均出现下降趋势,江苏省从全国第1位下降至全国第3位,安徽省从全国第9位下降至全国第10位,目前排名全国第8位。而浙江省的综合创新能力创新排名保持全国第5位,综合创新能力十分稳定。

区域创新：极化、追赶与共同富裕 >>>

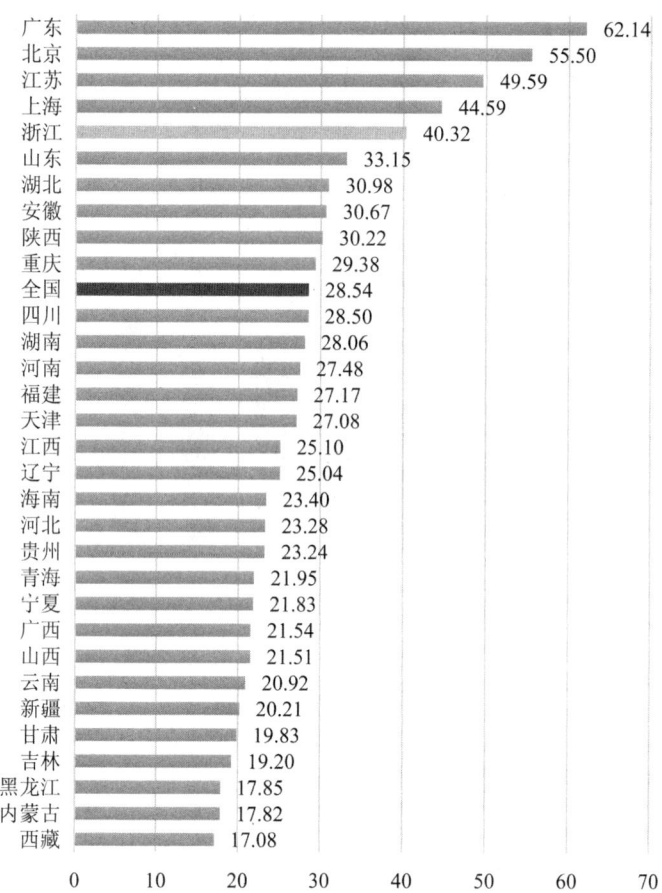

图 12-2 2020 年全国综合创新能力得分与排名

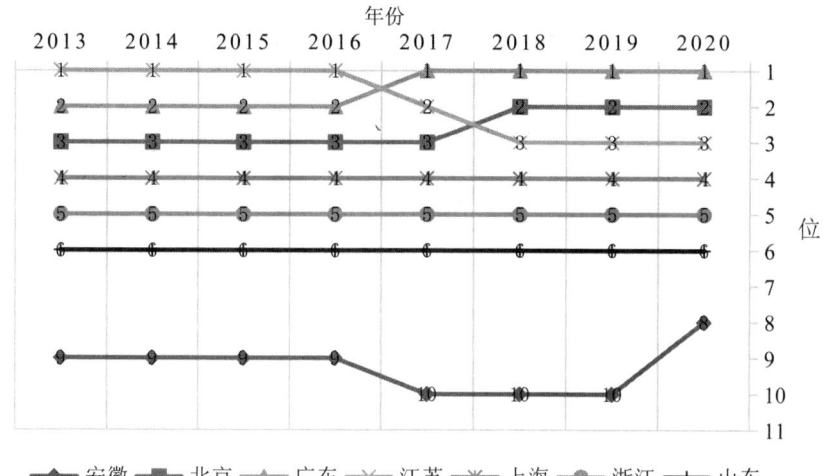

图 12-3 2013—2020 年综合创新能力国内比较

根据 2020 年浙江省综合创新能力蛛网图（如图 12-4 所示）可知，浙江省综合创新能力指标排全国第 5 位，其中企业创新综合指标表现突出，位居全国第 3 位，超过同期北京（第 4 位）、安徽（第 5 位）、山东（第 6 位）和上海（第 7 位），但是略低于同期广东（第 1 位）和江苏（第 2 位）。知识获取综合指标在五大指标中排名较低，排在全国第 7 位，低于同期上海（第 1 位）、广东（第 2 位）、北京（第 3 位）和江苏（第 4 位），超过同期山东（第 9 位）和安徽（第 29 位）。由此可见，浙江省的知识获取能力远低于北京、上海和广东等一线发达省市，成为影响浙江省综合创新能力的一个关键因素。

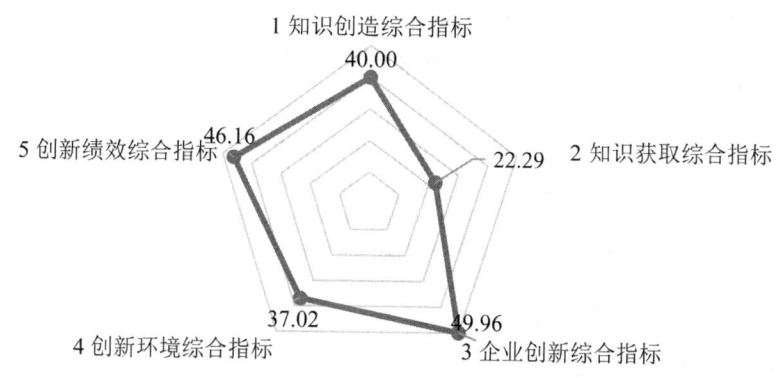

图 12-4　浙江省综合创新能力蛛网图（2020 年）

二、创新实力表现强势

创新实力主要看总量指标，这反映了地区各项创新能力的总体存量，是各项存量相关基础指标的加权平均。从 2013—2020 年近八年的排名来看，浙江省的创新实力综合得分以及排名均有波动，2013—2016 年，浙江排名总体呈下降趋势，2013 年全国排名第 3 位，而在 2016 年滑落至全国第 6 位。2016 以后，浙江省的创新实力排名略有回升，目前全国排名第 4 位，较 2013 年仍有提升空间（如图 12-5 所示）。

选取实力存量相关的基础指标，得到 2020 年全国创新实力指标得分如图 12-6 所示。创新实力指标的全国平均得分为 20.71 分，其中，广东、江苏、北京、浙江、上海和山东六个省份和地区的创新实力指标得分远超全国平均水平，构成全国创新实力第一梯队。2020 年浙江省创新实力得分为 40.18 分，远高于全国平均水平（20.71 分），全国排名第四位，略低于北京（第三位），但是与广东（第一位）和江苏（第二位）仍有一定差距。

253

50
48
46
44
42
40
38
36
34
32
30
分
1
2
3
4
5
6
7
位
47.76
45.46
46.57
40.42
41.77
41.07
41.47
40.18
3
4
4
6
5
5
4
4

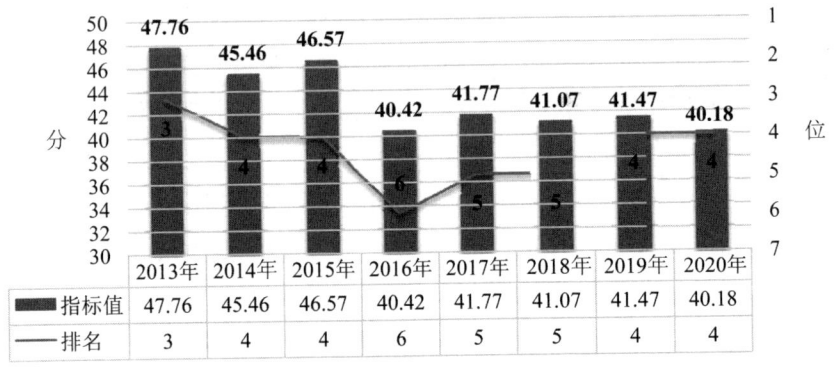

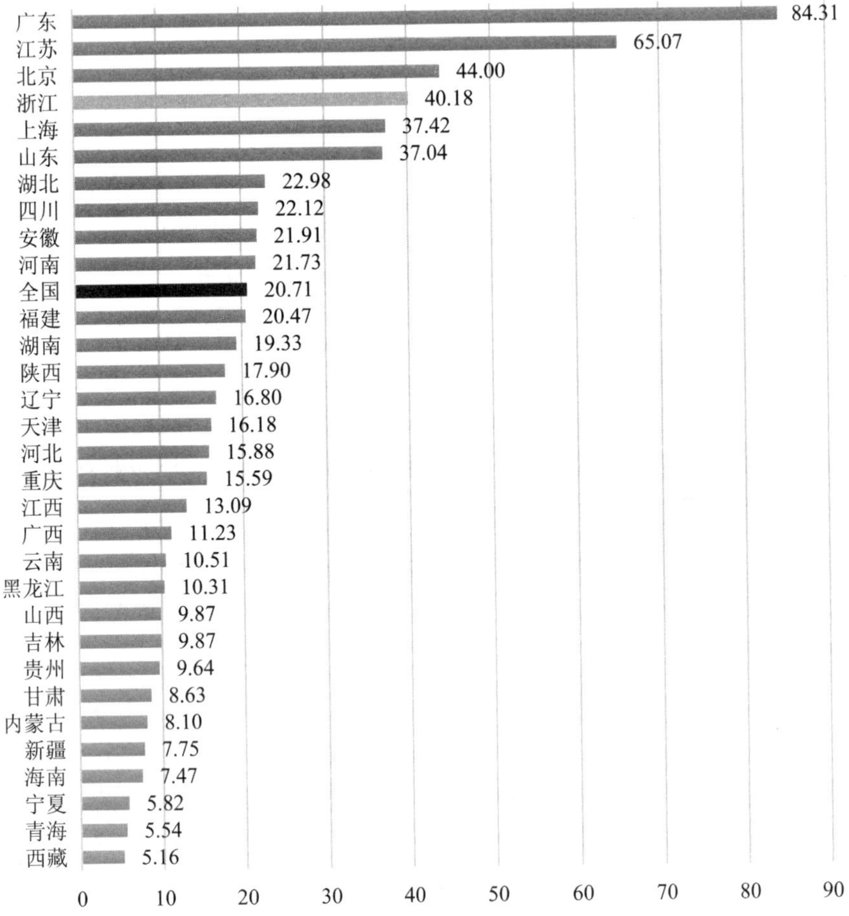

	2013年	2014年	2015年	2016年	2017年	2018年	2019年	2020年
指标值	47.76	45.46	46.57	40.42	41.77	41.07	41.47	40.18
排名	3	4	4	6	5	5	4	4

指标值 —— 排名

图 12-5　2013—2020 年浙江省创新实力综合得分和排名变化

广东 84.31
江苏 65.07
北京 44.00
浙江 40.18
上海 37.42
山东 37.04
湖北 22.98
四川 22.12
安徽 21.91
河南 21.73
全国 20.71
福建 20.47
湖南 19.33
陕西 17.90
辽宁 16.80
天津 16.18
河北 15.88
重庆 15.59
江西 13.09
广西 11.23
云南 10.51
黑龙江 10.31
山西 9.87
吉林 9.87
贵州 9.64
甘肃 8.63
内蒙古 8.10
新疆 7.75
海南 7.47
宁夏 5.82
青海 5.54
西藏 5.16
0
10
20
30
40
50
60
70
80
90

图 12-6　2020 年全国创新实力综合得分与排名

图12-7展示了安徽、北京、广东、江苏、上海、浙江和山东七个省市2013—2020年间的创新实力指标得分和排名的变化趋势。从图中可知，江苏、山东和浙江的创新实力指标排名总体呈下降趋势，其中2020年浙江省的创新实力指标排全国第4位，较2013年下降1位；江苏省的创新实力指标排全国第2位，较2013年下降1位；山东省的创新实力指标排全国第6位，较2013年下降2位，下降幅度最大。2016年是浙江省创新实力指标全国排名下降最快的一年，同期上海和北京的排名均呈上升趋势。当前，浙江省的创新实力指标排名逐渐回升并保持稳定，仅次于同期的广东（第1位）、江苏（第2位）、北京（第3位），高于同期的上海（第5位）、山东（第6位）和安徽（第9位）。

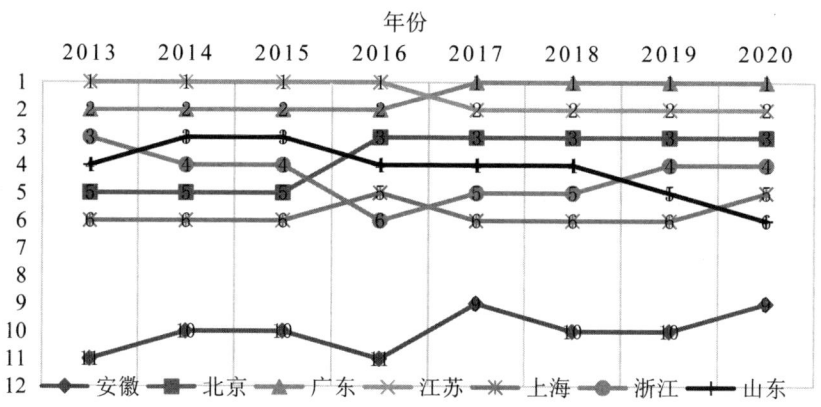

图12-7 2013—2020年创新实力国内比较

根据2020年浙江省创新实力蛛网图（如图12-8所示）可知，浙江省的创新实力综合指标排名全国第4位，其中企业创新综合指标表现突出，排在全国第3位。知识获取综合指标、创新环境指标和创新绩效指标的得分有较大差异，知识获取能力远低于一线发达城市，这成为影响创新实力的一项关键指标。

从基础指标来看，浙江省实力指标表现强劲，如发明专利申请受理数（不含企业）为115038件，全国排名第2位；研究与试验发展全时人员当量458037.9人，全国排名第3位；规模以上工业企业研发人员数为512546人，全国排名第3位；规模以上工业企业有研发机构的企业数为10141家，全国排名第3位；有电子商务交易活动的企业数为10558家，全国排名第3位；规模以上工业企业新产品销售收入22308.16万元，全国排名第3位；高新技术企业数为2785家，全国排名第3位。

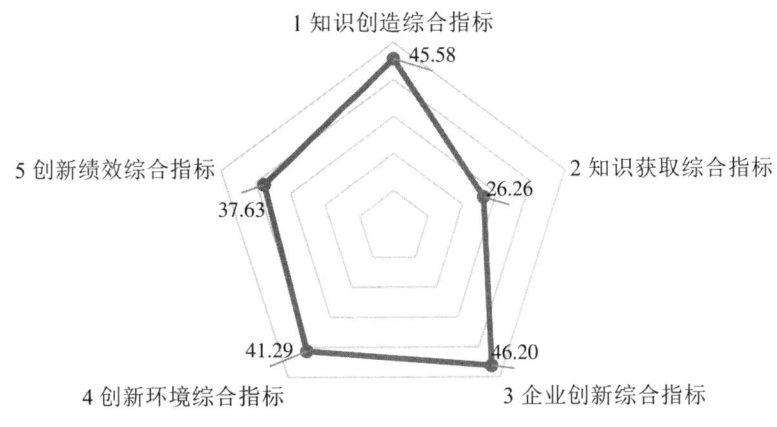

图 12-8 浙江省创新实力蛛网图（2020 年）

三、创新效率与领先省份存在差距

创新效率主要是指单位产出指标，其反映了各地区各项创新能力的投入产出效率，是各项效率相关基础指标的加权平均。图 12-9 展示了 2013—2020 年间，浙江省创新效率指标的综合得分和排名变化趋势。从图中可知，2013—2017 年，浙江省的创新效率指标排名逐年下降，2017 年下降至最低点，全国排第 7 位。2017 年以后，创新效率排名有所回升，稳定在第 6 位。在创新效率得分方面，从 2013 年 40.88 分下降至 2020 年的 37.74 分，下降幅度较大。虽然创新效率指标的排名依然保持相对靠前，但是指标得分与领先省份的差距开始增加，未来一段时间，浙江省应继续提升创新效率，缩小与领先城市之间的差距。

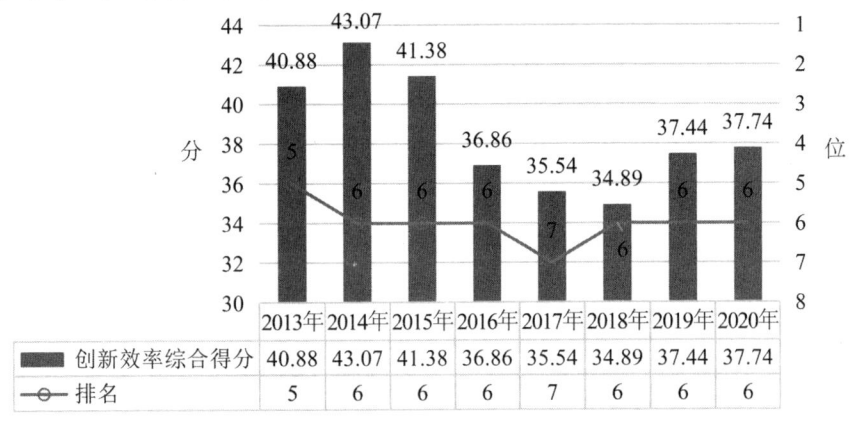

图 12-9 2013—2020 年浙江省创新效率综合得分和排名变化

2020年创新效率指标的全国平均得分为28.71分,北京、上海、广东三个省市的创新效率得分和排名远高于全国平均水平,处于第一梯队。天津、江苏、浙江、重庆、陕西、安徽和湖北的创新效率排名和得分略高于全国平均水平,处于第二梯队。其中,2020年浙江省创新效率得分为37.74分,全国排名第6位,处于第二梯队,与北京、上海和广东的创新效率相比仍有较大差距。在创新效率方面,浙江省排名虽然相对靠前,但与领先省份之间存在较大差距,创新效率亟待提高(如图12-10所示)。

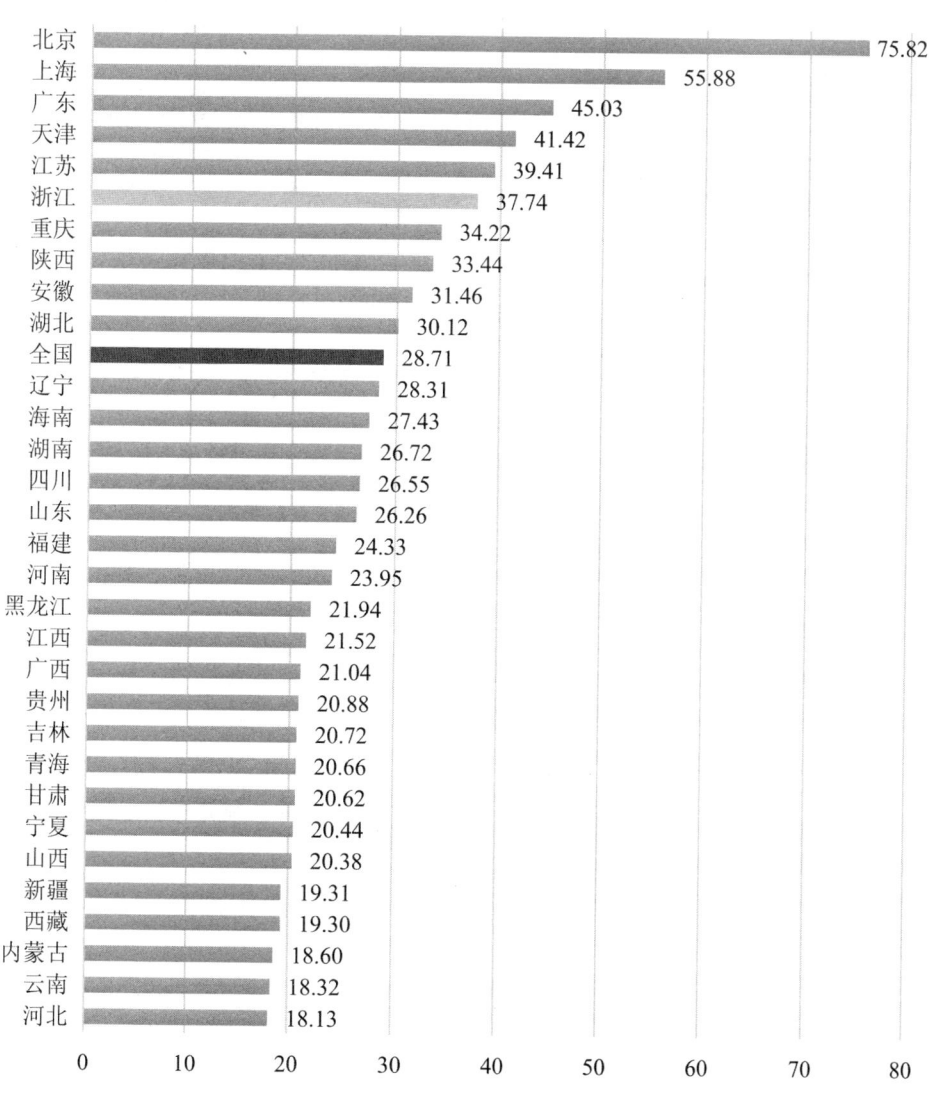

图 12-10　2020 年全国创新效率综合得分与排名

在国内对比方面，图 12-11 展示了安徽、北京、广东、江苏、上海、浙江和山东七个省市 2013—2020 年间的创新效率指标得分和排名的变化趋势。从图中可知，这八年间，浙江省的创新效率排名与江苏省较为接近，虽然与同期的北京、上海和广东相比还存在较大的差距，但是排名远高于山东和安徽。从排名的整体波动情况来看，浙江省的创新效率排名波动较小，尤其与安徽和山东相比。较广东和安徽省的排名大幅增长趋势相比，浙江省的创新效率指标排名总体略有下降，当前稳定在全国第 6 位，较 2013 年下降 1 位。

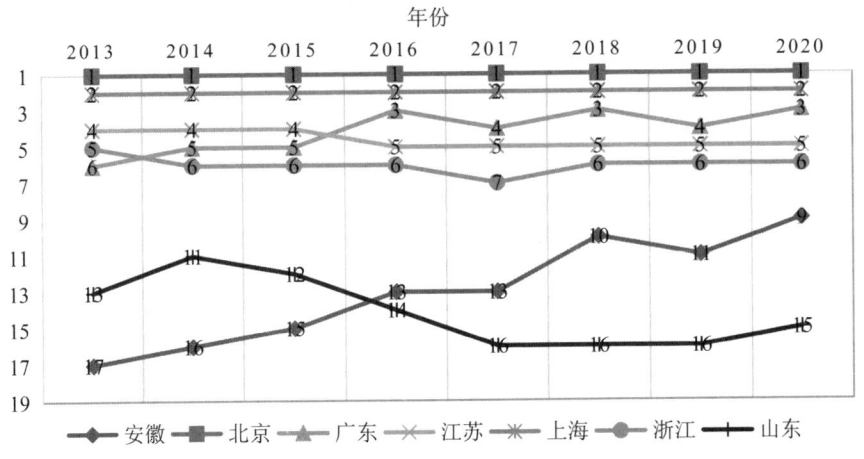

图 12-11　2013—2020 年创新效率国内比较

根据图 12-12 可知，浙江省创新效率综合指标排全国第 6 位，其中企业创新综合指标表现突出，排全国第 5 位，略低于同期的北京（第 1 位）、广东（第 2 位）、上海（第 3 位）和安徽（排 4 位），超过同期的江苏（第 6 位）和山东（第 10 位）。浙江省的知识获取综合指标在五大指标中排名较低，排全国第 11 位，同期上海排全国第 1 位、北京排全国第 2 位、广东排全国第 7 位、江苏排全国第 9 位。由此可见，浙江省的知识获取能力与一线发达城市相比仍存在较大差异，这成为影响其提高创新效率的关键指标。

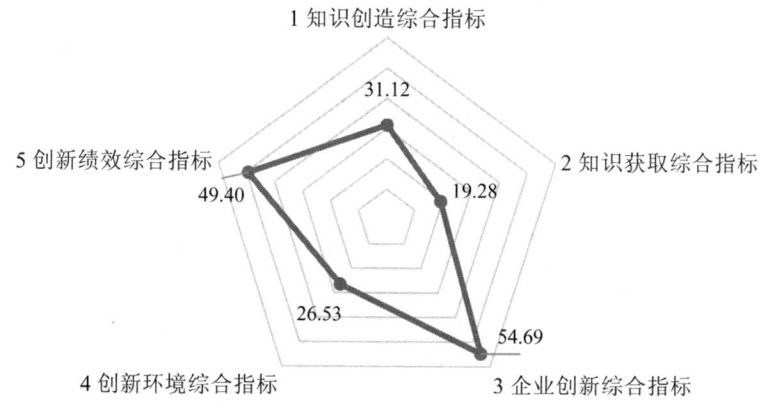

图 12-12 浙江省创新效率蛛网图（2020 年）

从基础指标来看，部分基础指标表现强劲，如规模以上工业企业研发活动经费内部支出总额占销售收入的比例为 1.61%，全国排名第 1 位；规模以上工业企业新产品销售收入占销售收入的比重为 32.62%，全国排名第 1 位；每万人平均研究与试验发展全时人员当量为 79.8 人年/万人，全国排名第 2 位；规模以上工业企业就业人员中研发人员比重为 7.87%，全国排名第 2 位；高校和科研院所研发经费内部支出额中来自企业资金的比例为 20.07%，全国排名第 3 位；规模以上工业企业中有研发机构的企业占总企业数的比例为 24.99%，全国排名第 3 位；移动电话普及率为 151 部/百人，全国排名第 3 位；高技术产业新产品销售收入占主营业务收入的比重为 53.69%，全国排名第 3 位。

四、创新潜力有待提升

创新潜力主要是增速指标，其反映了地区各项创新能力近年来的增长速度，是各项潜力相关基础指标的加权平均。图 12-13 展示了 2013—2020 年间浙江省创新潜力综合得分和排名的变化趋势。从图中可知，浙江省的创新潜力得分和排名均有较大幅度提升，从 2013 年 35.86 分提升至 2020 年 44.33 分，创新潜力排名也从 2013 年的第 27 名提升至 2020 年的第 18 名，创新潜力排名总体呈波动上升趋势。2017—2018 年，浙江省的创新潜力排名增长速度最快，从第 25 名跃升至第 18 名，2019 年又快速跌落至第 21 名，目前仍保持全国第 18 位。

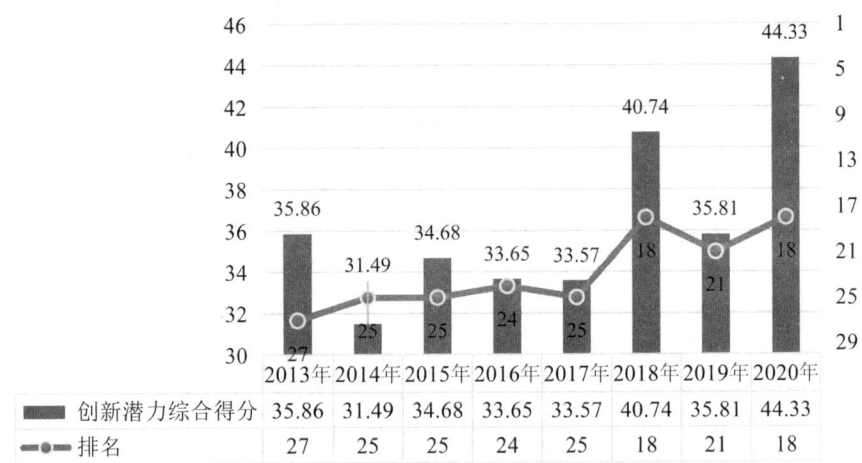

图 12-13 2013—2020 浙江省创新潜力综合得分和排名变化

2020年全国创新潜力的平均得分为 42.83 分，其中，青海、宁夏、江西、贵州、广东的创新潜力指标得分和国内排名远高于全国平均水平，处于第一梯队。湖北、陕西、湖南、河北、云南、山西、重庆等 14 个省市的创新潜力略高于全国平均水平，处于第二梯队。其中，浙江省创新潜力得分为 44.33，排名全国第 18 位，处于第二梯队，与其他城市相比仍有较大差距，创新潜力有待开发（如图 12-14 所示）。

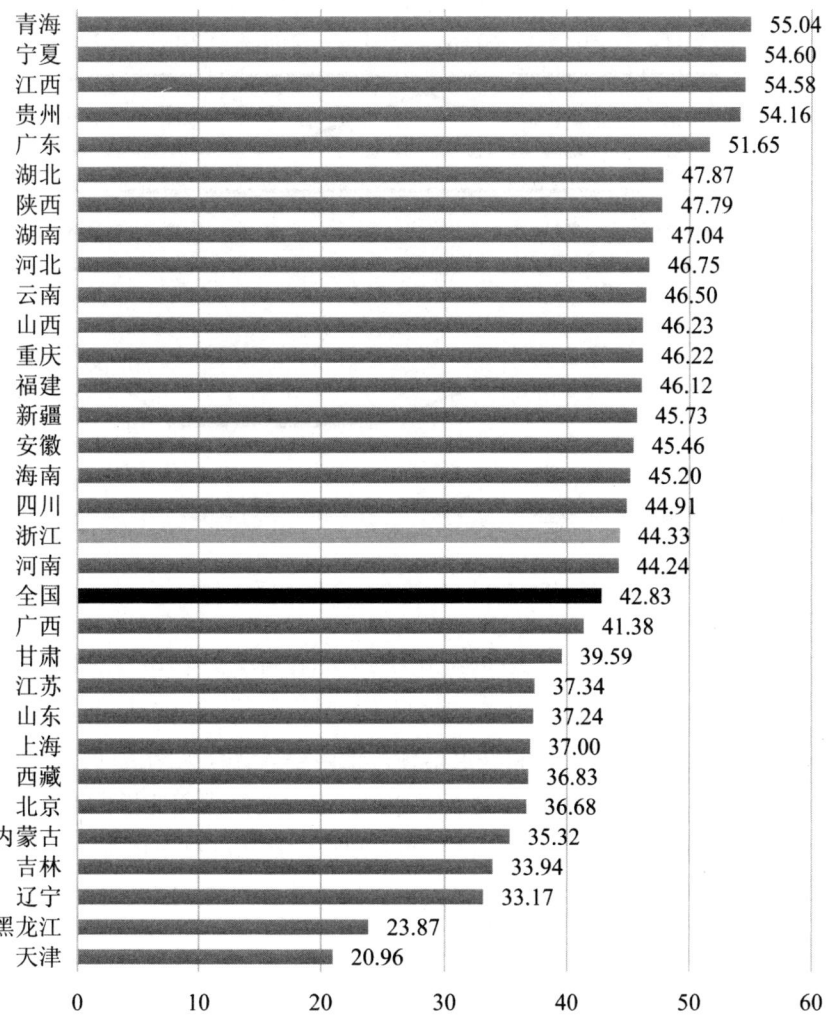

图 12-14　2020 年全国创新潜力综合得分与排名

通过与安徽、北京、广东、江苏、上海和山东六个省市 2013—2020 年间的创新潜力对比可知，2013—2017 年浙江省的创新潜力指标排名与广东较为接近，2017 年之后，广东省的排名已经远超浙江省，虽然浙江省的创新潜力排名总体呈上升趋势，但是与广东和安徽相比仍有较大差距。从创新潜力排名的上升幅度来看，当前浙江省的创新潜力指标排名较 2013 年上浮了九位，广东省上浮了 19 位，上海上浮了 6 位，北京上浮了 5 位，上涨幅度超过北京和上海（如图 12-15 所示）。

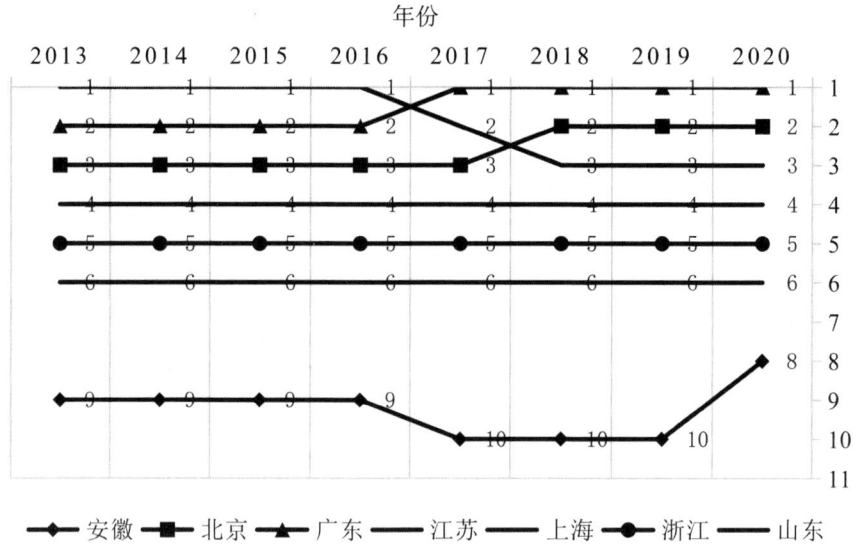

图 12-15　2013—2020 年创新潜力国内比较

根据图 12-16 可知,浙江省创新潜力综合指标排全国第 18 位,其中知识创造综合指标和创新环境综合指标表现突出,均排全国第 12 位。同期北京的知识创造指标排全国第 20 位,创新环境指标排全国第 22 位;广东的知识创造指标排全国第 4 位,创新环境指标排全国第 9 位;上海的知识创造指标排全国第 18 位,创新环境指标排全国第 27 位;江苏的知识创造指标排全国第 17 位,创新环境指标排全国第 25 位;安徽的知识创造指标排全国第 16 位,创新环境指标

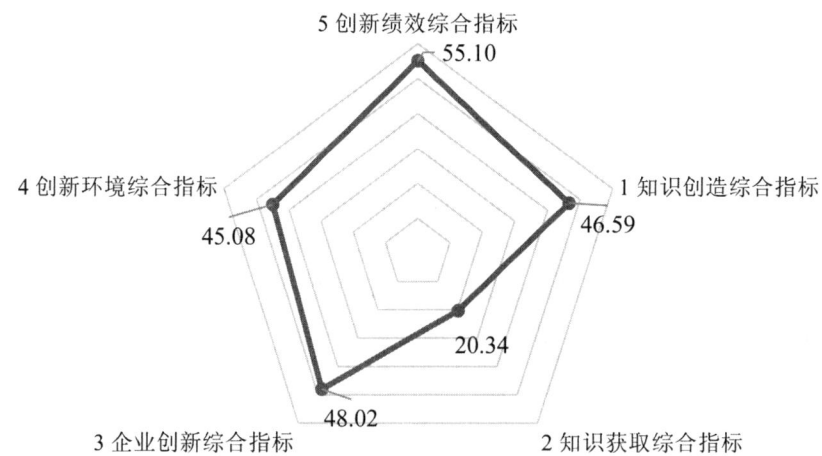

图 12-16　浙江省创新潜力蛛网图（2020 年）

排全国第 19 位；山东的知识创造指标排全国第 26 位，创新环境指标排全国第 21 位由此可见，浙江省在知识创造和创新环境方面与广东的差距较大，但是远高于北京、上海、江苏、安徽和山东。

浙江省在知识获取综合指标方面表现较弱，排全国第 19 位。同期北京的知识获取指标得分为 18.93 分，排全国第 22 位；上海的知识获取指标得分为 21.27 分，排全国第 16 位；广东的知识获取指标得分为 28.71 分，排全国第 8 位；江苏的知识获取指标得分为 15.50 分，排全国第 28 位；安徽的知识获取指标得分为 18.83 分，排全国第 23 位；山东的知识获取指标得分为 19.78 分，排全国第 21 位。由此可知，浙江省在知识获取方面的能力低于广东和上海，但是略高于同期的山东、北京、江苏和安徽。

从基础指标来看，2020 年浙江创新潜力部分指标表现较差，如国内论文数量增长率为 -7.06%，全国排名第 31 位；互联网数量增长率 3.94%，全国排名第 30 位；规模以上工业企业研发经费内部支出额中获得金融机构贷款额增长率为 -27.15%，全国排名第 28 位；国际论文增长率为 8.25%，全国排名第 26 位；电耗总量增长率为 2.6%，全国排名第 25 位；同省异单位科技论文增长率 -4.59%，全国排名第 24 位。

第二节　浙江省创新格局与要素分布

一、浙江省处于经济转型期

从经济极化水平的变化来看（图 12-17），浙江省自 2006 年至 2010 年，经济极化水平由 0.55 下降到 0.50，但随后的两年里经历了短暂的上升，由 2010 年的 0.50 上升到 2012 年的 0.53，近五年经济极化水平稳定在 0.50 左右。

从经济发展差距的变化来看（图 12-17），浙江省内周边城市与杭州市的人均 GDP 差距由 2004 年的 17695.89 元扩大到 2018 年的 55393.78 元，15 年内经济发展差距扩大了 3.13 倍。这说明杭州市的经济发展在浙江省内一直处于优势地位，反映出杭州市在经济增长中对省域内经济发展要素的虹吸效应。

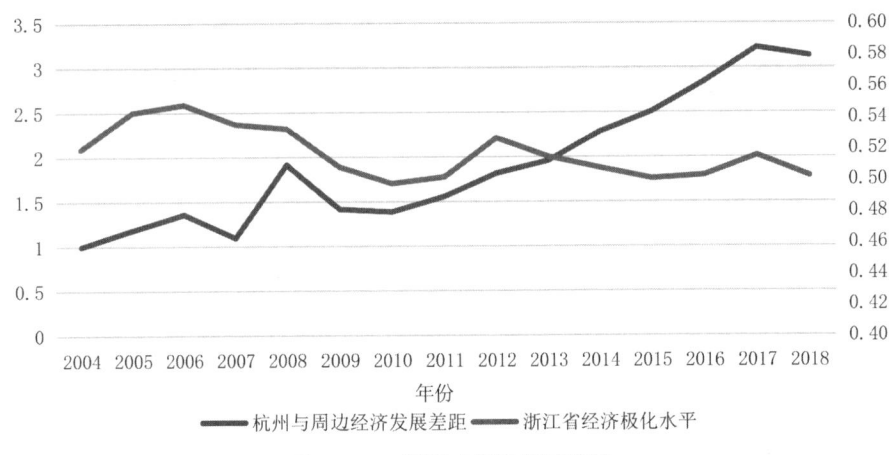

图 12-17 浙江省经济发展趋势

二、浙江省形成以杭州和宁波为中心的资源分布格局

(一) 教育资源

《2019 年全国高等学校名单》显示，2019 年浙江省共有 108 所高等学校，43%的高等学校分布在杭州市，全省三分之二的高校集中在杭州、宁波和温州三市，其余 8 座城市仅拥有全省 1/3 的高等学校教育资源，如图 12-18 所示。

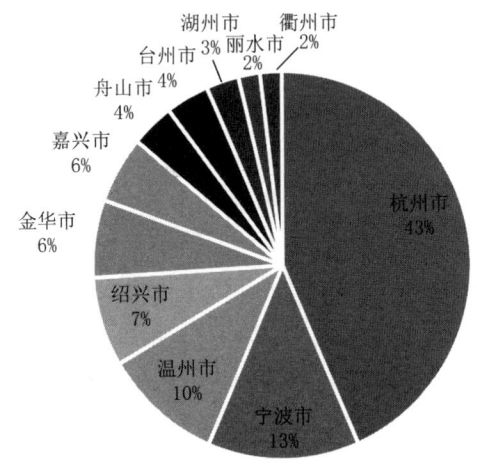

图 12-18 各地市普通高校占比 (2019 年)

2018 年浙江省共有 263 所中等职业教育学校，分布情况如图 12-19 所示。

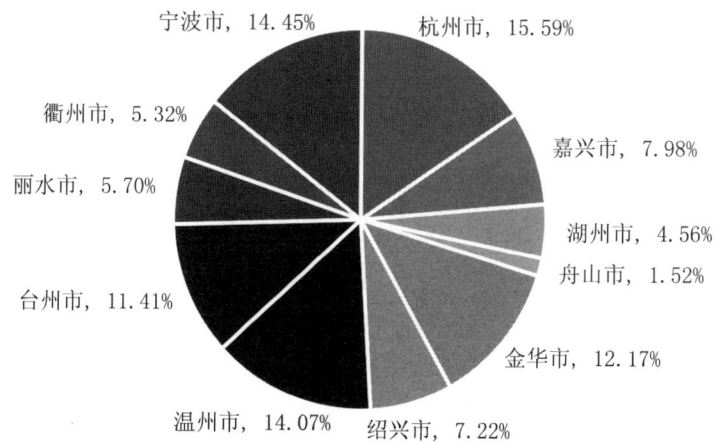

图 12-19 浙江省中等职业学校城市分布（2018 年）

从浙江省教育资源的地域分布来看，中等职业教育学校分布相对均匀，但全省 2/3 的高等学校集中在杭州、宁波和温州三市，说明中心城市的虹吸效应在高端教育资源上表现更强烈。

（二）医疗资源

《中国社会统计年鉴（2020）》显示，浙江省 2019 年共有 65 家三甲医院。从地域分布来看（图 12-20），浙江省医疗资源主要集中在杭州、宁波和温州三市，集聚了全省 35%、11% 和 12% 的三甲医院。

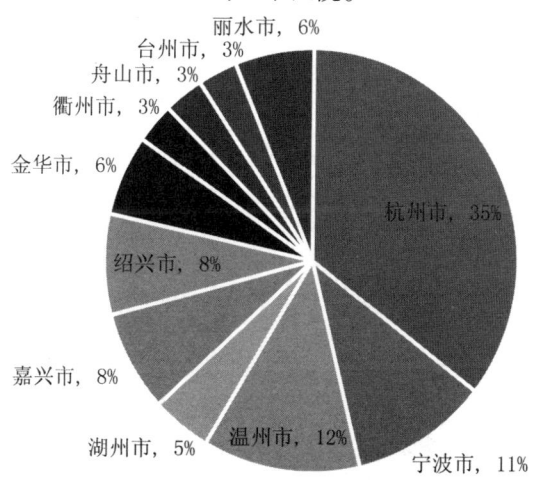

图 12-20 浙江省医疗资源城市分布

(三) 生活娱乐资源

从浙江省五星级酒店城市分布来看（图12-21），杭州和宁波两市集中了全省50%以上的五星级酒店。

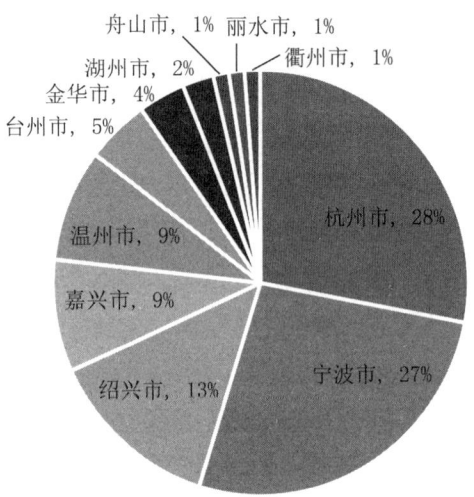

图 12-21　浙江省五星级酒店城市分布

三、浙江省创新要素虹吸效应仍然存在

2012~2019年，浙江省高等学校在校学生数由101万人上升到109万人，增幅为7.9%。各地市占比及增幅如图12-22所示。

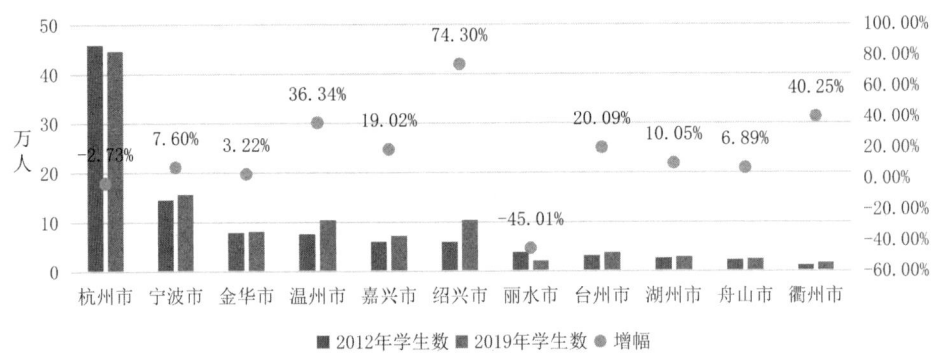

图 12-22　浙江省地级市普通高等学校 2012—2019 年在校学生数

2012—2018年，浙江省中等职业技术学校在校学生数由65.2万人下降到

56.9万人，增幅为-12.7%。各地市学生数及增幅如图12-23所示

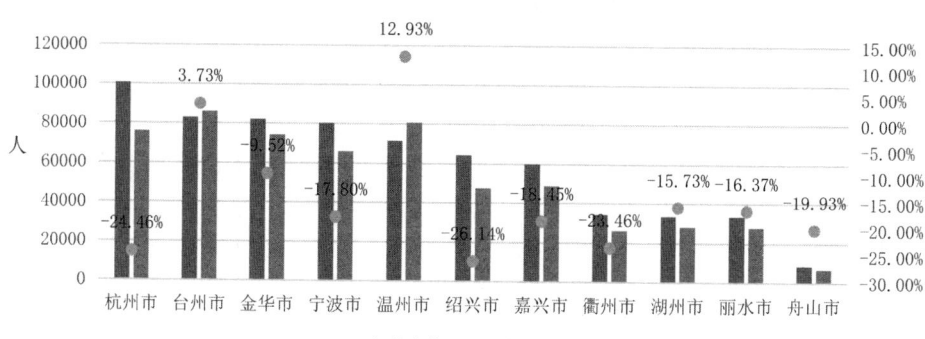

图 12-23　浙江省中等职业技术学校 2012—2018 年学生数

高等学校在校学生数除杭州、丽水有所下降之外，其他城市均呈上升趋势。中等职业技术学校在校学生数除台州、温州有所上升外，其他城市数量均下降。这表明浙江省人才结构存在失衡现象。《浙江省建设先进制造业基地调研报告》数据显示，浙江省面临制造业高技能人才不足、大量低技能一线工人难以匹配产业升级需求的人才队伍"空心化"挑战。考虑数字经济"一号工程"、先进制造业和八大万亿产业的技能人才需求及产业分布，初步推算，浙江省技能人才和高技能人才缺口约 697 万人、223 万人；若在 2022 年达到理想状态，每年则有 75 万人、25 万人的缺口。

浙江省各地市同层次人才引进政策如表 12-2 所示。各地出台人才新政，促进人才流动，缓解中心城市的虹吸效应。

表12-2 浙江省各地市人才引进政策对比

	杭州市	宁波市	温州市	嘉兴市	湖州市	绍兴市	金华市	衢州市	舟山市	台州市	丽水市
经费资助	最高450万	30万	80万	200万创业资助	60万配套资助	最高300万	200万	45万	最高150万	最高800万	
生活补贴	5000元/月		2000元/月	1500元/月					5000元/月		3000元/月
引才补助	20万创新资助，1500万项目资助	100万配套资金	35万	10万		最高500万创业扶持		20万	100万		60万
担保贷款	最高500万			最高500万		最高300万	3年50%的贷款贴息				
购房补贴				80万购房补贴					90万		80万

从创新产出来看，与 2012 年相比，浙江省创新产出进一步向杭州市集聚，其占比增幅最高。

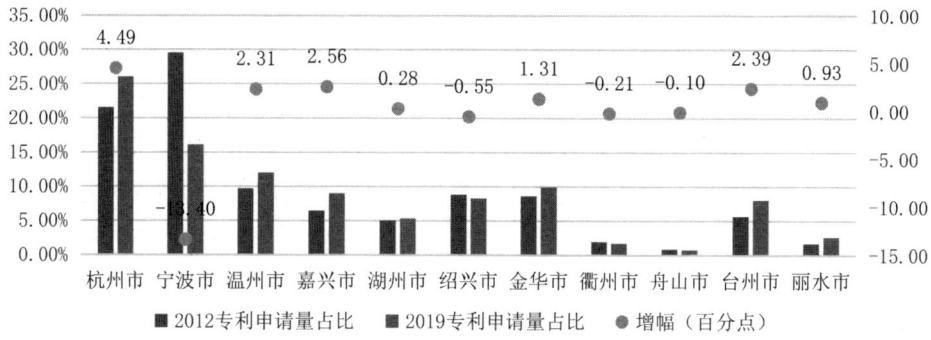

图 12-24　浙江省创新产出情况

从 2019 年各地市创新投入与创新产出的占比情况来看，杭州市和宁波市的创新投入占比高于其创新产出占比，说明创新资源过度集中可能并不利于中心城市的创新产出和区域创新能力的协调发展。

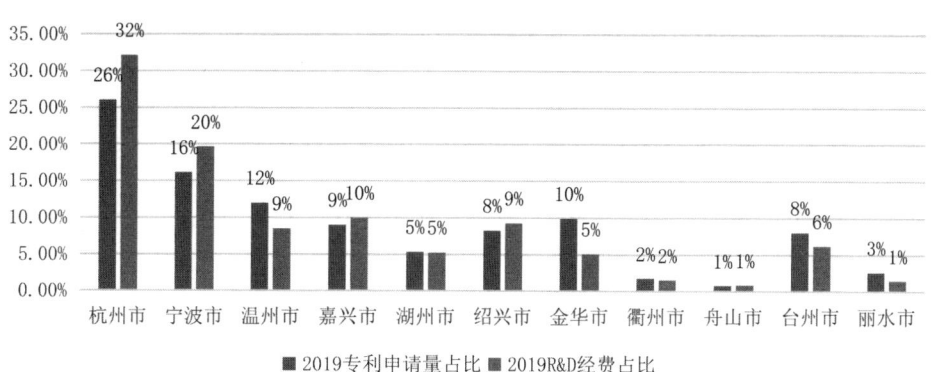

图 12-25　浙江省 2019 年创新投入与创新产出对比

四、创新发展与社会发展平衡走在全国前列

2021 年中共中央 国务院《关于支持浙江高质量发展建设共同富裕示范区的意见》指出，浙江省在探索解决发展不平衡不充分问题方面取得了明显成效，具备开展共同富裕示范区建设的基础和优势，也存在一些短板弱项，具有广阔的优化空间和发展潜力。建设共同富裕示范区意味着浙江省在实现创新发展与社会平衡发展的道路上走在全国前列。

浙江省共同富裕示范区的战略定位为高质量发展高品质生活先行区、城乡区域协调发展引领区、收入分配制度改革试验区、文明和谐美丽家园展示区。意见提出六大举措支持浙江率先探索构建有利于共同富裕的体制机制和政策体系。

发展目标为，到2025年浙江省推动高质量发展建设共同富裕示范区取得明显实质性进展。经济发展质量效益明显提高，人均地区生产总值达到中等发达经济体水平，基本公共服务实现均等化；城乡区域发展差距、城乡居民收入和生活水平差距持续缩小，低收入群体增收能力和社会福利水平明显提升，以中等收入群体为主体的橄榄型社会结构基本形成，全省居民生活品质迈上新台阶；国民素质和社会文明程度达到新高度，美丽浙江建设取得新成效，治理能力明显提升，人民生活更加美好；推动共同富裕的体制机制和政策框架基本建立，形成一批可复制可推广的成功经验。

到2035年，浙江省高质量发展取得更大成就，基本实现共同富裕。人均地区生产总值和城乡居民收入争取达到发达经济体水平，城乡区域协调发展程度更高，收入和财富分配格局更加优化，法治浙江、平安浙江建设达到更高水平，治理体系和治理能力现代化水平明显提高，物质文明、政治文明、精神文明、社会文明、生态文明全面提升，共同富裕的制度体系更加完善。

第三节 浙江共同富裕的典型做法和案例

创新是引领发展的第一动力，也是共同富裕的重要基础。浙江通过科技创新赋能共同富裕示范区建设，一些推动共同富裕的典型做法为我国实现共同富裕提供了有益经验。

一、浙江共同富裕的典型做法

（一）顶层设计

积极发挥政府顶层设计的作用，出台一系列科技政策文件，强化科技创新在共同富裕中的支撑作用。一是部省联动，争取国家科技支持。科技部和省政府联合印发《推动高质量发展建设共同富裕示范区科技创新行动方案》，争取到国家在打造支撑城乡区域协调发展的全域创新范例等四方面14条改革授权和支持政策。二是健全制度，形成完善的保障体系。编制完成"十四五"科技创新发展规划及各专项规划，构建形成"2+9+10"科技创新规划体系。出台《浙江省高新技术产业开发区（园区）评价办法》，进一步完善高新区考核评价和争先创优机制，实行差别化创建和认定标准。三是深化帮扶，优化科技特派员制度。启动科技特派员管理服务平台建设，通过制度重塑和流程再造，努力"把最适合的人、最优质的服务、最适宜的技术配置到最需要的地方"，进一步推动产业发展、农民增收。

（二）全域创新

浙江省不断深入落实创新驱动发展战略，在全省范围内推动科技创新落地。一是创新引领，全省范围内推动科技创新落地。浙江省深入落实创新驱动发展战略，在全省范围内推动科技创新落地。截至2022年1月，杭州市、宁波市、嘉兴市等8个城市获批建设国家创新型城市。滨江、余杭、瓯海、德清、嘉善、新昌6个县获评"科技创新鼎"。二是要素下沉，支持县域科技创新。出台《科技赋能26县跨越式高质量发展实施方案》，实行项目、平台、人才、资金重点倾斜支持。设立26县高质量发展科技专项，总金额和资助强度比上年翻番（总金额从1500万元增加至5000万元，资助强度从平均150万元/项增加至300万元/项）。出台《关于进一步支持省际创新飞地建设和发展的指导意见（试行）》，支持26县到上海、北京、深圳等创新资源富集区建设"创新飞地"17个，累计引入高端人才430余人，入驻优质项目192个。三是因地制宜，构建各具特色的创新模式。根据不同地区产业发展和经济发展进程，省政府与地方政府协同出台差异化区域创新政策，促进创新资源优势转化和区域创新能力提升。构建形成各具特色的创新体系，温州"一区一廊一会一室"创新格局基本形成，湖州出台全国首个地市级"双碳"行动方案，嘉兴祥符荡科创绿谷等科创区加速布局，绍兴"新昌经验"被中央改革办《改革情况交流》刊发推广，金华在全省首创"揭榜挂帅"全球引才机制。

（三）数字赋能

依托浙江数字产业集聚优势，进一步推动数字化与实体经济的深度融合，赋能传统产业创新发展。一是数字政府，提高服务和决策水平。通过印发《浙江省数字政府建设"十四五"规划》，明确数字政府建设目标，以数字技术为依托，形成省市县一体、部门间协同的高效运转机制，提升机关运行效率和智能化决策水平，省数改办先后公布两批，共计55个"最佳应用"名单。二是数字大脑，牵引数字化纵深推进。打造公共数据和企业数据、市场数据、社会数据等多维数据集成平台，提升政府预测、预警和战略管理支撑能力。打破数据孤岛，不断拓展数字大脑的应用场景和应用范围，先后在防台防汛、人才引进、产业转型等领域取得重大突破。三是数字转型，推动传统产业转型升级。浙江省是最早以政府为主导推动企业数字化转型的地区之一，立足制造业集聚的产业优势，实行分级数字化转型，鼓励大企业设置独立的数字化转型部门，引导中小企业进行数字化外部合作，支持小微开展企业数字化外包业务。

二、浙江共同富裕案例：阿里数字乡村

活跃的民营企业为浙江实现共同富裕奠定了基础，通过企业与当地政府的协同合作，带动当地经济发展，特别是各具特色的县域创新模式成为浙江共同富裕的重要标志。本书将以阿里数字乡村为例[①]，对浙江共同富裕建设的典型案例进行阐述。

2020年5月，阿里巴巴成立数字乡村与区域经济发展事业部——阿里数字乡村。作为服务县域数字化改革的单一窗口，针对全国县域数字乡村建设的需求，阿里数字乡村整合集团淘宝、天猫、盒马、数字农业、钉钉、阿里云、阿里社区电商事业群等20多项涉农业务，以大数据、云计算、人工智能、区块链等前沿数字技术为技术支撑和底层架构，形成了以产业数字化、服务数智化、融合发展数字化为架构的数字乡村整体解决方案，覆盖产业、人才、组织、文化和生态建设多个场景。目前，阿里数字乡村已经覆盖24个省（市、自治区），与数百个县域展开深度合作。

（一）湖州德清案例：农业"一产"到"二产"的转型升级

以德清县为例，通过与阿里数字乡村合作，依托阿里完善的服务体系，打造了德清农村电商产业园。产业园内建设了运营中心、创客中心、培训中心、摄影室、直播间等电商公共服务设施，通过"线上+线下"为涉农企业提供农村电商政策解读、供应链资源获取、商业资源对接、电商专业运营支持等运营服务矩阵，实现从农产品生产向农产品加工转化。阿里数字乡村把全国首创"数字服务中心"应用到德清农村电商产业园，通过优质培训资源、园区管理、资源预约、活动报名、服务申请等板块，实现服务功效最大化。同时，以德清特

---

① 中国网.浙江发布四个"乡村振兴共同富裕典型案例"［EB/OL］.（2022-01-25）［2022.2.10］

色优质农产品入手，打造青虾、早园笋、黑鱼、莫干黄芽、大米等 5 款精品网货，推动农产品加工转化，提升产品附加值。

（二）杭州临浦横一村案例：美丽与智慧并存的未来乡村

2021 年 5 月，阿里数字乡村对横一村进行了数字化改造，在为老百姓的生产生活带来便利的同时，也为景区村庄建设和发展注入了动力。在乡村治理上，通过将"钉钉"引进村里，并在"临云智"中植入"你钉我办"功能，乡村数字化立竿见影。在村里，不管遇到大事小事，只要打开"你钉我办"功能，输入所办事项详情，点击上报，事项便推送到村干部手机上，随时可以办理。村干部处理不了的，还能一键转送到镇里，由区镇两级部门协同处置，全流程可监控，大幅提升了村庄治理实效。

现在村里人人都会用"钉钉"，80 岁的老奶奶都是村里的"网格员"。以前，一个月都解决不了的事，现在最快半小时就能搞定。据统计，横一村村民通过"你钉我办"每月上报事件约 80 件，受理办结率达 99.8%，事件平均处置时间为 2 小时，90% 的事件在 12 小时内办结。类似的治理场景，还有巡逻日报、临里公益、如意榜单等一系列场景，以"临云智"系统为基础，横一村构建了完整的村庄治理体系，内容涵盖平安巡防、平安宣传、邻里帮扶、邻里交互、物品共享、村级活动、积分激励等方方面面，引导村民参与村庄建设，形成乡村共建共治共享的和谐氛围。

在乡村"最后一公里"的物流建设中，通过落地全省首个菜鸟乡村服务站点，一方面解决村民的物流需求，另一方面利用这个强需求将村民吸引过来开展党群宣传活动。在一期建设中，围绕"临里驿"，阿里数字乡村打通了三个"最后一公里"。一是打通现代物流体系的"最后一公里"，提升了村民的幸福感，增加了乡村对于年轻人的吸引力；二是打通公共服务的"最后一公里"，构建"一体化"服务网络，提升基层治理的温度；三是打通数字化产品推广和适老的"最后一公里"，利用常驻服务人员推广并帮助老年人使用"浙里办""临云智"等数字化服务平台。

第四节　浙江创新发展的经验总结

近年来，浙江省坚定实施创新驱动发展战略，通过一系列措施大力推进创新型省份建设，区域创新能力显著提升，重大创新成果竞相涌现，科技体制改革向纵深推进，形成了对浙江经济社会高质量发展的有力支撑，也为我国区域创新和共同富裕探索了有益经验。

发挥浙江市场机制灵活优势，率先建立"企业出题、高校解题、政府助题"协同创新机制。一是鼓励基础研究和应用基础研究。依托浙江大学等学术平台，加大基础研究支持理论，提升整体基础研发能力。以之江实验室为试点，探索国家实验室建设运行机制，通过省市联动建设实验室，优化重点实验室空间布局，促进应用性研究和现有研究成果的转移转化。健全新型研发机构支持机制，引导企业和社会在基础研究和应用研究方面的资金支持。二是强化关键核心技术协同攻关。在新型举国体制背景下，充分发挥集中力量办大事的制度优势，建立更为紧密高效的"产学研用金、才政介美云"十联动机制，构建多主体参与的协同创新和技术攻关体系，提升关键核心技术突破能力。三是推动创新链产业链融合。围绕产业链核心需求部署创新链，以创新链为支撑助推产业链升级，实现技术与应用、科技与产业的融合互动。以增强创新策源能力为重点，攻关关键核心技术，着力提升产业链科技含量。优化区域内产业链布局，集中力量开展关键核心技术攻关，构建自主、协同、开放的关键核心技术攻关体系。

发挥浙江民营企业创新活跃优势，率先建立科技创新与产业提升双联动机制。一是培育创新链"头部企业"。实施产业链供应链提升工程，培育集聚头部企业、链主企业。推动头部企业的数字化改造和平台化发展，提升头部企业的引领带动作用。推动头部企业的跨界融合，促进头部企业延伸产业链，提升价值链水平。设立创新链头部企业培育小组，制定"一对一"扶持方案。改革人才引进和评价体制，鼓励头部企业的人才自主评价。二是加快科技型中小企业发展壮大。鼓励企业坚持创新导向，推进以科技创新为核心的全面创新。营造良好的政策环境，着力破除束缚企业创新发展的体制机制障碍。建设规范的法治环境，构建和完善包括技术研发、转化、推广和转让在内的全方位的知识产权法律保护体系。打造普惠的融资环境，完善科技型中小企业信用担保体系，引导金融机构加大对科技型中小企业的支持力度。优化人才引进机制，鼓励企业以产教融合方式引进"定制化"人才，发展"人才飞地"，提升高端人才福利待遇。三是完善创新产品首购和推广应用制度。制定并完善首台（套）认定制度，完善首购单位风险补偿机制，鼓励保险公司单独承保或组成共保体。改革政府采购制度，预留5%以上份额用于创新产品首购。研究出台新产品推广计划，修订政府采购、重大工程、重大项目招投标办法。强化创新产品推介工作，定期发布《创新产品推广应用目录》，推进产业链上下游创新产品的相互对接配套。

发挥浙江区域协调发展优势，率先探索形成科技创新支撑引领共同富裕的有效路径。一是科技创新有力支撑民生改善。在生态环境、人口健康、公共安全等民生领域，持续加大科技创新投入力度，强化关键技术攻关和成果集成示范。强化科技成果转化能力，切实增进民生福祉，让科技创新成为提升民生的重要源泉。二是推动产业创新平台高质量发展。赋能各功能区域发展重点，深化省内各市县的融合发展，建设区域创新共同体。加强区域创新平台建设，打造高品质科创空间及孵化器公共服务平台，搭建技术创新成果转移转化平台。建设中试熟化基地，引领创新要素资源汇聚，加速科技成果转移转化。三是探索市县差异化创新发展路径。推动区域创新组织结构完善，促进区域经济结构调整，加大对区域主导产业创新需求的政策扶持，促进产业转型升级，推动大众创业、万众创新，培育创造新技术、新业态和新供给。根据不同地区产业发展和经济发展进程，省政府与地方政府协同出台差异化区域创新政策，促进区域创新能力提升。构建以增长极为中心的跨区域协同创新生态系统，围绕增长极发展具有差异化的互补性产业，促进创新资源优势转化。

发挥浙江数字化改革的先发优势，率先在科技创新治理体系上破题。一是探索"科技大脑+未来实验室"的科研新范式。改革重大科技项目立项和组织管理方式，协同推进"揭榜挂帅"、网上技术市场3.0等典型应用场景开发建设，提升科技资源一体化配置效率，通过科技创新的流程再造和制度重塑，加大创新资源主动布局力度，推进"项目、基地、人才、资金"一体化高效配置。二是推进数字化赋能产业发展。以产业数字化、数字产业化为主线，以培育数据要素市场为着力点，一体推进数字化、网络化、智能化发展，加速推进大数据、云计算、5G技术、工业互联网、人工智能等新一代信息技术与制造业创新融合，促进生产方式、生活方式、治理方式转变，在数字基础设施建设、产业赋能经济发展等方面加快实现新突破，努力走出一条覆盖面广、融合度深、效益效率高的道路。三是构建数智化科技金融服务体系。以数字化改革为引领，以数智金融平台为核心，构建数智化区域金融运行体系。构建数智化区域金融运行体系，搭建富有浙江特色的数智金融平台，提升服务实体经济能力、服务百姓普惠金融能力、金融产业高质量发展能力和金融风险防控处置能力。通过数字化将金融"新基建"嵌入场景中，促使金融服务实现精准与安全化，洞察和挖掘客户需求，完善客户体验。

第五节 本章小结

浙江省作为首个共同富裕示范区，不仅具有较强的经济发展水平和区域创新能力，而且发达的民营经济促进了各地区的全面发展。本章以浙江省为例，分析区域创新发展和共同富裕的典型做法和案例。从浙江区域创新能力排名来看，在过去相当长的一段时间里，浙江省创新能力稳居国内第一梯队，且在创新实力、创新效率等方面具有较好的表现。浙江省创新极化水平相对稳定，近年来并未出现明显上升趋势，虽然各种创新要素分布呈现不均衡，但整体情况优于全国整体水平，有利于共同富裕示范区建设。建设共同富裕示范区以来，浙江省通过顶层设计、全域创新和数字赋能等方式，不断支撑共同富裕纵深推进。

参考文献

一、中文参考文献

[1] 王小鲁，樊纲，胡李鹏. 中国分省份市场化指数报告：2018 [M]. 北京：社会科学文献出版社，2019.

[2] 钱纳里. 工业化和经济增长的比较研究 [M]. 上海：上海三联书店，1989.

[3] 柳卸林，胡志坚. 中国区域创新能力的分布与成因 [J]. 科学学研究，2002（5）：550-556.

[4] 方新，柳卸林. 我国科技体制改革的回顾及展望 [J]. 求是，2004（5）：43-45.

[5] 柳卸林，丁雪辰，高雨辰. 从创新生态系统看中国如何建成世界科技强国 [J]. 科学学与科学技术管理，2018，39（3）：3-15.

[6] 黄鲁成. 区域技术创新系统研究：生态学的思考 [J]. 科学学研究，2003（2）：215-219.

[7] 柳卸林，朱浪梅，杨博旭. 政府研发激励有利于提升区域创新效率? [J]. 科研管理，2021，42（7）：50-59.

[8] 柳卸林，高雨辰，丁雪辰. 寻找创新驱动发展的新理论思维：基于新熊彼特增长理论的思考 [J]. 管理世界，2017（12）：8-19.

[9] 郑京海，胡鞍钢. 中国改革时期省际生产率增长变化的实证分析（1979—2001年）[J]. 经济学（季刊），2005，4（1）：263-296.

[10] 师萍，韩先锋，周凡磬，宋文飞. 中国研发创新全要素生产率增长特征及空间差异分析 [J]. 科学学与科学技术管理，2011（1）：35-39+72.

[11] 白俊红，江可申，李婧. 中国地区研发创新的技术效率与技术进步 [J]. 科研管理，2010，31（6）：7-18.

[12] 高雨辰，柳卸林，马永浩，张华. 政府研发补贴对企业研发产出的影

响机制研究——基于江苏省的实证分析[J]. 科学学与科学技术管理, 2018, 39 (10): 51-67.

[13] 白俊红, 李婧. 政府R&D资助与企业技术创新——基于效率视角的实证分析[J]. 金融研究, 2011 (6): 181-193.

[14] 黄阳, 吕庆华. 西方城市公共空间发展对我国创意城市营造的启示[J]. 经济地理, 2011, 31 (08): 1283-1288.

[15] 薄文广, 安虎森. 中国被分割的区域经济运行空间——基于区际增长溢出效应差异性的研究[J]. 财经研究, 2010, 36 (03): 77-89.

[16] 张洪, 金杰, 全诗凡. 房地产投资、经济增长与空间效应——基于70个大中城市的空间面板数据实证研究[J]. 南开经济研究, 2014 (01): 42-58.

[17] 陈飞翔, 黎开颜, 刘佳. 锁定效应与中国地区发展不平衡[J]. 管理世界, 2007 (12): 8-17.

[18] 周密. "极化陷阱"之谜及其经济学解释[J]. 经济学家, 2009 (03): 81-86.

[19] 符淼. 地理距离和技术外溢效应——对技术和经济集聚现象的空间计量学解释[J]. 经济学(季刊), 2009, 8 (04): 1549-1566.

[20] 李婧, 谭清美, 白俊红. 中国区域创新生产的空间计量分析——基于静态与动态空间面板模型的实证研究[J]. 管理世界, 2010 (07): 43-55.

[21] 贺灿飞, 金璐璐, 刘颖. 多维邻近性对中国出口产品空间演化的影响[J]. 地理研究, 2017, 36 (09): 1613-1626.

[22] 李兰冰, 刘秉镰. "十四五"时期中国区域经济发展的重大问题展望[J]. 管理世界, 2020, 36 (05): 36-51.

[23] 刘沛罡. 产业同构与产业选择：理论综述[J]. 技术经济, 2017, 36 (10): 92-99.

[24] 杨博旭, 王玉荣, 李兴光. 多维邻近与合作创新[J]. 科学学研究, 2019, 37 (01): 154-164.

[25] 杜娟, 戴宾. 双核结构模式与成渝双核城市[J]. 重庆工商大学学报(西部论坛), 2006 (02): 19-22.

[26] 王效梅, 余正颖, 刘小勇. 广东省经济增长的扩散回流与市场区效应实证检验[J]. 地理科学, 2020, 40 (10): 1636-1645.

[27] 任以胜, 陆林, 虞虎. 新安江流域行政区经济非均衡性的行政边界效应[J]. 经济地理, 2020, 40 (09): 46-52.

[28] 何天祥, 黄琳雅. 高铁网络对湖南区域经济协同发展影响 [J]. 地理科学, 2020 (40): 1439-1449.

[29] 赖德胜, 王琦, 石丹淅. 高等教育质量差异与区域创新 [J]. 教育研究, 2015 (36): 41-50.

[30] 石大千, 张琴, 刘建江. 高校扩招对区域创新能力的影响: 机制与实证 [J]. 科研管理, 2020 (41): 83-90.

[31] 金春雨, 王伟强. 我国高技术产业空间集聚及影响因素研究——基于省级面板数据的空间计量分析 [J]. 科学学与科学技术管理, 2015 (36): 49-56.

[32] 范斐, 连欢, 王雪利, 王嵩. 区域协同创新对创新绩效的影响机制研究 [J]. 地理科学, 2020 (40): 165-172.

[33] 王春杨, 兰宗敏, 张超, 侯新烁. 高铁建设、人力资本迁移与区域创新 [J]. 中国工业经济, 2020 (12): 102-120.

[34] 白旭云, 王砚羽, 苏欣. 研发补贴还是税收激励——政府干预对企业创新绩效和创新质量的影响 [J]. 科研管理, 2019 (6): 9-18.

[35] 李实, 朱梦冰. 中国经济转型40年中居民收入差距的变动 [J]. 管理世界, 2018, 34 (12): 19-28.

[36] 孙志燕, 侯永志. 对我国区域不平衡发展的多视角观察和政策应对 [J]. 管理世界, 2019, 35 (08): 1-8.

[37] 吕拉昌, 赵彩云. 中国城市创新地理研究述评与展望 [J]. 经济地理, 2021, 41 (03): 16-27.

[38] 彭向, 蒋传海. 产业集聚、知识溢出与地区创新——基于中国工业行业的实证检验 [J]. 经济学 (季刊), 2011, 10 (3): 913-934.

[39] 王文翌, 安同良. 产业集聚、创新与知识溢出——基于中国制造业上市公司的实证 [J]. 产业经济研究, 2014 (4): 22-29.

[40] 刘和东. 国内市场规模与创新要素集聚的虹吸效应研究 [J]. 科学学与科学技术管理, 2013, 34 (07): 104-112. [41] 范子英, 张航, 陈杰. 公共交通对住房市场的溢出效应与虹吸效应: 以地铁为例 [J]. 中国工业经济, 2018 (05): 99-117.

[42] 罗巍, 杨玄酯, 杨永芳. 面向高质量发展的黄河流域科技创新空间极化效应演化研究 [J]. 科技进步与对策, 2020, 37 (18): 44-51.

[43] 金刚, 沈坤荣. 中国工业技术创新空间扩散效应的时空演化 [J]. 经

济地理，2016，36（05）：121-127.

[44] 杨凡，杜德斌，林晓. 中国省域创新产出的空间格局与空间溢出效应研究[J]. 软科学，2016，30（10）：6-10+30.

[45] 吕拉昌，黄茹，廖倩. 创新地理学研究的几个理论问题[J]. 地理科学，2016，36（05）：653-661.

[46] 王缉慈. 集群战略的公共政策及其对中国的意义[J]. 中外科技信息，2001（11）：3-6.

[47] 朱旭峰，张友浪. 创新与扩散：新型行政审批制度在中国城市的兴起[J]. 管理世界，2015（10）：91-105+116.

[48] 柳卸林，杨博旭. 多元化还是专业化？产业集聚对区域创新绩效的影响机制研究[J]. 中国软科学，2020（09）：141-161.

[49] 曾国屏，苟尤钊，刘磊. 从"创新系统"到"创新生态系统"[J]. 科学学研究，2013，31（01）：4-12.

[50] 陈彦光，罗静. 城市化水平与城市化速度的关系探讨——中国城市化速度和城市化水平饱和值的初步推断[J]. 地理研究，2006，24（06）：1063-1072.

[51] 焦秀琦. 1987. 世界城市化发展的S型曲线[J]. 城市规划，10（2）：34-38.

[52] 柳卸林，王倩. 创新管理研究的新范式：创新生态系统管理[J]. 科学学与科学技术管理，2021，42（10）：20-33.

[53] 唐开翼，欧阳娟，甄杰，任浩. 区域创新生态系统如何驱动创新绩效？——基于31个省市的模糊集定性比较分析[J]. 科学学与科学技术管理，2021，42（07）：53-72.

[54] 吴金希. 创新生态体系的内涵、特征及其政策含义[J]. 科学学研究，2014，32（01）：44-51+91.

[55] 高月姣，吴和成. 创新主体及其交互作用对区域创新能力的影响研究[J]. 科研管理，2015，36（10）：51-57.

[56] 周文泳，熊晓萌. 中国10省市区域科技软实力的制约要素与提升对策[J]. 科研管理，2016，37（S1）：281-288.

[57] 周建中，施云燕. 我国科研人员跨国流动的影响因素与问题研究[J]. 科学学研究，2017，35（02）：247-254.

[58] 胡鞍钢，王蔚，周绍杰，鲁钰锋. 中国开创"新经济"——从缩小

"数字鸿沟"到收获"数字红利"[J]. 国家行政学院学报, 2016, 000 (3): 4-13.

[59] 郑世林, 周黎安, 何维达. 电信基础设施与中国经济增长[J]. 经济研究, 2014, 49 (05): 77-90.

[60] 陈明明, 张文铖. 数字经济对经济增长的作用机制研究[J]. 社会科学, 2021 (01): 44-53.

[61] 中国科技发展战略研究小组, 中国科学院大学中国创新创业管理研究中心. 中国区域创新能力评价报告[R]. 北京: 科学技术文献出版社, 2019.

[62] 查志强. 打造"科创型飞地"实现两地双赢[N]. 安徽日报, 2021-01-26.

[63] 习近平. 推动形成优势互补高质量发展的区域经济布局[EB/OL]. (2019-12-15) [2020. 5. 6]. http://www.gov.cn/xinwen/2019-12/15/content_5461353.htm?from=timeline&isappinstalled=0.

[64] 国家发展改革委. 关于印发《2020 年新型城镇化建设和城乡融合发展重点任务》的通知 (发改规划〔2020〕532 号) [A/OL] (2020-04-09) [2021. 11. 30]. http://www.gov.cn/zhengce/zhengceku/2020-04/09/content_5500696.htm.

二、外文参考文献

[1] LIU X, GAO T, WANG X. Regional innovation index of China: 2017 [M]. Springer Books, 2018.

[2] SHEPHARD, R. W. Cost and production functions [M]. Princeton: Princeton University Press, 1953: 13-55.

[3] ARROW K. Economic welfare and the allocation of resources for invention [M] //The rate and direction of inventive activity: Economic and social factors. New York: Princeton University Press, 1962: 609-626.

[4] FREEMAN C. Technology Policy and Economic Performance: Lessons from Japan [M]. London: Pinter Publishers, 1987.

[5] MYRDAL G. Economic Theory and Underdeveloped Regions [M]. London: Gerald Duckworth&Co Ltd, 1957.

[6] KRUGMAN R. Geography and trade [M]. Cambridge: MIT press. 1991.

[7] CHENERY H B, SRINIVASAN T N, SCHULTZ T P, et al. Handbook of

development economics [M]. Elsevier, 1988.

[8] Feldman M P. The Geography of Innovation [M]. Berlin: Springer. 1994.

[9] Boudville J R. Problems of Regional Economic Plan [M]. Edinburgh: Edinburgh University Press. 1996.

[10] Friedmann J. Regional Development Policy: A Case Study of Venezuela [M]. Cambridge: MIT Press. 1966.

[11] Marshall A. The principles of economics [M]. London: Macmillan, 1890.

[12] Weber A. Theory of the location of industries [M]. Chicago: The University of Chicago Press, 1909.

[13] Hoover E M. Location of economic activity [M]. New York: McGraw-Hill Book Company, Inc., 1948.

[14] LIU X L, SCHWAAG SERGER S, TAGSCHERER U, et al. Beyond catch-up—Can a new innovation policy help China overcome the middle income trap [J]. Science and Public Policy, 2017, 44 (5): 656-669.

[15] COOKE P, URANGA M G, ETXEBARRIA G. Regional innovation systems: Institutional and organisational dimensions [J]. Research Policy, 1997, 26 (4/5): 475-491.

[16] LIU X L, WHITE S. Comparing innovation systems: A framework and application to China's transitional context [J]. Research Policy, 2001, 30 (7): 1091-1114.

[17] RAMSEY F P. A mathematical theory of saving [J]. The Economic Journal, 1928, 38 (152): 543-559.

[18] RAKAS M, HAIN D S. The state of innovation system research: What happens beneath the surface? [J]. Research Policy, 2019, 48 (9): 103787.

[19] ZABALA-ITURRIAGAGOITIA J M, APARICIO J, ORTIZ L, et al. The productivity of national innovation systems in Europe: Catching up or falling behind? [J]. Technovation, 2021 (102): 102215.

[20] CAVES D W, CHRISTENSEN L R, DIEWERT W E. The economic theory of index numbers and the measurement of input, output, and productivity [J]. Econometrica: Journal of the Econometric Society, 1982, 1393-1414.

[21] FäRE R, GROSSKOPF S, NORRIS, M, et al. Productivity growth, technical progress, and efficiency change in industrialized countries [J]. The

American Economic Review, 1994 (84): 66-83.

[22] OH E T, CHEN K M, WANG L M, et al. Value creation in regional innovation systems: The case of Taiwan´s machine tool enterprises [J]. Technological Forecasting and Social Change, 2015 (100): 118-129.

[23] Min S, Kim J, Sawng Y W. The effect of innovation network size and public R&D investment on regional innovation efficiency [J]. Technological Forecasting and Social Change, 2020, 155: 119998.

[24] CZARNITZKI D, DELANOTE J. Incorporating innovation subsidies in the CDM framework: empirical evidence from Belgium [J]. Economics of Innovation and New Technology, 2017, 26 (1-2): 78-92.

[25] Battese G E, Coelli T J. A model for technical inefficiency effects in a stochastic frontier production function for panel data [J]. Empirical economics, 1995, 20 (2): 325-332.

[26] STRUMSKY D, LOBO J, TAINTER J A. Complexity and the productivity of innovation [J]. Systems research and behavioral science, 2010, 27 (5): 496-509.

[27] CRAFTS N. The productivity slowdown: Is it the 'new normal'? [J]. Oxford Review of Economic Policy, 2018, 34 (3): 443-460.

[28] Edler J, Georghiou L. Public procurement and innovation: Resurrecting the demand side [J]. Research Policy, 2007, 36 (7): 949-963.

[29] Uyarra E, Zabala-Iturriagagoitia J M, Flanagan K, et al. Public procurement, innovation and industrial policy: Rationales, roles, capabilities and implementation [J]. Research Policy, 2020, 49 (1): 103844.

[30] RADAS S, ANIĆ I D, TAFRO A, et al. The effects of public support schemes on small and medium enterprises [J]. Technovation, 2015 (38): 15-30.

[31] TOOLE A A, TURVEY C. How does initial public financing influence private incentives for follow-on investment in early-stage technologies? [J]. The Journal of Technology Transfer, 2009, 34 (1): 43-58.

[32] DAI X, CHENG L. The effect of public subsidies on corporate R&D investment: An application of the generalized propensity score [J]. Technological Forecasting and Social Change, 2015 (90): 410-419.

[33] PAHNKE E C, KATILA R, EISENHARDT K M. Who takes you to the

dance? How partners' institutional logics influence innovation in young firms [J]. Administrative Science Quarterly, 2015, 60 (4): 596-633.

[34] DAVID, P A, HALL, B H, TOOLE, A. A. Is public R&D a complement or substitute for private R&D? A review of the econometric evidence [J]. Research Policy, 2000, 29 (4-5), 497-529.

[35] CHEN L, YANG W. R&D tax credits and firm innovation: Evidence from China [J]. Technological Forecasting and Social Change, 2019 (146): 233-241.

[36] CZARNITZKI D, HANEL P, ROSA J M. Evaluating the impact of R&D tax credits on innovation: A microeconometric study on Canadian firms [J]. Research Policy, 2011, 40 (2): 217-229.

[37] FREITAS I B, CASTELLACCI F, FONTANA R, et al. Sectors and the additionality effects of R&D tax credits: A cross-country microeconometric analysis [J]. Research Policy, 2017, 46 (1): 57-72.

[38] ZHANG J J, GUAN J. The time-varying impacts of government incentives on innovation [J]. Technological Forecasting and Social Change, 2018 (135): 132-144.

[39] ROMER P M. Increasing returns and long-run growth [J]. Journal of political economy, 1986, 94 (5): 1002-1037.

[40] SOLOW R M. A contribution to the theory of economic growth [J]. The quarterly journal of economics, 1956, 70 (1): 65-94.

[41] PERROUX F. A note on the notion of growth pole [J]. Applied Economy, 1955, 1 (2): 307-320.

[42] Beaudry C, Schiffauerova A. Who's right, Marshall or Jacobs? The localization versus urbanization debate [J]. Research Policy, 2009, 38 (2): 318-337.

[43] Audretsch D, Feldman M. Innovation in Cities: Science-based Diversity, Specialization and Localized Competition [J]. European Economic Review, 1999, 43 (2): 409-429.

[44] Wang Y, Ning L, Li J, et al. Foreign direct investment spillovers and the geography of innovation in Chinese regions: The role of regional industrial specialization and diversity [J]. Regional Studies, 2016, 50 (5): 805-822.

[45] Baptista R, Swann P. Do firms in clusters innovate more? [J]. Research Policy, 1998, 27 (5): 525-540.

[46] Li X. Specialization, institutions and innovation within China's regional innovation systems [J]. Technological Forecasting and Social Change, 2015, 100: 130-139.

[47] Ulku H. R&D, Innovation, and growth: Evidence from four manufacturing sectors in OECD Countries [J]. Oxford Economic Papers, 2007, 59 (3): 513-535.

[48] Belderbos R, Carreem M, Lokshin B. Cooperative R&D and firm performance [J]. Research Policy, 2004, 33 (10): 1477-1492.

[49] Wakelin K. Productivity growth and R&D expenditure in UK manufacturing firms [J]. Research Policy, 2001, 30 (7): 1079-1090.

[50] COHEN W M, LEVINTHAL D A. Absorptive capacity: A new perspective on learning and innovation [J]. Administrative Science Quarterly, 1990, 35 (1): 128-152.

[51] NING L, WANG F, LI J. Urban innovation, regional externalities of foreign direct investment and industrial agglomeration: Evidence from Chinese cities [J]. Research Policy, 2016, 45 (4): 830-843.

[52] YING L G. Measuring the spillover effects: Some Chinese evidence [J]. Papers in regional science, 2000, 79 (1): 75-89.

[53] BRUN J F, COMBES J L, RENARD M F. Are there spillover effects between coastal and noncoastal regions in China? [J]. China Economic Review, 2002, 13 (2-3): 161-169

[54] NANDA R, RHODES-KROPF M. Financing risk and innovation [J]. Management Science, 2017, 63 (4): 901-918.

[55] TAKALO T, TANAYAMA T. Adverse selection and financing of innovation: is there a need for R&D subsidies? [J]. The Journal of Technology Transfer, 2010, 35 (1): 16-41.

[56] BEAUDRY C, SCHIFFAUEROVA A. Who's right, Marshall or Jacobs? The localization versus urbanization debate [J]. Research policy, 2009, 38 (2): 318-337.

[57] SCOTT A J. Flexible production systems and regional development [J]. International journal of urban and regional research, 1988, 12 (2): 171-186.

[58] GROENEWOLD N, LEE G P, ANPING C. Regional output spillovers in China: Estimates from a VAR model [J]. Papers in Regional Science, 2007, 86

(1): 101-122.

[59] FU X. Limited linkages from growth engines and regional disparities in China [J]. Journal of Comparative Economics, 2004, 32 (1): 148-164.

[60] CHIANG S. Assessing the Merits of the Urban-Led Policy in China: Spread or Backwash Effect? [J]. Sustainability, 2018, 10 (2): 451.

[61] CHEN Y, WU Y. Regional economic growth and spillover effects: an analysis of China's Pan Pearl River Delta Area [J]. China & World Economy, 2012, 20 (2): 80-97.

[62] KE S Z, FESER E. Count on the growth pole strategy for regional economic growth? Spread-backwash effects in Greater Central China [J]. Regional Studies, 2010, 44 (9): 1131-1147.

[63] HJALTADóTTIR R E, MAKKONEN T, MITZE T. Inter-regional innovation cooperation and structural heterogeneity: Does being a rural, or border region, or both, make a difference? [J]. Journal of Rural Studies, 2020 (74): 257-270.

[64] DONALDSON D. Railroads of the Raj: Estimating the impact of transportation infrastructure [J]. American Economic Review, 2018 (108): 899-934.

[65] Zhang C, Zhang M, Tang E. High-speed rail Accessibility and Innovation Spillover in Cities Along the Route Based on a Spatial Dubin Model [C] //2021 2nd International Conference on Urban Engineering and Management Science (ICUEMS). IEEE, 2021: 72-76.

[66] HALL P. Magic carpets and seamless webs: opportunities and constraints for high-speed trains in Europe. [J]. Built Environment, 2009 (35): 59-69.

[67] YANG X, ZHANG H, LIN S, et al. Does high-speed railway promote regional innovation growth or innovation convergence? [J]. Technology in Society, 2021 (64): 101472.

[68] ZHANG W, TIAN X, YU A. Is high-speed rail a catalyst for the fourth industrial revolution in China? Story of enhanced technology spillovers from venture capital [J]. Technological Forecasting and Social Change, 2020. (61): 120286.

[69] DU Q, YU H, YAN C, et al. Does High-Speed Rail Network Access Enhance Cities' Innovation Performance? [J]. Sustainability, 2020 (12): 8239.

[70] Fan H. Impacts of High-Speed Rail Stations Opening on the Regional Innovation Level—Analysis Based on Scoring Tendency Matching Model [J]. Modern E-

conomy, 2020, 11 (2): 383-398.

[71] STORPER M, SCOTT A J. Rethinking human capital, creativity and urban growth [J]. Journal of Economic Geography, 2009 (9): 147-167.

[72] DREJER I, JøRGENSEN B H. The dynamic creation of knowledge: Analysing public-private collaborations [J]. Technovation, 2005 (25): 83-94.

[73] SCHEEL C, RIVERA A. Innovative cities: in search of their disruptive characteristics [J]. International Journal of Knowledge-Based Development, 2013 (4): 79-101.

[74] LIN J Y, MONGA C. Growth identification and facilitation: the role of the state in the dynamics of structural change [J]. Development Policy Review, 2011 (29): 264-290.

[75] WU A. The signal effect of government R&D subsidies in China: does ownership matter? [J]. Technological Forecasting and Social Change, 2017 (117): 339-345.

[76] CZARNITZKI D, HOTTENROTT H. R&D investment and financing constraints of small and medium-sized firms [J]. Small business economics, 2011 (36): 65-83.

[77] HALL B H, LERNER J. The financing of R&D and innovation [M]. Amsterdam Handbook of the Economics of Innovation, 2010: 609-639.

[78] RONG K, LIN Y, YU J, et al. Exploring regional innovation ecosystems: an empirical study in China [J]. Industry and Innovation, 2021, 28 (5): 545-569.

[79] LYU L, SUN F, HUANG R. Innovation-based urbanization: Evidence from 270 cities at the prefecture level or above in China [J]. Journal of Geographical Sciences, 2019, 29 (8): 1283-1299.

[80] DAVIS J C, HENDERSON J V. Evidence on the political economy of the urbanization process [J]. Journal of Urban Economics, 2003, 53 (1): 98-125.

[81] GOLLIN D, JEDWAB R, VOLLRATH D. Urbanization with and without industrialization [J]. Journal of Economic Growth, 2016, 21 (1): 35-70.

[82] Perroux F. A note on the notion of growth pole [J]. Applied Economy, 1955. 1 (2): 307-320.

[83] KRUGMAN P. Increasing returns and economic geography [J]. Journal of

Political Economy, 1991, 99 (3): 483-499.

[84] YOO Y, BOLAND Jr R J, Lyytinen K, et al. Organizing for innovation in the digitized world [J]. Organization Science, 2012, 23 (5): 1398-1408.

[85] RADZIWON A, BOGERS M, BILBERG A. Creating and capturing value in a regional innovation ecosystem: A study of how manufacturing SMEs develop collaborative solutions [J]. International Journal of Technology Management, 2017, 75 (1-4): 73-96.

[86] PIERRAKIS Y, SARIDAKIS G. The role of venture capitalists in the regional innovation ecosystem: a comparison of networking patterns between private and publicly backed venture capital funds [J]. The Journal of Technology Transfer, 2019, 44 (3): 73-850.

[87] VLAISAVLJEVIC V, MEDINA C C, VAN LOOY B. The role of policies and the contribution of cluster agency in the development of biotech open innovation ecosystem [J]. Technological Forecasting and Social Change, 2020, 155: 119987.

[88] FREEMAN C. Networks of innovators: a synthesis of research issues [J]. Research policy, 1991, 20 (5): 499-514.

[89] ANDERSEN E S, LUNDVALL B. National innovation systems and the dynamics of the division of labor [J]. Systems of Innovation: Technologies, Institutions and Organizations, Pinter, London, 1997: 242-265.

[90] Etzkowitz H, Leydesdorff L. The Dynamics of Innovation: From National Systems and "Mode 2" to a Triple Helix of University-Industry-Government Relations [J]. Research Policy, 2000, 29 (2): 109-123.

[91] OH D-S, PHILLIPS F, PARK S, et al. Innovation ecosystems: A critical examination [J]. Technovation, 2016 (54): 1-6.

[92] RONG K, LIN Y, YU J, et al. Exploring regional innovation ecosystems: an empirical study in China [J]. Industry and Innovation, 2021, 28 (5): 545-569.

[93] MOORE J F. Predators and prey: a new ecology of competition [J]. Harvard business review, 1993, 71 (3): 75-86.

[94] JACOBIDES M G, CENNAMO C, GAWER A. Towards a theory of ecosystems [J]. Strategic management journal, 2018, 39 (8): 2255-2276.

[95] GRANSTRAND O, HOLGERSSON M. Innovation ecosystems: A conceptual

review and a new definition [J]. Technovation, 2020, (90): 102098.

[96] NAMBISAN S, WRIGHT M, FELDMAN M. The Digital transformation of innovation and entrepreneurship: Progress, challenges and key themes [J]. Research Policy, 2019, 48 (8): 103773.

[97] HOLMSTRM J. Recombination in digital innovation: Challenges, opportunities, and the importance of a theoretical frame-work [J]. Information and Organization, 2018, 28 (2): 107-110.

[98] AUTIO E, NAMBISAN S, THOMAS L D W, et al. Digital affordances, spatial affordances, and the genesis of entrepre-neurial ecosystems [J]. Strategic Entrepreneurship Journal, 2018, 12 (1): 72-95.

[99] VU K, ASONGU S. Backwardness advantage and economic growth in the information age: A cross-country empirical study [J]. Technological Forecasting and Social Change, 2020, 159: 120197.

[100] JUNGSOO PARK S K S, G. LAWRENCE SANDERS. Impact of International Information Technology Transfer on National Productivity [J]. Information System Research, 2007, 18 (1): 86-102.

[101] NIEBEL T. ICT and economic growth-Comparing developing, emerging and developed countries [J]. World Development, 2018 (104): 197-211.